书之书

李伟明 著

广东旅游出版社

中国·广州

图书在版编目（CIP）数据

书之书 / 李伟明著 . -- 广州：广东旅游出版社，2025. 4. -- ISBN 978-7-5570-3530-3

Ⅰ . G236

中国国家版本馆 CIP 数据核字第 2025BH7706 号

出 版 人：刘志松
策划编辑：彭　超
责任编辑：彭　超　　杨　恬
封面设计：艾颖琛
内文设计：谢晓丹
责任校对：黄　琳
责任技编：冼志良

书之书
SHU ZHI SHU

广东旅游出版社出版发行
（广州市荔湾区沙面北街71号首层、二层）
邮　编：510130
电　话：020-87347732（总编室）　020-87348887（销售热线）
投稿邮箱：2026542779@qq.com
印　刷：佛山家联印刷有限公司
　　　　（佛山市南海区桂城街道三山新城科能路10号自编4号楼三层之一）
开　本：787毫米×1092毫米　16开
字　数：265千字
印　张：17.5
版　次：2025年4月第1版
印　次：2025年4月第1次
定　价：68.00元

版权所有　侵权必究
本书如有错页倒装等质量问题，请直接与印刷厂联系换书。

半本书又半本书
——《书之书》自序

真是没有最忙，只有更忙。2023年从头忙到尾，几乎片刻不得闲，只道这种状态是暂时的；不承想，到了2024年，工作上的事更多，一年干了几年的活。转眼已是年底，还好，时间就像海绵里的水，挤一挤总是有的，按计划，今年的书稿也勉强成形了。这本书，是关于读书的书，也是勉强为之的一本书。因为收在里面的文章都和书有关，所以取名《书之书》。

写这么一批文章，还得从十几年前说起。那时，我在报社负责副刊，常常感叹本土作家的作品难以走向全国。虽然有几位老作家曾经在业内名声不小，但到了互联网时代，他们的大名在网上几乎搜索不到，更别提当年那些作品了。酒好也得勤吆喝，我认为，在百花齐放、写手如云的今天，作家们的作品哪怕再好，也需要有人推介，光靠自然生长，恐怕难以走得更远。于是，我便和编辑部的同事商议，在副刊开设一个栏目，专门介绍本土作家。这个栏目是写人的，由责任编辑定点约稿。与之相对应的，我还有一个想法，就是以评论的方式推出本土作品。在此前后，我陆续写过一些书评。那时，每每收到朋友赠书（包括外地的），我在读过之后，便尽量写篇东西致谢。我想，一本书，如果有读者的文字助力流传，它被人提起的概率总是要高一些吧。

后来，因为工作调整，这个报纸栏目自然消失了。为他人写书评的事，我倒还在坚持着，只不过一直零零散散，不成体系。2012年9月出版的《书田守望》，有一半文章便是这类书评。再后来，我调离报社，先后换了两个单位。不管从事什么职业，都没有放弃阅读与写作。到了2017年初，赣州市图书馆为了营造读书氛围，在《赣州晚报》（现已停刊）开设《书香赣州》专版。因为我写过一些书评，图书馆负责人约我开了个专门推介本土作品的栏目《赣南新作过眼录》。此后到2018年底，两年时间，我在这个栏目发了20篇书评。遗憾的是，2019年，我曾经两度工作过的《赣州晚报》就不再出现在读者的生活中了。令人欣慰的是，2019年评选第26届江西省报纸副刊好作品（2018年度）时，《赣南新作过眼录》获评优秀专栏。至今犹记，那些年，赣州市图书馆在张伟馆长的领导下，主动服务社会，读书活动不断，真是"把冷板凳坐热"，让人看到工作激情对于一个单位的工作质量来说有多么重要。

此后，我还陆续为本土出版的新书写了些评论性的文字发表在《赣南日报》等报刊。按我的想法，是要将当年的专栏《赣南新作过眼录》写成一本书出版的。但写着写着，我的想法有了些变化，觉得这事不容易做，而且未必值得做。而出书的计划又不想放弃，于是，我只好考虑转换思路了。

为什么要调整方向？说起来有点尴尬，还是"做人难"这个老话题。原来，这些图书的作者，因为是本地的，基本都认识。点评这些作品，表扬一万句没问题，批评一句就没那么容易了。起先我还自作多情，以为人家会诚恳接受。但是后来，就听说有人背后对哪怕只有一句的委婉批评表示不爽，还有人因此出了新书之后不再相赠（而在批评之前，每次送书的速度，都快得让我感动不已。这种变化，就是最鲜明的态度）。虽然多数作者不至于如此，但只要有人存了这种想法，这事就不好把握了。随后我也觉得，其实很多作品，并不是很有评论的价值，只是自娱自乐的产品而已。人家自己都不把写作当回事，你操什么闲心？既然此事吃力不讨好，那就作罢最好了。

这时的文章数量，按设想，大概到了半本书的容量。我这人向来"不悔少作"，写了就写了，就算没啥意义，也不想抹了痕迹。出一本读书随笔的想法，还是不能"半途而废"。因此，我决定另觅新路：天下图书多得很，本土作品不读了，那就读外地作者的吧。为了避免让作者不愉快，我索性选择外地那些已故作家的书，包括正宗的古人——这样就可以放心说一通大实话了。

于是，这两年，我利用业余时间，集中读了一些古典作品，以及现代已故作家的作品（有的以前读过，这次为了写文章而重温）。因为向来喜欢武侠，自己还写起了武侠小说，便借此机会对金庸和梁羽生的作品也谈了些体会。梁羽生的作品可圈可点者不算多，放在一篇文章里说完。金庸的作品本来值得细品，但时间关系，只选了几部有代表性的作品各写一篇，而且只能写成"印象记"——很表层，确实只是凭印象点到为止。读这些沉淀了的作品，也是一个学习的过程。可惜视力越来越差，读书时光也有限，面对浩瀚书海，真切感到心有余而力不足。读书，只要读进去了，确实当得起"天下最快乐之事"的说法。

这两部分内容，便组成了本书中的"赣州书"和"九州书"两辑。此外，我将和自己的书有关的文字单列出来，作为一个部分。这部分的数量最少，纯粹是为了交代此前出版的几本书的写作背景等，带点"备忘"的意味。其中有两篇比较特殊（《文天祥与赣州以及〈祥瑞宝莲〉的虚虚实实》与《一本书的旅行》），是我的第一部长篇小说《祥瑞宝莲》出版后，参加读书活动时的即兴讲稿，被热心的朋友全程录音了。最近翻出录音稿，觉得还有几分章法（勉强可算完整的文章），于是订正定稿之后也收录进来。我出版的书当然不止这些，另有一些没有提及，是因为它们在出版时已有自序之类作了说明。

就这样，通过后面两部分内容，又凑起了半本书。半本书与另半本书叠加，这本《书之书》就算完成了。

尽管有点杂，这本小书的主基调还是"赣南"。赣州作者及我本人的书当然不必说了，即使是外地的书，但凡作品中有一丁点赣南元素，也都专门点出来。这样做，虽然在文章结构上可能有点唐突，但结合整体来看，也没什么大碍吧。

我知道，这只是一本小众图书，主要是为自己留存资料而已，不指望有几个读者。有过多次合作的广东旅游出版社得知这个选题，依然主动提出愿意出版，而且两个多月前就早早地寄了合同过来，倒逼我只好见缝插针，利用一切可用的时间，把这些文章赶出来。写作往往就是需要压力，然后让它转化为动力。如果没有外力催一催，也许这事还会拖一段时间呢。而出版社的这份信任，更是让我不敢有丝毫懈怠。

当然，写这样的文章，出这样的书，还有一个出发点，就是希望倡导读书。当今社会太需要阅读氛围了。不管你读什么书，高雅作品还是通俗读物，总比不读好。想想20世纪80年代和90年代前期，地摊文学繁荣，火车站、汽车站等公共场所都有书报摊，虽然也有人痛斥某些读物低端，但其实现在回首，那未尝不是一个全民阅读的好时代？再看如今，很多人懒得面对文字，只想通过短视频（连稍长一点的视频都没耐心了）打发时间，甚至免费送图书也不想接受，徒有豪宅却无一册藏书，凡此种种，还真未必是什么好事。长此以往，人类的文化水平、认知能力会不会整体滑坡？很多生存的本能，会不会就这样渐渐退化乃至消失？此情此景，多少有点让我辈杞人忧天。但愿我确实是多虑了。

2024年12月27日之夜于瑞金

目录

半本书又半本书
　　——《书之书》自序　　　　　　　　/ 1

| 第一辑 | 九州书 | 001 |

亦新亦糙梁羽生　　　　　　　　　　　/ 002
《喻世明言》的"赣州故事"　　　　　/ 006
《警世通言》的市井气息　　　　　　　/ 010
《醒世恒言》的价值取向　　　　　　　/ 014
平民视角下的人性　　　　　　　　　　/ 018
　　——读《拍案惊奇》
利欲面前的劝诫　　　　　　　　　　　/ 023
　　——读《二刻拍案惊奇》
辛辣之中见辛酸　　　　　　　　　　　/ 027
　　——读李伯元《文明小史》
那时侠客初长成　　　　　　　　　　　/ 032
　　——读《三侠五义》
特定时代的产物　　　　　　　　　　　/ 035
　　——读《小五义》
在时光深处悄然远去　　　　　　　　　/ 039
　　——读《续小五义》有感
"一代青年的呼吁"　　　　　　　　　 / 042
　　——重读巴金长篇小说《家》

"春天是我们的……" / 045
　　——读巴金长篇小说《春》
"并没有一个永久的秋天" / 048
　　——读巴金长篇小说《秋》
不可回避的隔膜 / 051
　　——重读茅盾长篇小说《子夜》随感
小说溢出杂文味 / 054
　　——读钱锺书长篇小说《围城》
奇才奇作，半真半幻 / 058
　　——读《老残游记》
出手不凡金大侠 / 061
　　——《书剑恩仇录》印象记
"侠之大者"成就经典形象 / 064
　　——《射雕英雄传》印象记
悲情之中见伟岸 / 067
　　——《飞狐外传》印象记
气势恢宏的武侠大戏 / 071
　　——《天龙八部》印象记
超越武侠范畴 / 074
　　——《笑傲江湖》印象记
武侠理想的破灭 / 077
　　——《鹿鼎记》印象记
说说《西游记》暴露的几个问题 / 080

| 第二辑 | 赣州书 | 085 |

倾注心血著华章 / 086
　　——李伯勇创作印象
把故事编得更圆些 / 090
　　——袁世频长篇小说《婚宴》得失谈
此夜曲中闻折柳 / 093
　　——读陈相飞散文集《文化行吟》
根植于乡土的眷恋与反思 / 096
　　——读李乐明散文集《时光摆渡》
笔端有力任纵横 / 099
　　——读黄龙德长篇小说《刀风》有感
别样的唐诗世界 / 102
　　——读李晓润《唐诗演义》
滴水中的历史画卷 / 105
　　——读卢策长篇小说《大山里的女人们》
收获就在不经意间 / 108
　　——读杨遵贤散文集《鸟语动听》偶记
一个群体的共同记忆 / 111
　　——读张卫民散文集《犹记当年》
用蜜滋养的文字 / 114
　　——读李乐明散文集《世界低处的端详》
信笔由心无拘碍 / 116
　　——读陈相飞随笔集《虫心雕文》
似曾相识燕归来 / 119
　　——读李晓润《宋词演义》有感
流进经络血脉的故园情怀 / 122
　　——读李乐明散文集《故乡近　江湖远》
另类的求索 / 124
　　——读张少华散文集《最后一寸江南》

平凡小事亦精彩 / 127
　　——读张卫民散文集《诗意人生》
直抵心灵深处的忧伤 / 130
　　——读朝颜散文集《天空下的麦菜岭》
文学是有准备的人干的事 / 133
　　——读简心散文集《被绑架的河流》随感
排比花枝满杏园 / 136
　　——读黄瑛随笔集《行吟》
操千曲而后晓声 / 138
　　——读李伯勇文学评论集《文海观澜沉思录》
放慢脚步，静心思索 / 141
　　——读黄瑛散文集《不再匆匆》
行走·阅读·思索 / 144
　　——龚文瑞《南康笔记》印象
不为空言期有用 / 147
　　——读谢帆云《一个人的易堂史》有感
实现"财富"的放大效应 / 150
　　——读张卫民散文集《人似秋鸿》
故纸堆里闻新韵 / 153
　　——读何志清散文集《江南风韵》
心之所至即风景 / 156
　　——读黄大军散文集《风景依然你最美》随感
早作而夜思，勤力而劳心 / 158
　　——从刘爱平新著《教作于细》说起
最是乡土写不厌 / 161
　　——读曾长生散文集《乡风长歌》
一片树叶的沉重 / 164
　　——钟世庆诗集《金梭银梭》印象
不尽诗情滚滚来 / 167
　　——读钟世庆诗集《年轮公园》
离生活再近一点 / 170
　　——读李乐明散文集《穿花寻路》随感

一次极具价值的文化梳理　　　　　　　　　　/ 173
　　——关于"文化寻根——赣南书院研究丛书"
故土：厚植与深耕　　　　　　　　　　　　　/ 176
　　——李伯勇散文集《九十九曲长河》印象
吃出人间百般味　　　　　　　　　　　　　　/ 179
　　——读李晓润《山风吹来薯芋香：吃货觅食记》
首要的是讲好故事　　　　　　　　　　　　　/ 182
　　——读温谈升小说《电视台那些事》有感
真实·真切·真率　　　　　　　　　　　　　/ 185
　　——罗荣散文集《烟云故土》印象
小处说说，微观世相　　　　　　　　　　　　/ 188
　　——读廖安生小小说集《品悟》
奇思妙想构筑的独特世界　　　　　　　　　　/ 191
　　——读金朵儿短篇小说集《雪莲山的狐狸》
文字见证不变的情怀　　　　　　　　　　　　/ 194
　　——序谢瑞山《时间的印记》
做时代的忠实记录者　　　　　　　　　　　　/ 197
　　——读朝颜散文集《赣地风流》
该繁则繁，当简则简　　　　　　　　　　　　/ 201
　　——李学文长篇小说《青春岁月》得失谈

第三辑	自家书	205

割不断那缕文化情结 / 206
　　——《文化不是哈哈镜》代序
文化浸润心灵 / 209
　　——《清风悟语》自序
"文旅+武侠"的一次尝试 / 212
　　——关于《祥瑞宝莲》
故纸堆里挖出意外收获 / 216
　　——关于长篇小说《风云宝石》
《风云宝石》的历史背景 / 223
历史没有时效性 / 229
　　——写在《领导干部读〈资治通鉴〉》再版之后
也算一个新起点 / 232
　　——关于我的第一本书《我想我说》
为自己保留一点回忆 / 235
　　——关于《平常人事》
大帽子下的小个子 / 238
　　——关于《疑似梦境》
一本"捡"来的书 / 241
　　——关于《人生没有标准答案》
文天祥与赣州以及《祥瑞宝莲》的虚虚实实 / 244
一本书的旅行 / 258

第一辑 九州书

亦新亦糙梁羽生

梁羽生的作品，现在读的人应该不多了。但是在20世纪80年代，我们的初中时代，梁氏大作可是风靡一时的。那时，不管是在校学生还是社会青年（包括农村的），不知道梁羽生的人应该不多。同学们互相传阅的"闲书"当中，很多便是梁羽生的大作。尤其是《萍踪侠影录》《七剑下天山》《云海玉弓缘》等作品，更是读者甚众。很多同学（包括本人）为了抢抓阅读时间，甚至在课堂上也偷偷地低头一睹为快。我辈当年学习成绩没搞好，梁大师责任不小啊！

金庸的作品有哪些，我闭着眼睛也能一部部点出来。梁羽生到底写了多少小说，我却总是搞不清楚。接触梁羽生的作品虽然几十年了，但系统地将他的作品通读一遍，还是最近的事。前不久，利用好几个月的夜读时间，将整部《梁羽生作品集》（中山大学出版社2012年9月版）读完了。这个作品集共73册，包括30部长篇，另有3个中篇《塞外奇侠传》《还剑奇情录》《冰魄寒光剑》和1个短篇《飞凤潜龙》附于其中4部长篇作品之后。根据有关资料，梁羽生还有一部《武林三绝》只在报纸连载过，没有出版过单行本，这部作品集亦未收录该作（所以我也没读到它）。

与梁羽生并称的另一位武侠大师金庸的作品集，也整套出版过，分为36册。论数量，梁羽生是金庸的2倍有余，但论整体质量，梁羽生与金庸的差距还是不小。可以说，金庸的处女作《书剑恩仇录》，便达到甚至超过了梁羽生成名作《七剑下天山》的水平。

当然，作为新派武侠小说的开山鼻祖，梁羽生的价值不容否认，他的一部分作品，还是很有挖掘的空间，有些早已被拍成影视剧，颇受观众欢迎。读完整部作品集之后，整体艺术水平较成熟、给我留下较深印象的，主要是这么几部：《七剑下天山》《萍踪侠影录》《云海玉弓缘》《大唐游侠传》。另外，最后一部《武当一剑》有点悬念，读起来不至于太枯燥，但立意不够高，内涵不够深，否则也可称得上精品。还有个短篇《飞凤潜龙》写得很漂亮，构思精巧，故事凄美，非常耐读，我在几十年前读过，这次再读仍然感觉挺好，是一篇不宜忽略的作品。

梁羽生的作品既然被称为"新派武侠小说"，当然有一定的"新"意。它在通俗文学史上的意义，我觉得主要体现在这几个方面。

一是开先河。新派武侠小说由梁羽生而起（尽管写这种东西并非他的本意，纯粹是逼上梁山）。虽然他的前两部作品《龙虎斗京华》《草莽龙蛇传》尚未脱却旧派武侠的痕迹，有点"夹生饭"的味道（不像金庸，起手便清新脱俗，让人耳目一新），后面的一些作品动不动作者自己跳出来说一番话的做法，也未完全与旧小说、评书的风格脱钩，但从《七剑下天山》开始，新意还是蔚然可观，开宗立派的宗师地位可谓奠定了。后来者若是超越梁羽生，与站在他的肩膀上不无关系。

二是构建了独树一帜的江湖体系。梁羽生的天山派系列、南宋抗金蒙系列、大唐系列都形成了一定的规模效应。尤其是天山派写得最多，建立起了一个武侠谱系，可谓自成一家。梁作的武功体系也有自己的特色，天山剑法、天罗步法、雷神掌法、修罗阴煞功、疯魔杖法等，林林总总，包罗万象，颇有创意。作品中的人物形象亦不乏成功者，如张丹枫、金世遗、厉胜男、傅青主等都是立体化的，颇具匠心。张丹枫的英雄气概，金世遗的豪迈风度，厉胜男的怪异个性，都让人留下深刻印象。值得一提的是，傅青主虽然不是主角，但作为一个真实的历史人物，被梁羽生赋予江湖地位和武林传奇，让人因此了解了这么一个多才多艺的历史名人，这就是武侠的魅力，也体现了通俗小说的文化价值。

三是丰富了汉语词库。作家的贡献之一，就是为母语增添新词，让民族语言更加充满活力。梁羽生构筑的武侠世界，虽然与现实生活沾不上边，但因为作品的影响力，其中一些说法已深入人心，在现实生活中广为流传，演变为新的词汇。比如他在很多作品多次提到的邪派武功"天魔解体大法"，可以说是一种隐喻。他的作品中常常提到的"打通任督二脉"，也被引用到生活中的其他方面。一些人物形象也超出了文学范畴，有了特定的含义，比如"白发魔女""冰川天女""空空儿"等。

四是具有时代感的平民意识。旧小说"反贪官不反皇帝",对于各种农民起义之类的行为基本持否定态度,对底层百姓也缺乏关注。梁羽生的作品则恰恰相反,对农民起义都是肯定的态度、支持的立场,甚至将义军塑造得过于完美,过于革命化,而朝廷、官府则总是黑暗的。在他的笔下,平民英雄众多,他们身上总是正气凛然。

梁羽生还擅长写情感戏,几乎每部作品都离不开这个内容,扣住了某些读者的阅读心理。虽然有些写得泛滥、俗套,但他对此总是不遗余力。在他笔下众多情感故事当中,最动人的是金世遗和厉胜男之间的独特爱情,尤其是厉胜男的结局,令人肃然动容。我觉得《云海玉弓缘》是梁羽生的代表作,其中一个重要原因就是他写出了一对绝版的男一号与女一号。

梁羽生作品的另一面则是粗糙,让人郁闷的粗糙。他的不少作品,粗制滥造,似乎就是为了完成任务。大致来说,主要有以下几个方面的问题。

一是人物塑造多数平平,留不下印象。这么多作品,涉及的人物成千上万,能让人记住的并不多,很多作品看完以后,竟然连主角是谁也想不起。这就让人总是忍不住拿他和金庸比较。金庸的主角,起码能让人记住。梁作也有些与金作类似的人物,比如梁羽生笔下的李思南(《瀚海雄风》)与金庸笔下的郭靖(《射雕英雄传》),都与成吉思汗之子拖雷是结义兄弟;梁羽生笔下的公孙璞(《鸣镝风云录》)与金庸笔下的杨过(《神雕侠侣》),都是坏人之子而成为一代大侠。但和金庸相比,梁羽生写的这些人物,明显逊了几分。梁羽生作品中的人物,性格也比较扁平单一,不像金庸写人,往往能够把人性的复杂充分展现出来,令人嗟叹不已。

二是讲故事的能力不强。梁羽生习惯平铺直叙,不善于卖关子,往往一下就忍不住把答案先透露给你,让你登时感到索然寡味,全然没有曲径通幽的妙处。通俗小说缺乏了奇、趣、险、疑等因素,其阅读效果自然大打折扣。特别是读者阅历渐丰之后,便会觉得这些故事太小儿科,不想再去回味。

三是情节冗长拖沓,不够紧凑,让人产生阅读疲劳。梁羽生的很多作品根本没必要写那么长，有些故事明显分量不够，显得勉强，他却还在拉拉杂杂不厌其烦地扯下去。如《狂侠·天骄·魔女》，写了五大本，核心故事是什么呢？让人直到读完也说不上，甚至可以说边读边忘。

四是硬伤较多。梁羽生的小说，估计发表之后就不再修改，不像金庸那样精益求精，多次全面修订。这就不难理解，为什么低级问题在梁氏作品中屡见不鲜。有的是文字粗疏得离谱，如《狂侠·天骄·魔女》第63回的回目是"红颜忍睹英雄泪　黑手高悬霸主鞭"，而该书第69回的回目居然是"青衫忍湿英雄泪　黑手高悬霸主鞭"，这也未免太偷懒了吧！有的是说法前后不一致，如《瀚海雄风》《狂侠·天骄·魔女》《鸣镝风云录》几部作品，人物有关联但存在不少矛盾；《鸣镝风云录》第五册中，先说周小凤与苏州杨雁声的侄儿定亲（第1760页），后来又变成与保定五虎断门刀刘正杰的侄儿订婚（第1839页），作者写着写着自己都记混了。又如《云海玉弓缘》写到的金毛狻本来已被孟神通打死了，后来在《冰河洗剑录》里居然死而复活，厉复生和厉胜男到底是什么关系也让人看得头疼。还有的则是事实性差错，如《狂侠·天骄·魔女》《鸣镝风云录》当中，金蒙之间的时间关系明显错位，金国是世宗皇帝在位，蒙古则是成吉思汗、拖雷时代，显然穿越了。

没有调查就没有发言权，没有读完原著就没有评论权。我将梁氏作品通读之后，对他的整体水平基本上心里有数了。梁羽生从1954年写到1984年，留下洋洋千万言，精神可嘉，也很难得。但是，总体来说，我认为他的作品可谓是"亦新亦糙"：在通俗文学领域开创了新的门派，虽然新得不够彻底，还留了些许尾巴，但开拓性的意义不容否定；多数作品文字和情节粗糙，缺乏精心雕刻的工匠精神，阅读价值不高，估计随着时光的流逝，很多以后只能"存目"。

2021年6月2日之夜

《喻世明言》的"赣州故事"

冯梦龙编著的《喻世明言》《警世通言》《醒世恒言》和凌濛初创作的《初刻拍案惊奇》《二刻拍案惊奇》，是明代五部著名传奇小说集。作为"三言""二拍"之首的《喻世明言》，总共收录了40篇作品，其中有2篇"赣州故事"。一部古典文学名著如此集中地提到赣州，这种情况并不多见。

该书第二卷《陈御史巧勘金钗钿》，讲完引子，言归正传，一句"却说江西赣州府石城县，有个鲁廉宪，一生为官清介，并不要钱，人都称为'鲁白水'"，让人立时从这部古籍中找到了几分亲切。

故事说的是，石城县鲁廉宪的儿子鲁学曾，与同县顾佥事的女儿顾阿秀从小定了亲事。后来，因鲁学曾父母双亡，生活穷困，顾佥事便想悔亲，但阿秀坚决不同意。顾佥事之妻孟夫人也想帮女儿一把，决定资助鲁公子聘礼。孟夫人命仆人老欧悄悄传鲁公子来家里后门相会。鲁公子因为身上穿得太破烂，不好见岳母，于是向表兄梁尚宾借衣服。不料梁尚宾得知原委，心怀鬼胎，骗得鲁公子先在他家住一晚，自己连夜冒充鲁公子去了顾家见孟夫人与阿秀，并顺利骗财骗色。为防止露马脚，梁尚宾回家后，还忽悠鲁公子在他家再住了一晚。此后，迟到的鲁公子终于在顾家见到了孟夫人与阿秀，得知真相的阿秀自缢身死。顾佥事不明就里，以为是鲁公子害了女儿，将他交官。知县看顾佥事的情面，对鲁公子严刑拷打，鲁公子屈打成招。"石城县把这件事当作新闻，沿街传说。"梁尚宾之妻田氏为人正直，知道这事后，憎恨丈夫所为，与他离异。正在此际，御史陈濂巡按江西，因其父与顾佥事是同榜进士，顾佥事也向他嘱托此事。陈御史"莅任三日，便发牌按临赣州，吓得那一府官吏尿流屁滚"。他在审阅案卷时，发现了鲁公子一案的疑点，化装成布贩子前往石城县暗访，终于拿得真凶，还了鲁公子一个清白。梁尚宾被发本县监候处决，田氏则被失女的孟夫人收为义女，依然招鲁公子为婿。二人完婚时，才知道对方的身份。"有老婆的翻没了老婆，没老婆的翻得了老婆"，一个悲剧故事以喜庆收尾。

第二个"赣州故事"是第二十卷《陈从善梅岭失浑家》。宋徽宗宣和年间，东京的陈从善金榜题名之后，带着夫人如春去广东南雄沙角镇巡检司上任。紫阳真君知陈妻有千日之灾，命大慧真人化作道童，与陈从善为伴，护送他们夫妻。路上，道童故意装疯卖傻，如春因此讨厌他，陈从善于是打发他回去。行至梅岭之北时，当地有个申阳洞，洞中有个猢狲精申阳公，号"齐天大圣"。看到如春美貌，齐天大圣令山神在梅岭下化作一店，自己变作店主，诱陈从善一行住宿。到了半夜，齐天大圣起一阵风，将如春掳去。如春虽落入齐天大圣之手，但誓死不从，被罚作苦役。三年之后，紫阳真君出手降服齐天大圣，如春得以解救，与陈从善夫妻团圆。

这两个故事，情节跌宕起伏，人物有血有肉，可读性都很强，在《喻世明言》一书中可谓上乘之作。陈御史的故事有情仇，有悬疑，若加以演绎，更可扣人心弦。陈从善的故事有悲欢，有玄幻，而这个另类的"齐天大圣"，也许让你产生更多的联想。从几百年前的古典名著中读到这样的篇章，不禁使我对本土文化添了几分兴致，多了几缕思绪。

赣州作为历史文化名城，当然不是浪得虚名。但是，由于赣南本土几乎没出过影响巨大的一流历史名人，在一定程度上影响了赣州的本土文化自信。很多人因此以为赣州一直以来就是一座籍籍无名的城市，在历史的坐标上找不到自己的位置。这显然是一个认识误区。通常情况下，一个地方在人文方面出名，要么有著名人物，要么有著名作品，要么有著名事件。单以作品而言，在历史上，也许我们缺乏土生土长的大家，也许本地人没有写出过特别有影响的东西，但有些知名作品，却与赣州有着紧密的关联，这无疑也是珍贵的本土文化遗产。

以《喻世明言》为例，40篇作品当中，就有2篇的主体故事和赣州直接相关。除此之外，第十五卷《史弘肇龙虎君臣会》还提到过赣南元素——其中引用的一首《雪》诗，有这么一句："庾岭寒梅何处放？章台飞絮几时休？"该篇故事虽然和赣南无关，但这里的庾岭，即大余县的梅岭，从中也可见梅岭的梅花久负盛名、极具代表性。作为一部外地文人编撰的作品集，频频体现赣南元素，显然并非偶然，至少从侧面证明了赣州在历史上确实是有影响力的城市，宋代"三十六大城市"之说不是空穴来风，明代以后，它依然没有淡出人们的视线。

古人留下的文化产品，对一个地方来说，是可遇不可求的财富。如何利用这些资源，是今人应当回答的问题。

石城的故事没有具体地名，与风景难以扯上关系，暂且不提。大余的梅岭历来便是有名的景点。我曾经数次去过梅岭。这里是大余县和广东省南雄市的界山，梅关驿道今犹在。尽管陈从善这则故事原文说得很清楚，出事的地点是"梅岭之北"，但印象中，梅岭之北的大余，似乎没有看到与这个故事有关的文字。倒是梅岭南坡的南雄境内，专门在古驿道旁边立了个碑，介绍《陈从善梅岭失浑家》的内容梗概。别小看这则短短的介绍，其实，它体现了一种工作能力。善于敏锐捕捉信息、利用信息的人，往往做事能走在别人前面。为什么有人可以"无中生有"，变着花样制造"文化"，而有人则捧着"金饭碗"叫穷？这就是能力的差别。文字是有力量的，而先人留下的文字，更可能具有"增值"的空间，因为时光不可能倒流，这种事情只能看机遇。遗憾的是，很多时候，我们很多地方并没有意识到故纸的价值，以致很多有意思的事情，随着时间的推移，越来越不为人知，甚而淹没在历史长河。

文化是软实力，文化更可以转化为实实在在的生产力。如今，越来越多的地方认识到了历史文化的有用性，因此致力打好历史文化牌。比如云南大理、湖北襄阳等地，借助金庸作品中的历史元素发展旅游，扩大城市影响力。这种"文化觉醒"现象值得肯定，可以借鉴。

本土历史文化资源不容浪费。一方面，需要广泛宣传。首先要让本地人讲好本地故事，进而把故事推介到外界。通过行之有效的宣传，吸引人们的目光，持续提升地方知名度，产生良好的广告效应。由于种种原因，古人为后人留下的有文字记载的东西并不多。对很多地方来说，千百年前留下的佳作来之不易，通过多角度的宣传，也许寥寥数语便可形成意想不到的冲击波,让人迅速记住这个地方,关注这个地方,喜欢这个地方。

另一方面,需要深度挖掘。文字的背景内容,作品的当代价值,人物与时空的其他关联,这些都是值得深挖之处。今人还应通过再创作等方式进行再利用,尤其是结合当下生活,融入文化旅游产业,使之衍生更多新的文化产品。以这两个故事为例,都是很好的影视素材,如果将之改编加工搬上荧幕,也许可使一个景区或地方一举出名,成为"网红打卡地",比起花高价请挂羊头卖狗肉之辈糊弄一些泡沫剧强多了。《白蛇传》其实也是一个类似的传说。在《警世通言》一书中,《白娘子永镇雷峰塔》这个故事并没有后人所传的那么精彩动人,但经过几轮改编,无论是电影《白蛇传》还是20世纪90年代的电视连续剧《新白娘子传奇》,都成了一代观众的集体记忆。这种成功,可以复制。我们常常感叹没有好作品,其实,好作品也许就闲置在我们眼前,只不过我们没有留意它而已。

由此再说开去,与赣州有关的古典作品,其实还有不少,涉及各种题材、不同体裁。不说南北朝陆凯留下名句"江南无所有,聊赠一枝春"的《赠范晔》、北宋周敦颐的廉洁文学名篇《爱莲说》、南宋辛弃疾脍炙人口的《菩萨蛮·书江西造口壁》等广为人知的单篇诗文,说几个体量大一点的。如著名的戏剧《牡丹亭》,是汤显祖取材于南安府(今大余县)的作品,这是大家耳熟能详的。又如著名的笔记体著作《容斋随笔》,作者洪迈曾于南宋乾道年间主政赣州,而据学者考证,这部作品也是首刻于赣州。这本书是毛泽东一生中所读的最后一本书,其影响力可想而知。再如更著名的《传习录》,这是王阳明的代表作,也是王阳明巡抚南赣期间,由其门人薛侃在赣州首次刊行。这些大名鼎鼎的著作,都是贴着赣州标签的。对赣州来说,如果搞一个"名著整理工程",把这些与赣州有关的名诗、名文、名著等一一罗列出来,有针对性地系统宣传,系统挖掘,对于提升一座城市的文化影响力,将产生怎样的效果?

2023年3月12日之夜于瑞金

《警世通言》的市井气息

《警世通言》是冯梦龙编撰的白话小说集"三言"中的第二部。在体例上，这本书与上一部《喻世明言》并无区别，都是每卷一个单行题目，主讲一个故事（当然可能会有故事引子）。数量也相同，都是四十卷（篇）。

"三言"是宋、元、明三代民间流传的话本或拟话本的选集。这个系列的作品，并非冯梦龙独立完成，他更多的是个收集整理者。冯梦龙是明末苏州人，虽有才学，但仕途不畅，年过六旬才做了福建寿宁县的县令，政声不错，可见并未因年纪大而"躺平"。冯梦龙在官场失意，在文学方面却成果丰硕，除了编撰类的代表作品"三言"，还有多种原创类的诗文及长篇小说《新列国志》《平妖传》等。

小说与其他文学体裁相比，是比较年轻的品种。而在短篇小说当中，"三言"堪称白话小说的先驱。"话本"即民间艺人说书讲唱的脚本。而"拟话本"则是按照话本样式创作加工的作品，它未必用来说唱，可能是以供阅读为主，但因为说唱的这种通俗样式已经被人们广泛接受，所以创作者便按这个模式来写。就像我们现在网上跟风的标题党或网文一样，但凡形式新颖些、关注度高些，立马便有一大堆自媒体一窝蜂地跟上来，用同一个格式向受众轰炸一番。当然，小说不管写什么、怎么写，毕竟需要故事作支撑，它们再怎么跟风，在数量上还是不可能像网文那样泛滥的。从"话本小说"的定义便知道，它扎根于民间，服务于百姓，走的是通俗文艺的路子。

较早的古典小说，往往聚焦的是才子佳人、帝王将相、神仙鬼怪。到了"三言"，虽然也不乏这些题材，但寻常人物的生活成了故事的主要内容。以《警世通言》为例，其中便弥漫着浓重的市井烟火气息。很多作品都是从底层的视角看问题，让人感到离生活很近，叙述方式也符合平民的思维习惯。不少篇章呈现的角度，颇值得品味，即使数百年后来看，也令人觉得有几分惊奇。

该书第四卷《拗相公饮恨半山堂》即是如此。"拗相公"是谁？大名鼎鼎的王安石。没想到，小说中的王安石，竟然是如此的不堪，由此也可见作者对王安石有多讨厌。故事说的是，王安石辞去相职，以使相判江宁府。在从东京至金陵的路上，走到哪里都听到百姓咒骂他。王安石虽然与他们面对面，但不敢暴露身份，尴尬至极。而且，沿途的茶坊、庙宇、厕所、农舍等处的墙壁上，随处都是骂他的诗。王安石惨然不乐，最后呕血数升而死。

将王安石写得这么狼狈，虽然不无夸张，但王安石变法犯了官僚主义错误，罔顾实际，忽视了底层的呼声，这是客观存在的事实。王安石自以为是，用人不当，脱离群众，这是他变法失败的重要原因。这篇作品的流传，对于我们今天了解当时的民间所思所想，不无参考意义。由此可见，在很长一段时间内，王安石变法确实不被人认可，至少在百姓心目中是没有好评的。民间传说虽未必可信，但它可以与官方鉴定对照着读，从中或许可以帮助后人找到一些真相，甚而获得一定的启示。

爱情题材在《警世通言》占了不小的比重。但是，相当一部分爱情并不是如后人想象的那么清纯、美好、高尚，恰恰表现的是芸芸大众的普通境界，世俗的气息很重。比如《崔待诏生死冤家》，这是一篇颇为沉重的鬼故事。作为鬼的秀秀虽然喜欢崔宁，但最后却是将恳求饶命的崔宁也扯去做鬼了，实在是悲催。《白娘子永镇雷峰塔》即《白蛇传》的故事，与后人所看的影视作品大有区别。许仙和白娘子之间的感情并不是今人所描绘的那么真挚。相反，许仙是被逼的，他甚至对白娘子只有恨，而白娘子对许仙也只是威逼利诱，谈不上什么真正的爱。也许，凡夫俗子眼中的情感，从来就不乏势利的成分？《杜十娘怒沉百宝箱》是典型的痴情女遇上垃圾男的故事，这个倒是与我们从戏剧中看到的人物形象没有什么本质的区别。当然，也有人们理想中的佳话爱情，毕竟追求真情的人也是有的。如《玉堂春落难逢夫》，亦即人们熟知的"苏三起解"的故事；《唐解元一笑姻缘》，亦即人们熟知的"唐伯虎点秋香"的故事。还有《宿香亭张浩遇莺莺》《金明池吴清逢爱爱》也是市井喜闻乐见的爱情。这些篇章，反礼教的倾向明显，放在当时来说，可谓是思想解放之作。

《警世通言》在描写人物性格时，市井味也扑面而来，有时还透着浓浓的讽刺意味。比如，《吕大郎还金完骨肉》一文，引子提到一富翁金钟有"五恨四愿"，"五恨"即：一恨天（恨他不常常六月，多了秋风冬雪，让人要花钱买衣服穿），二恨地（恨他树木不长整齐，使得要花钱请匠人），三恨自家（恨肚皮不争气，不吃饭就会饿），四恨爹娘（恨他们留下许多亲戚朋友，来时未免费茶费水），五恨皇帝（恨他要收钱粮）。"四愿"则是：一愿得邓家铜山，二愿得郭家金穴，三愿得石崇的聚宝盆，四愿得吕纯阳祖师点石为金这个手指头。一番打趣，将一个贪婪的吝啬鬼形象描绘得淋漓尽致，让人读之忍俊不禁。作品中，不管是小人物还是大人物，言行虽然不乏夸张，但并无刻意拔高的想法，而是直白坦陈，不加修饰。如在《赵太祖千里送京娘》中，发迹前的宋太祖赵匡胤就是个性格暴戾的粗人，虽然好心护送京娘回家，但最终导致她自缢身死，算是白送了一场。作品并没有因为赵匡胤后来当了皇帝而在人物形象上进行美化，说到底，这性格也是一市井人物而已，反而让人觉得真实。

  人性之恶，在作品中也多有体现，甚至恶到让人心里发寒。比如《宋小官团员破毡笠》，刘公夫妇因见女婿宋小官病重难愈，竟然狠心将他甩在荒岭。至于随意杀人者，更是比比皆是，可见当时的社会，视人命如草芥者乃常事，距"以人为本"的现代文明差得太远。当然，黑暗不是它的主基调，着墨更多的是人性的闪光点。《苏知县罗衫再合》写到一个底层妇女朱婆，为了从坏人手里救下素不相识的郑夫人，毫不犹豫投井而死。这种视死如归的侠义精神，在这类小说中常见，虽然有些人并不是"侠"的身份。正义的小人物在作品中并不少见，比如《杜十娘怒沉百宝箱》，杜十娘悲愤投江自尽后，"当时旁观之人，皆咬牙切齿，争欲拳殴李甲和那孙富"。总算让人在一场沉郁的悲剧中看到一抹亮色。

  "时来风送滕王阁，运去雷轰荐福碑。"这是《钝秀才一朝交泰》引用的一句话。前一句好理解，说的是王勃写《滕王阁序》的故事。"雷轰荐福碑"的典故，则是说宋代有个叫张镐的人，命运特别差，投托好几个人都不但没得到帮助，还使人家遭遇不幸。后来，有人指点他去一个庙里拓荐福碑的字卖钱。不料，就在他到达之前，天上打了个雷把荐福碑给毁了。《钝秀才一朝交泰》这一篇，说到时运问题，让人哑然失笑之余，又不禁嗟叹不已。"钝秀才"马德运气之差，简直堪称"丧门星"，找到谁就连累谁，以致他从街上走过，家家闭户，处处关门，人人都怕遇到他而晦气。当然，否极泰来之后，就顺风顺水了。这种"无巧不成书"的故事，历来有着广泛的群众基础，深受市民喜欢。

从书名来看，《警世通言》用意在于"警世"。其中一些故事，当然蕴含着这种良苦用心，教人向善行善，相信因果报应等等。在当时，作者的观点至少在民间是有市场的。多数人追求善，是社会发展、文明进步的重要因素。当然，斗转星移数百年之后，其中的很多观点显得陈旧过时，故事不再那么吸引人了。虽然作品还有人看，书也仍在不断印刷，但其影响力，无疑是递减的。这也是大多数作品的命运。其实，能流传数百年而不绝，已是其中的佼佼者了。江山代有佳作出，一个时代有一个时代的作品，一代人有一代人的阅读喜好，对此不必过于惊诧。

小说属于与工作、功名无关的"闲文"，从诞生之日起就有着平民属性。早期的白话小说，因为脱胎于话本，在讲述故事时，便要照顾文化程度不高的受众。所以，它常常以市井气息吸引市井人物，使作品传播久远，具有旺盛的生命力。市井人物是复杂的，形形色色都有，在写人性时，这些作品并不单一化、模式化，其笔触常常直抵人心、人性的深处。当然，从今人的眼光来看，它的谋篇布局甚为简单，几无匠心可言，但它的创作理念，却依然没有过时。如果没有足够的读者，作品凭什么流传，又何来的"不朽"？

最后说一下该书收官之作《旌阳宫铁树镇妖》。这篇故事太冗长，但因为说的是许真君的传说，与江西有关，所以我还是耐着性子看完了。该篇信息量挺大，有江西九十九条河的来历，有南昌生米镇等诸多地名的来历，还与《西游记》有所关联等等。作为江西读者，我想，故事虽淡然，读读也无妨，特记一笔。

2023年8月30日之夜于瑞金

《醒世恒言》的价值取向

《醒世恒言》是冯梦龙"三言"的最后一部,于明代末年的天启七年(公元1627年)出版。全书如前二部,计四十卷(篇)。故事以明代背景为主,也有一部分是宋元甚至更早时期的。

小说是写给大众看的。《醒世恒言》所收的作品,少说也流传了四五百年。时至今日,可能不再如当初那样一纸风行,万民传诵,但它们能留下来,就是经受了时间和社会的检验。一部作品流传久远,其价值性是至关重要的因素。从《醒世恒言》描绘的世相百态之中,不难看出作品的价值取向。

包括《醒世恒言》在内的"三言",整体基调都是抑恶扬善。所讲的故事,多是劝人远离奸邪,多行善事。所以,在这些故事里,体现最多的就是"善"。

《醒世恒言》开篇《两县令竞义婚孤女》便充满了"善"意。古典小说的一个特点就是作者喜欢跳出来直接大发议论。在这里,先说了一个"王奉嫁女"的小故事。王奉之女琼真本来许配给萧雅,而其兄之女琼英许配给潘华。其兄亡故后,王奉见潘华又富又帅,而萧雅又穷又丑,便怀着私心,让女儿与侄女换了亲事。没想到,潘华是个败家子,最后不知所终,琼真只好回家养老;而萧雅勤苦攻书,官至尚书,琼英被封一品夫人。故事讲完,作者直言:"岂知人有百算,天只有一算。你心下想得滑碌碌的一条路,天未必随你走哩。还是平日行善为高。""人算不如天算"的道理讲完,转入正题,讲了两名好县令的故事。得知沦为婢女的月香是已故清官石县令之女,这两名县令虽然并未见过石县令,但对其孤女的关心甚至超出自己的儿女。虽然结尾时托梦显示因果报应的写法落入俗套,但两名县令的人品还是让人感动。正是因为世间历来不乏好人,社会才总是充满希望。

第十八卷《施润泽滩阙遇友》也是这个意思。施复(施润泽)拾金不昧，别人说他是傻子，他们夫妇却不以拾银为喜，反以还银为安。此后，施复因为这件事，遭遇了许多无巧不成书的事，颇具趣味性。故事情节丝丝入扣，虽然让人觉得难以置信，但一片劝善之心还是可以获得读者的认同。那个年代，在没有更好的思想教育方式的情况下，用这种故事进行劝喻，可谓上等之选。哪怕是数百年后的读者，恐怕也还愿意领下作者这份情。

其他如第五卷《大树坡义虎送亲》，这种劝诫意图也很明显。勤自励救了陷阱里的老虎，后来他从军多年无音信，岳父家将其未婚妻另许他人。不料，送亲途中，这只老虎帮勤自励把妻子留下来了。结尾时有诗为证："但行刻薄人皆怨，能布恩施虎亦亲。奉劝人行方便事，得饶人处且饶人。"从今天的视角来看，人类应当怀着善意，不仅与他人，还要与自然和谐共处，如此，大自然也将回馈人类。第二十一卷《张淑儿巧智脱杨生》，小女孩张淑儿因为悄悄放了落入虎口的杨延和，善有善报，与后来中了探花的杨延和喜结连理。故事本来甚是惊险，可惜作者没有展开情节，多少影响了它的可读性。第二十五卷《独孤生归途闹梦》，读后在充分体会古人旅途之艰辛的同时，也感受到字里行间的暖暖善意。

有善即有恶，善恶总是同时存在不同的人身上。也正是因为恶行的普遍存在，才更加衬托了善行的可贵，更加凸显了扬善惩恶的必要。第二十七卷《李玉英狱中讼冤》的善恶对立尤其典型。一个贫穷寡妇，对一个素不相识的患病小孩讲义气，不仅收留他，看顾好，临行还赠送银两，而邻居则取笑她。写到这里，文中说道："像这班邻居，都是须眉男子，自己不肯施仁仗义，及见他人做了好事，反又撅唇簸嘴。可见人面相同，人心各别。"作者立场分明，态度毫不含糊。然而，遗憾的是，这个死里逃生的小孩李承祖，好不容易回到家里，却被残忍的继母毒杀了。人性之恶，在这里让人毛骨悚然。而第十六卷《陆五汉硬留合色鞋》的引子故事，则说了一个恃强凌弱的恶霸因为强占他人物品，结果上了假银元的当，还惹到了牢狱之灾，真是"恶人自有恶人磨"。骗子用假银元作局，原来这事古已有之，今人所玩的伎俩，无非拾人牙慧而已，但上当的人一代接一代，这倒值得玩味。第三十卷《李汧公穷邸遇侠客》也是善恶与共。唐代李勉做基层干部时，救了一个被强盗胁迫入伙的书生房德。后来，李勉去职落难，房德反而做官，二人偶遇，房德本想报答李勉，但房妻不但极其吝啬，而且心肠狠毒，竟然教唆丈夫说，救命之恩无以为报，只能将恩人杀了才干脆。房德被说动，请刺客追杀李勉。所幸刺客获悉了真相，返回将房德夫妇杀了。这篇故事传奇色彩浓厚，故事性极强，人心的险恶与善良，展现得淋漓尽致。李勉是历史名人，曾任虔州（今赣州）刺史，而且与赣州的郁孤台缘分很深，曾将之易名"望阙台"。虽然故事与赣州无关，但还是值得我们特别看一看。

市侩人物的恶，往往直接体现在言行上。第九卷《陈多寿生死夫妻》，写到了一个泼妇柳氏。因为定下亲事的女婿突然患病，柳氏便要悔婚，直把丈夫朱世远和媒人骂得狗血淋头。好在其女以死明志，故事才得以喜剧告终。柳氏这种唯利是图之辈，历来不缺，稍有正义感的读者，对这种人都是唾弃的。

小说是社会的镜子。《醒世恒言》的一些作品，除了折射世间风貌，还反映了当时的思想潮流。比如，对待爱情，作者所处的那个时代显然比较开明解放了。第二十八卷《吴衙内邻舟赴约》和第三十二卷《黄秀才徼灵玉马坠》都是爱情故事，对于冲破礼法的青年男女，不仅没有鞭挞，而是持肯定态度。书中还颇有些女权主义，第十一卷《苏小妹三难新郎》，开头列数了诸多女强人，为她们鸣不平，直言："若许裙钗应科举，女儿那见逊公卿？"封建史上，女性因为没有独立的经济权，地位低下，但并非所有的人都认同这种现象。冯梦龙勇于亮出这些观点，体现了其思想的进步性。

为善方得始终。在"三言"的话语体系中，邪不压正，行善才是大道、正道，连神灵对相关规则也是有所敬畏的。该书最后一卷《马当神风送滕王阁》，说的是唐代大才子王勃的故事。帮助王勃赶上洪都滕王阁宴会的水神（中源水君），请王勃路过长芦之祠时，帮他烧点钱还人情债。王勃奇怪地问水神，看你庙里的殿上金钱堆积如山，为何不用这现成的钱财去还人情债？水神说："汝不知殿上之钱，皆是贪利酷求之人，害物私心之辈，损人益己，克众成家，偶一过此，妄求非福，神不危而心自危之，所以求献于庙。此乃枉物，譬如吾之赃矣，焉敢用哉！"原来，神灵也不敢用赃款，不知今日那些求神拜佛的贪官听了作何感想？

  《醒世恒言》借助众多形形色色的故事宣扬正义，抨击邪恶，积极意义跃然纸上。有些观念虽然有其局限性，放在今天来说已不合时宜，但这也正常，谁能确保自己的观点永远适用于世？这些作品，未必篇篇精彩（凑数的也有），但总体来说，哪怕是时光流逝了千百年，它们依然还有阅读的价值。也正是因为其抑恶扬善的价值取向，让我们依然可以看到字里行间的闪光点，并使这些文字能够继续流传下去。

2023年9月11日之夜于瑞金

平民视角下的人性
——读《拍案惊奇》

冯梦龙的"三言"问世之后，凌濛初的"二拍"紧接着闪亮登场。"二拍"是《拍案惊奇》和《二刻拍案惊奇》两部白话小说集的合称。凌濛初（公元1580—1644年）比冯梦龙小6岁，同为明末时期文人。冯梦龙是江苏苏州人，凌濛初是浙江湖州人，二人在地域上也相距不远。凌濛初的创作，在一定程度上受到冯梦龙的影响。从体例上也可以看出，"三言"与"二拍"风格大同小异，而且每部作品都是40卷，确实堪称同一个系列。当然，相比于"三言"的收集整理，"二拍"更侧重于原创性。所以，在人民文学出版社的版权页，"三言"是"编"，"二拍"是"著"。

凌濛初虽然才华过人，但并不善于考试，科场颇不得志，最高学历也就是个副贡，55岁才做了上海县丞，后来又担任过徐州通判。从他的经历来看，大半辈子身在"基层"，长期和"群众"打成一片，在创作上走的也是通俗文学的路子。以《拍案惊奇》为例，该书面向大众，笔墨涉及三教九流，以社会底层人物的生活为主。有别于"庙堂"上的俯瞰，作者更多的是从平民视角看人性，说人情，品人生。

小说是一种记叙性的文体，一般是不主张作者大段议论、直接表达观点的。但《拍案惊奇》有一个特点，就是作者动辄跳出来评论一番。这些评论虽然未必有多深刻，但不仅表明了作者的立场，还在一定程度上代表了当时民间的态度。

职业标签历来存在，古代尤其突出。对社会上的各个群体，作者以平视的方式，直白表露自己的看法，其中不乏令人耳目一新之处。

比如第八卷《乌将军一饭必酬 陈大郎三人重会》，开头便是对强盗的议论。作者说："天下那一处没有强盗？假如有一等做官的，误国欺君，侵剥百姓，虽然官高禄厚，难道不是大盗？有一等做公子的，倚靠着父兄势力，张牙舞爪，诈害乡民，受投献，窝赃私，无所不为，百姓不敢声冤，官司不敢盘问，难道不是大盗？有一等做举人秀才的，呼朋引类，把持官府，起灭词讼，每有将良善人家，拆得烟飞星散的，难道不是大盗？"一番话直抒胸臆，批判现实，可谓颇有见地，这完全是站在百姓的立场来看问题。这一卷的引子故事，便讲了一个底层人物王生遇强盗的趣事。王生带了几百两银子出门做买卖，连续三次遇盗，而且都是同一伙人。第一次，王生没有反应过来就被劫了，只好去亲眷处借几钱银子做盘缠回家。第二次，王生认出了这些强盗，喊道："大王！前日受过你一番了，今日如何又在此相遇？我前世直如此少你的！"强盗听说是第二次劫他，扔回十几两银子给他做路费，也算是"盗亦有道"了。第三次，王生见还是旧相识，干脆向强盗求一死。强盗头子觉得他可怜，但又不能坏了自己的规矩，便把劫得的一船自认为用不上的苎麻送给了王生。王生将苎麻运回家，拆开看时，发现里面藏满了银子，共有五千多两，就这样阴差阳错发财了。作者点评道："这固然是王生之福，却是难得这大王一点慈心。可见强盗中未尝没有好人。"

第二十五卷《赵司户千里遗音　苏小娟一诗正果》则为伎女鸣不平。通篇讲了几名有情有义的伎女的故事，结尾说道："岂非多是好心的伎女？而今人自没主见，不识得人，乱迷乱撞，着了道儿，不要冤枉了这一家人，一概多似蛇蝎一般的。"强盗、伎女都是上不了台面的人物，作者却不以身份定人品，不搞"一篙打翻一船人"，这个见识，倒也不俗。

相比于强盗，对于"拐子"（人贩子），作者就没那么客气了。在第十六卷《张溜儿熟布迷魂局　陆蕙娘立决到头缘》开头就说道："话说世间最可恶的是拐子。世人但说是盗贼，便十分防备他。不知那拐子，便与他同行同止也识不出，弄喧捣鬼，没形没影的做将出来，神仙也猜他不到，倒在怀里信他。直到事后晓得，已此追之不及了。这却不是出跳的贼精，隐然的强盗？"而第十八卷《丹客半黍九还　富翁千金一笑》则讲起了骗子的故事，"世上有这一伙烧丹炼汞之人，专一设立圈套，神出鬼没，哄那贪夫痴客"，整个故事讲述一富户再三被骗的经历，可见诈骗之术由来已久，层出不穷，今人无非在翻新花样而已。对于装神弄鬼的巫师，作者则在第三十九卷《乔势天师禳旱魃　秉诚县令召甘霖》中尽情嘲弄了一番，让巫师上当吃起了狗屎。当然，故事最后还是选择了依靠神灵解决问题，未免前后矛盾。但在那个时代，人们似乎除此之外再难有其他思路。鉴于时人对自然与社会认知的局限性，后人也就不好苛求作者了。

对人如此，对事亦然。世相百态在《拍案惊奇》诸多篇幅中徐徐展开，作者不甘于客观记录，同时要做一名"判官"，努力形成"舆论导向"。

比如，对于势利现象，作者时不时要亮出自己的观点。第十一卷《韩秀才乘乱聘娇妻　吴太守怜才主姻簿》开篇说道："如今世人一肚皮势利念头，见一个人新中了举人、进士，生得女儿，便有人抢来定他为媳；生得男儿，便有人捱来许他为婿。万一官卑禄薄，一旦夭亡，仍旧是个穷公子、穷小姐。此时懊悔，已自迟了。尽有贫苦的书生，向富贵人家求婚，便笑他阴沟洞里思量吃天鹅肉。忽然青年高第，然后大家懊悔起来，不怨怅自己没有眼睛，便嗟叹女儿无福消受。"第二十卷《李克让竟达空函　刘元普双生贵子》开头这样评说"世人情态"："世间人周急者少，继富者多。""比如一边有财有势，那趋财慕势的多只向一边去，这便是俗语叫做'一帆风'，又叫做'鹁鸽子旺边飞'。"在作者这些貌似无奈的唠叨中，当时社会风气可见一斑。不是"世风日下"，而是"世风"原本长期如此。

说到世态炎凉，第二十二卷《钱多处白丁横带　运退时刺史当艄》讽刺意味甚强。开头说道："如今人一有了时势，便自道是万年不拔之基；傍边看的人，也是一样见识。岂知转眼之间，灰飞烟灭。泰山化作冰山，极是不难的事。"故事里的郭七郎花钱买了个刺史官职，赴任途中前呼后拥，不料中途发生变故，所乘的船沉没，母亲亡故，任命书也弄丢了，那些对他客气的人也就不再客气了。最后，郭七郎为了谋生，只好做了一名艄公。"当初做刺史，便像个官员。而今在船上多年，状貌气质，也就是些篙工水手之类，一般无二。"冷嘲热讽之中，让人忍俊不禁之余，又难免心生几分感慨。

而在第二十九卷《通闺闼坚心似火　闹图圄捷报旗铃》中，引子故事说赵琮及第前，妻子没人理会，而一及第，马上被亲人捧上天。"本是一个冷落的货，只为丈夫及第，一时一霎，更变起来。人也原是这个人，亲也原是这些亲,世情冷暖,至于如此。"该卷开头还表达了作者对只重"第一学历"的不满:"到我国朝,初时三途并用,多有名公大臣,不由科甲出身,一般也替朝廷干功立业,青史标名不朽,那见得只是进士才做得事?"第四十卷《华阴道独逢异客 江陵郡三拆仙书》开篇也对科举之事大发议论:"话说人生只有科第一事,最是黑暗,没有甚定准的。自古道:'文齐福不齐。'随你胸中锦绣,笔下龙蛇,若是命运不对,倒不如乳臭小儿、卖菜佣早登科甲去了。"还举例说,唐时以诗取士,李白、杜甫、孟浩然、王维四大家,只有王维一人有文凭,还是靠了岐王帮忙。形成这些认识,显然与作者自身的经历有密切关系了。而这些话,即使放在今天,也未必完全过时。

因果报应是古典小说宣扬的主要观点之一,《拍案惊奇》也不例外。第三十卷《王大使威行部下 李参军报冤生前》讲了个莫名其妙的善恶有报之事。成德军节度使王武俊之子王士真副大使出游至深州,深州太守叫参军李生陪酒。王士真一看李生就觉得心里不爽,喝令把他杀了。大家包括王士真本人都对此说不出个所以然,而只有李生自己明白:27年前,他谋害过一个人,与王士真长得一模一样——这人投胎于节度使王武俊家了。故事讲到这个程度,真是令人咋舌了。

作者描绘人性,少不了体现自己的价值观。凌濛初虽然出身官宦人家,思想认识却与当时的市民群体比较一致。所以,他们所批判的与所欣赏的,与传统士大夫的"三观"也许有所区别。如第十二卷《陶家翁大雨留宾 蒋震卿片言得妇》,女子随便跟王生私奔,后来被人拐作娼妓,与王生重遇之后,并不被嫌弃;蒋震卿捡到东西不想还给失主,显然品行不高,但也获得了姻缘。第十五卷《卫朝奉狠心盘贵产 陈秀才巧计赚原房》,陈秀才为了把房子要回来,用死人之腿诈卫朝奉,以恶报恶,作者津津乐道,并不谴责。这些故事,可以管窥市民小说实用主义的价值取向。他们讨厌满口仁义道德的虚伪行径,而不回避物欲情欲需求上的普通人性。从后人的角度来看,某些方面甚至显得有几分"前卫"。当然,价值定位虽然未必高,但底线还是在的。如第三十四卷《闻人生野战翠浮庵 静观尼昼锦黄沙衖》,闻人生虽然科举高中,且与女尼静观终成眷属,但因为在翠浮庵犯了风月,损了阴德,所以仕途不称意。作者既肯定了少男少女的情事，又否定了不检点的行为。而第三十五卷《诉穷汉暂掌别人钱　看财奴刁买冤家主》开头这样说道："却说人生财物，皆有分定。若不是你的东西，纵然勉强哄得到手，原要一分一毫填还别人的。"从当今所查的大量贪腐案来看，还真是这么回事，对不义之财，确实不该有非分之想，虽然作者在这里披上的是因果报应的外衣。

　　以今人的文学创作标准衡量，《拍案惊奇》几乎谈不上什么"手法""技巧"。但在那个年代，作者能从平民的视角打量社会，检视人性，为后人了解那个时代的思潮与风貌提供若干佐证，显然是小说史上的一个进步。这些散见于各篇的议论，相当于今人所说的"杂文笔法"，虽然与现代小说的风格不合，但在一定程度上强化了作品当时的教化功能。毕竟，那个时代的市井受众，也许更习惯以这种方式听故事、明道理。

2023年9月29日之夜于瑞金

利欲面前的劝诫
——读《二刻拍案惊奇》

　　《二刻拍案惊奇》成书于明末崇祯年间，是凌濛初继《拍案惊奇》之后的又一部短篇小说集，风格与《拍案惊奇》相类。"三言二拍"是早期的市场化图书。凌濛初在《二刻拍案惊奇小引》说道："贾人一试之而效，谋再试之。"也就是说，他的《拍案惊奇》被书商拿去出版后，书商尝到了甜头，又来要续集了。文学作品要广泛流传，就得照顾读者情绪，而商业性如果能与思想性、艺术性相统一，则将使作品流传得更久远。"三言二拍"早在数百年前就验证了这个道理。

　　虽然是走"市场"的图书，但凌濛初并未追求"利润至上"。相反，他在作品中还是很注重教化的，以倡导向善的价值观为主。即使是《二刻拍案惊奇》这部"订单式"的作品，我们依然能看到作者在利欲面前对读者的反复劝诫。

　　利益原本不是坏东西，但"利欲"就要适可而止了。人们做错事走错路，很多时候便是因为对待利益没有把握好尺度，终因利欲不当而步入歧途。利欲面前不克制，虽然让人一时"玩的就是心跳"，但最终是一条危险的不归路。第四卷《青楼市探人踪　红花场假鬼闹》讲的就是一个令人咋舌的故事。张廪生为了图谋兄弟家产，向贪官杨佥事行贿。不料，杨佥事收了钱还没来得及办事，突然被罢官回老家。张廪生从云南追到四川杨佥事家，想把钱要回来，结果被杨佥事害了性命。两个恶人，一个比一个狠。杨佥事当然也没有好下场，案发后死于狱中。故事最后直言"奉劝世人，还是存些天理，守些本分的好"。第十二卷《硬勘案大儒争闲气　甘受刑侠女著芳名》的引子故事则说朱熹在福建崇安县做官时，一刁民利用他的习惯性思维，骗得了某大户的风水宝地。无奈"地理"不如"天理"，最后这块地在雷雨中被毁为水潭，连尸棺都不见了。不行正道，机关算尽亦枉然。这也是作者所持的基本观点之一。

热衷于走歪门邪道者历来不少，但终究难成正果。《二刻拍案惊奇》用了大量的故事来阐述这样的道理。第八卷《沈将仕三千买笑钱 王朝议一夜迷魂阵》劝人们远离赌博，开头便说道："人世上诸般戏事皆可遣兴陶情，惟有赌博一途，最是为害不浅。"赌徒无赢家，正如文中所言："不要说不能勾赢，就是赢了，未必是福处。"该篇引子故事讲述丁生因赌失去状元功名，好在及时悔过，才得以榜上留名。正文则是一个设赌局诈骗钱财的故事，与今日某些骗局相比，也不逊色。第十四卷《赵县君乔送黄柑 吴宣教干偿白镪》也是这个内容。"赵县君"设了个"仙人跳"，让吴宣教吃了个哑巴亏。这种故事至今还在上演，确实让人要"拍案惊奇"了。说到底，上当受骗者，都是源于一个"贪"字。第五卷《襄敏公元宵失子 十三郎五岁朝天》还提到拐卖儿童为乞丐的事："闻得歹人拐人家小厮去，有擦瞎眼的，有斫掉脚的，千方百计摆布坏了，装做叫化的化钱。"故事背景是北宋，可见这些歹毒伎俩，也是古已有之。太阳底下无新事，只因利欲熏心之辈不绝，世间的丑恶行径便难以消失。

古人为了规劝人们心存敬畏，不昧良心，想方设法编了大量的鬼故事，可谓用心良苦。"三言二拍"中的"鬼故事"便不少。以本书为例，第十一卷《满少卿饥附饱飏 焦文姬生仇死报》讲述满少卿始乱终弃，被焦文姬变鬼报仇。关于满生的心理变化，文中写道："大凡人只有初起这一念是有天理的，依着行去，好事尽多。若是多转了两个念头，便有许多奸贪诈伪、没天理的心来了。"人就是这样一步步走向邪恶，把心中的"毒素"释放出来的。所以，从源头上守住本心，是个重要的命题。第十六卷《迟取券毛烈赖原钱 失还魂牙僧索剩命》也是"鬼故事"。它告诉人们，一个人做了昧心事，终究是要偿还的。其中有个情节：毛烈侵吞了陈祈的钱，到了阴间还因陈祈没有证据而抵赖。没想到阴间根本不需要证据，只需取铜镜一照，就可还原事实，比今日的"大数据"还管用。读至此处，真是佩服古人的想象。这种劝诫方式对那个时代来说，可以在很大程度上起到震慑作用，让人不敢欺心。又如本书第二十卷《贾廉访赝行府牒 商功父阴摄江巡》，骗人巨额钱财的贾廉访，做鬼后备受煎熬，而且骗得的财物最终物归原主，算是白忙一场，做了一回"搬运工"而已。这些故事得出一个结论：前世欠债今世还，所以不要亏欠他人。第二十四卷《庵内看恶鬼善神　井中谭前因后果》更是大谈特谈这个道理，"可见财物有定数，他人东西，强要不得的。为人一念，善恶之报，一些不差的。"第三十三卷《杨抽马甘请杖　富家郎浪受惊》引子故事也很有意思：明成祖时期的风云人物、钦差少师姚广孝在苏州闲逛，没有回避吴县曹县丞的官轿，结果被他打了二十大板。得知姚广孝的身份后，曹县丞吓得魂飞魄散。姚广孝却说，自己算准了要挨曹县丞二十大板："此乃我前生欠下他的。昨日微服闲步，正要完这夙债。"即使是姚广孝这等大人物，也要还区区一个小县丞的夙债，话说到这个份上，由不得普通民众不服了。世间这些因果之事，简直被古人构建成了一个完整的话语体系，虽然今天的人们觉得有几分荒唐，但不可否认的是，千百年来，它的教育效果非常明显。

"善有善报，恶有恶报"的道理是《二刻拍案惊奇》反复强调的。除了反面教材，还有正面案例。第十五卷《韩侍郎婢作夫人　顾提控掾居郎署》引子便说了一个徽州商人因救人一命，避免了墙倒被压之灾的故事。这种"无巧不成书"在民间故事当中并不少见，也可以说在一定程度上代表了"民意"。

《二刻拍案惊奇》就是这样不厌其烦地警示人们，做人要行正道，不要有非分之想。这类观点，还常常在故事中直接表达。如第三十六卷《王渔翁舍镜崇三宝　白水僧盗物丧双生》引子故事说，沈一遇五仙，因为贪财，乞求赐金银。五仙捉弄他，将他自家的财物搬来给他，害得他闹了个笑话。故事讲完，作者直言："只因一念贪痴，妄想非分之得，故受神道侮弄如此。可见世上不是自家东西，不要欺心贪他的。"在第三十七卷《叠居奇程客得助　三救厄海神显灵》中，也借故事中人说了同样的意思："只是非分之物，得了反要生祸。世人为取了不该得的东西，后来加陪丧去的，或连身子不保的，何止一人一事？"而第三十四卷《任君用恣乐深闺　杨太尉戏宫馆客》则以"任君用""方务德"之名隐喻，方务德与故事情节并无关系，作者当是借"方悟得"之意，向读者传播相关教训而已。

再火的作品，随着时间的推移，也将逐渐降温。尤其是当今时代，各类作品海量产生，数百年前的"三言二拍"虽然名气仍在，但早已不再是热门图书，其思想局限性也越来越明显。但在大方向上，它们当中的大多数篇章依然没有过时，依然具有积极意义。这也是它们还能一再翻印的重要原因。

按作者在《二刻拍案惊奇小引》所言，这部作品，与《拍案惊奇》一样，依然是四十卷。然而，遗憾的是，我看到的版本，名义上是四十卷，其实只有三十八卷小说：第二十三卷《大姊魂游完宿愿 小姨病起续前缘》与《拍案惊奇》第二十三卷《大姊魂游完宿愿 小姨病起续前缘》完全相同，应当剔除；第四十卷《宋公明闹元宵杂剧》则在体例上就不对，根本不是小说，而是一个剧本。我读的"三言二拍"五部作品，都是人民文学出版社出版的，这应当是很权威的版本了。是作者疏忽大意，还是版本流传时间太久被人改动了，已不得而知。

最后，再提一下"三言二拍"的赣州元素。"三言二拍"的第一部《喻世明言》有两个完整的"赣州故事"，"三言"所有的赣州元素也都在这一部书当中。而"二拍"的赣州元素，则集中在《二刻拍案惊奇》。全书快结束时，第三十七卷《叠居奇程客得助 三救厄海神显灵》，终于出现"南赣巡抚王阳明"几个让赣州读者感到亲切的字眼。而第三十八卷《两错认莫大姐私奔 再成交杨二郎正本》，开头便是"话说宋时南安府大庾县有个吏典黄节"，先讲了一个发生在南宋大庾县（今大余县）的故事。黄节之妻与人私奔，将幼儿遗弃在草中，被李三捡到。黄节因此告李三拐骗其妻。李三屈打成招，孔目为了帮黄节，"把李三的狱情做得没些漏洞"。李三起解时，忽然雷电交加，枉法的孔目被雷打死，被冤枉的李三则被雷打落了身上的木枷。文中还说了个很具体的时间——"其时乃是绍兴十九年八月二十九日"。南安府两度出现在"三言二拍"，从侧面说明宋明时期的大余县，还是有一定影响力的，故事都传到数千里之外去了。另据有关资料，凌濛初的湖州老乡、亲戚潘曾纮巡抚南赣时，曾经聘凌濛初入幕。由此看来，凌氏到过赣州的可能性也很大。作者在作品中记录从赣南流传出去的故事，或许并非偶然。

2023年12月21日之夜于瑞金

辛辣之中见辛酸
——读李伯元《文明小史》

2008年国庆节假期，我在万安县城闲逛，看到街上有个地摊摆了一堆旧书，每本5元，不论厚薄。发现其中有精装的长篇小说《文明小史》《七侠五义》《小五义》（均为上海古籍出版社出版），于是毫不犹豫将它们买下。买的书总是不急着读。果然，待得翻出李伯元所著的《文明小史》来看时，光阴已经过去了至少15年。

说起李伯元，相信很多人首先想到的是他的长篇小说《官场现形记》。这是晚清谴责小说的代表作，单看书名，就知道作者的立场。今人比喻某个作品写得深刻，动辄誉为"当代《官场现形记》"，也不管后世很多作品其实不论是思想性还是艺术性都超过了李伯元的《官场现形记》，由此可见其书名的影响力之大。

读过《文明小史》，才知道这是李伯元的另一部长篇力作。这部作品写于20世纪初，也就是风雨飘摇的清末。这也是中国近代史上极其特殊的一个时期。国事蜩螗，路在何方？有思想的国人，都在迷茫中求索。也正是因其历史背景特殊，这个时候的作品，显出了不一般的研究价值。

从阅读的角度来说，《文明小史》总体上并不怎么好读。它和普通的小说不同，故事缺乏连贯性，东一下西一下，从湖南山区绕到上海、南京等大都市，甚至日本、美国等海外地域。人物也不存在"主角""配角"，简直像猴子掰玉米一样，写一个丢一个，没有谁称得上是主要人物，无非各领风骚三五章而已，然后就与故事永别了。这种"流水账"般的写法，放在现在，估计没哪个出版商愿意出版，除非作者自费。对今天的评论家来说，如果不知道作者为何许人，也不大可能给这部作品好评。

但是，这毕竟是特殊时代的产物，在作者所处的那个年代，无论如何也算一部重要的长篇小说；对今天的读者来说，则是认识晚清社会的一面镜子。

19世纪末至20世纪初，正是中国在世界潮流面前掉队的时候。这一段历史，最是让人压抑。这部小说中的"文明"，别有几许意味。一个个互不关联的故事，或让人忍俊不禁，或让人摇头叹息，更让人在辛辣之中品出几分辛酸。

小说从中西文明的碰撞开始。湖南永顺府来了探矿的洋人，地方官连忙前去拜会。知县和洋人握手，但错伸了左手，洋矿师便不肯同他握手。地方官带来的翻译张师爷一心想卖弄自己的才学，与洋矿师说外国话，说得洋矿师或皱眉或抿嘴笑，最后直接打着中国话对张师爷说："张先生，你还是说你们的贵国话给我听罢。你说的外国话不要说我的通事他不能懂，就是连我也不懂得一句。"张师爷出了洋相，保举他的知县很惭愧，但知府柳继贤却很大度："你不用怪他，他学洋文学问虽浅，这永顺一府，只怕除了他还找不出第二个，留他在这里开开风气也好。"（第二回）

这位柳知府倒不算差，有几分正气。知县要责罚无辜百姓讨好洋人，柳知府说："拿我们百姓的皮肉，博他们的快活，我宁可这官不做，我决计不能如此办法。"小说也借第三者视角说他："有时胆小起来，树叶子掉下来都怕打了头，等到性子发作，却是任啥都不怕。"（第五回）但他更多的是在现实面前的无奈，最后因为百姓不知好歹，还是丢了官。临走时，柳知府嗟叹："将来换一个利害点的官，等他们吃点苦，到那时候，才分别出个上下呢。"而接任的傅知府一上任，便琢磨"前任做官，忠厚不过，处处想见好于百姓，始终百姓没有说他一个好字，而且白白把官送掉"，于是做了个"狠人"，一上任就炮制冤假错案。（第六回）傅知府不久也因瞎折腾而下台，走时希望地方送"万民伞"之类，自己掏钱作秀，最后被人闹了一场，狼狈不堪，一个毫无自知之明的官油子形象跃然纸上。（第十一回）这种花钱买面子的官场陋习，让人感到滑稽，讽刺意味太强了，至今还可看到这种官员的影子。这些场景，写得很是精彩。可以说，小说开端这一部分故事，充分体现了作者的扎实功力，犀利笔锋，引人入胜。

但接下来才知道，这是一部"组装式"的长篇，很多故事之间基本没什么关联。好在，不管讲到哪里，作者都是用写实的手法，带着强烈的批判意识描绘现实，彰显了作品的时代价值。

记得我们这一代人读中学时，有一篇节选自《官场现形记》的课文《制台见洋人》，将一名制台（总督）崇洋媚外的形象刻画得入木三分。也是因为这篇课文，我们知道了晚清的官员是如此惧怕洋人。在《文明小史》当中，官员怕洋人的桥段也不少，何止发生在开篇的永顺府。第二十三回写道，一学生去拜访万抚台，因为鼻子"高隆隆"的，长得像个洋人，在衙门备受尊重。及至抚台发现认错了，差点发作。这还只是个笑话。让人笑不出的是，随便一个洋人，便可以干涉地方政务，官员们对此无可奈何，即使督抚大员也不例外。如第三十八回，聂慕政在济南刺杀从云南来的陆制军未遂被捕，洋人黎教士一出面，山东姬抚台就赶紧放人，知道得罪不起。陆制军只能叹气道："中国失了主权，办一个小小犯人，都要听外国人做主，兄弟是没得话说，老同年还要提防刺客才是。"姬抚台对此只能"默然"。而路人则对此议论道："犯罪也要犯得好，你不看见那姓聂的，一会儿套上铁索，一会儿坐着大轿。列位如若要犯罪，先把靠山弄好了才好。"第四十四回则提到，《芜湖日报》惹得安徽抚台黄昇不高兴，责令下面查办，结果因为报人有先见之明，早就请了洋股东，抚台只好叹气。黄抚台怕洋人的表现还不少，可见这是当时官员的通病。

不仅官员敬畏洋人，其他行业也崇洋媚外。第四十七回写了一个叫劳航芥的律师的心态："他自己又想，我是在香港住久的人了，香港乃是英国属地，诸事文明，断非中国腐败可比，因此又不得不自己看高自己，把中国那些旧同胞竟当做土芥一般。每逢见了人，倘是白种，你看他那副胁肩谄笑的样子，真是描也描他不出；倘是黄种，除了日本人同欧洲人一样接待外，如是中国人，无论你是谁，只是要拖辫子的，你瞧他那副倨傲样子，比谁还大。"这个劳航芥还这样认为："中国地方，只有上海经过外国人一番陶育，还有点文明气象，过此以往，一入内地，便是野蛮所居，这种好世界是没了。"

国人失去自信，因为国家积弱。国家缘何积弱？根本原因在于制度腐朽。看看官员们的素质就知道了。"软骨症"的官员比比皆是，不学无术的也大有人在，还有一些则热衷于投机。第二十四回写到的王文藻便是个投机分子。"那年新行政时，他觑便上了个改服色的条陈，被礼部压下，未见施行。他郁郁不乐，正想别的法子，偏偏各样复旧的上谕下来，只索罢手。"义和团尚未到京时，王文藻逢人便说这是乱党，到处开骂。后来听同年蔡襄生说，"现在上头意思，正想招接他们"，王文藻"吓了一大跳"，半夜起身做了一个招抚义和团的折子。义和团失败后，他赶紧逃出京城，去投奔在河南做官的姐夫。在姐夫面前，他自己也承认："小弟也是功名心太热些，论理揣摩风气，小弟也算是竭力的了，上头要行新政，就说新政的话，要招义和团，就说招义和团的话……时运不济，那就没法了。"官场充斥这种人，还指望有什么好风气？而安徽抚台黄昇，作为一名高级官员，藩台请他参加一个活动，他竟然不敢即兴演说，推了一个胡道台代替。而这个胡道台"见了这许多人，早把他吓呆了，楞了半天，一声不响"，最后说了几句外行话。（第四十三回）官员素质如此，选人用人机制显然大有问题，而这样选出来的人又能把国家治理成什么样子？这些虽是"小说家言"，但也可以推测当时社会的模样。

更糟糕的是朝廷公然卖官导致的乱象。那个年代，候补官员多如狗，很多人其实是很可怜的。第五十三回写了一个候补道秦凤梧，虚荣得很，出来拜客排场很大，"自有那班无耻下流去趋奉他，秦大人长，秦大人短，秦凤梧居然受之无愧。"和秦凤梧交往密切的，其中一个是江宁候补知县沙得龙，外号傻瓜，看名字就知道是什么货色了。第五十七回还写道："此时的南京候补道，差不多有二三百个，有些穷的，苦不胜言。"紧接着在第五十八回说一个叫施凤光的候补道台，"候补了这许多年，差不多老本都贴光了"。更有甚者，候补知府黄世昌为了获官，竟然将妻子送给制台。因为妻子两日不回，黄世昌还病倒在床。而当妻子带回任职的札子，他的病立刻就好了。第二十八回则写了一个叫佘荣的候补官，因为没有靠山，被人看不起，于是攀附一位做过户部侍郎的本家佘东卿。"因东卿先生名直坡，他就托人到部里将照上改了名字，叫直庐，合那东卿排行，表字西卿，自此就印了好些佘直庐的名片拜客。"那位东卿先生查了谱系之后，也认了这个改名的西卿老弟，而外人则以为他们是亲兄弟。这等官场丑态，真是不一而足。即使是百年之后的今天，也常有其幻影出现，某地便出现过上下级官员拿着族谱认同宗的事。读至此处，只能令人"呵呵"了。

其他形形色色的人物，也在书中粉墨登场。第三十五回写的聂慕政等几个激进年轻人，整天谈民权、公德，但他们的出发点却让人哑然失笑："大家商议要想做几桩惊天动地的事业，好待后人铸个铜像，崇拜他们。"而一些"维新者""文明人"的虚伪也被作者冷嘲热讽，比如制台的公子冲天炮，"虽是维新到极处，却也守旧到极处。这是什么缘故呢？冲天炮维新的是表面，守旧的是内容。"（第五十七回）这种人格分裂现象让人对所谓的维新摇头。而劳航芥以及第十九回出现的魏榜贤、黄国民等人，则是十足的虚伪小人了。小说结尾时（第六十回），出现一个"清官"平中丞，做寿不收礼，对寻常送钱送物的确实断然拒绝，但长安县令投其所好，送上一件古董，平中丞马上表示："这样寿礼，清而不俗，就收了他，也是不伤廉的。"这个风气一开，各府各州县纷纷效仿，直把一座抚台衙门变作旧货店了。这种讽刺与幽默，让人笑过之后，又难免别有一番滋味在心头。

从字里行间不难看出，作者希望借助《文明小史》表达怎样的一种心情。其中，有无奈，有愤慨，有失望，有期待。在内容上，作品包罗万象，信息量很大，涉及人物也多，叙述不乏生动活泼之趣。但从小说结构来说，开头紧凑，后面松散，与其说是一部长篇，不如说是一个系列中短篇。正是这种跳跃，影响了作品的整体质量，让人感到作为一部长篇小说，成色还是有所不足。而作品所蕴含的思想，也因此打了折扣，显得碎片化、表面化、模糊化。

2024年3月7日之夜于瑞金

那时侠客初长成
——读《三侠五义》

　　《三侠五义》算得上是最早的长篇武侠小说了。最初读到这本书，还是在乡下读小学的时候。那个年纪的记性确实更好，加上当时没什么闲书可读，以至几十年后重读该书，一些情节还依稀记得。

　　《三侠五义》还有个书名叫《七侠五义》。两个版本的图书我都收藏了：《三侠五义》是人民文学出版社出版的，署"石玉昆述"；《七侠五义》是上海古籍出版社出版的，署"石玉昆编"。古人著作权意识淡薄，很多作品流传下来却不见作者名。《三侠五义》的原创作者也不知该算哪位，从署名方式来看，石玉昆并非原创。据有关资料，石玉昆是清代咸丰、同治年间一位颇有影响的说书人。《三侠五义》这部成熟的白话小说，是他根据《包公案》改编而成的。作品问世之后，影响极大，鲁迅、胡适等文化大家都对它给予了很高的评价。

　　原以为《三侠五义》与《七侠五义》只是一书二名，把两本书都读过之后才知道，二者还是略有区别，主要体现在第一回（后面则相同）。原来，《七侠五义》的第一回，是清代著名学者俞樾重写的。俞樾认为原作第一回"狸猫换太子"的故事不可信，所以提笔改写。同时，他认为书中不止"三侠"，起码有七位侠客，于是易名为《七侠五义》。然而，俞老先生毕竟是个学究，把文学创作与学术研究混为一谈，《七侠五义》的开头被他改得不伦不类，不如《三侠五义》精彩；而他的"七侠"之说，也未必准确，不如不改。除了明显的硬伤，我认为改他人的作品是没有必要的——你如果对人家所写的东西看不惯又实在手痒，完全可以另起炉灶自行创作。

　　少年时读《三侠五义》，觉得它的故事相当精彩。尤其是还通过收音机断断续续听过几次绘声绘色的评书，更令人感到新奇。若非如此，也不至于许多年后还捡起来重读。即使在读遍了金庸、梁羽生作品的今天，我依然认为，这部作品，放在那个年代，确实是同类中的翘楚。

全书计一百二十回。开端先后说宋仁宗、包拯出生，故事一个接一个，情节环环相扣。对于文化程度不高的读者来说，很容易被这些故事带着走，不知不觉就看下去了。这就是通俗小说的魅力，它们比较适合大众，与"曲高和寡"者全然不同。

作品在人物描写方面，可圈可点之处不少。这是一幅群侠图，没有绝对的主角。正如俞樾所言，读者甚至连"三侠"到底是哪三个人都搞不明白。北侠欧阳春是较出彩的一个，出场便令人印象深刻。全书数他武艺最高强，而且性格沉稳，是个很受读者欢迎的智勇双全的人物。"黑妖狐"智化人如其名，机智过人，名号虽然不带"侠"，但侠义形象不输南侠、北侠、双侠，戏份甚至超过他们。南侠展昭与"锦毛鼠"白玉堂，因为戏剧和影视作品的缘故，知名度较高，但在作品当中倒不是特别扎眼。尤其是白玉堂，死得很突然，让人看了有几分失望。"五义"当中最有分量的人物也不是白玉堂，而是"翻江鼠"蒋平。

即使是一些并不重要的小人物，作者在有限的笔墨之中，也将他们的性格展现得活灵活现。如赵虎的鲁莽，让人忍俊不禁，这是一个典型的喜剧角色；又如第十五回写到地保范宗华的话痨性格，连包兴也忍不住说他："我瞧你很机灵，就是话太多了。方才大人问你，你就拣近的说就完咧，什么枝儿叶儿的，闹一大郎当作什么。"书童雨墨的滑稽也让人过目难忘，第三十三回写颜查散与白玉堂初识，最有趣的就是雨墨的表现。还有江湖人物方貌的无知，听说东方朔偷桃是个神贼，便给自己取个绰号叫"赛方朔"，却不知东方朔是复姓（第七十四回）。甚至一个打柴为生的老者张别古，也是"行侠尚义"之人，看到人品不高的赵大突然发了财，立马认为："赵大这小子，长处掐，短处捏，那一种行为，连柴火钱都不想着还，他怎么配发财呢？"当即向他表示，讨回柴火钱之后，"从此两下开交，彼此不认得"（第五回）。这个不懂武的"侠义之人"，虽然纯粹是个跑龙套的，但他亮相的场景一直让我难以忘却。我甚至认为，他也许在一定程度上代表了民间底层人物的价值观。

当然，就小说的叙事手法而言，用现在的眼光来看，就显得非常平庸了。作者似乎只知道平铺直叙，顾不上琢磨受众心理。（也许，那个时候的听众，更乐意接受这种简单的讲述？）除了表现方式缺乏变化，艺术感不强，还有个比较突出的问题是详略失当，该展开时不展开，使故事缺乏张力。比如，第六回写包拯初次做官没经验，打死了犯人赵大，被革职后，在土龙岗遇上王朝、马汉、张龙、赵虎。这一节本来可以设置较强的矛盾冲突，然而书中却表现得平平淡淡，一笔带过，没能充分展现情节的戏剧性，让人感到遗憾。至于到了后面几十回，所讲述的故事与前面的故事已经有所脱节了，人物线索也在悄然发生变化，缺乏必要的呼应，甚至可以说没有讲完（虽然它安排了两部续集，但作为一个独立的作品，如果能够相对闭环，读者的感觉也许会更好些）。

与后世名家金庸等创作的优秀武侠作品相比，《三侠五义》无疑是粗浅的。这个时期的侠客，行为还是单一的，形象也是模糊的，思想更是幼稚的。说来说去，作者还是跳不出老套的"忠君"思维，侠义们的所作所为因此难以反映真实的人性。他们如同初出茅庐的年轻人，尚处于成长期，离成熟还有一定的距离。无论是欧阳春、展昭、智化还是"五鼠"，都还不够立体化，甚至，他们的动机、来路都不明了，缺乏相应的逻辑基础。书中难以找出金庸笔下的郭靖、乔峰、令狐冲或者梁羽生笔下的金世遗、张丹枫之类的典型人物。正因为如此，作品也就谈不上具备多深的内涵。对于不求甚解的读者如学生时代的我辈，这些问题或许都不是问题，但对于有一定阅历和思想的资深读者来说，这些问题就可能无法回避了。

尽管如此，我们还是要承认，《三侠五义》对后世武侠小说的影响是非常巨大的。梁羽生作为新派武侠小说的开基者，他的前两部作品《龙虎斗京华》《草莽龙蛇传》就明显留下了旧武侠（评书）的痕迹。到了金庸，武侠小说才真正脱胎换骨，成为洋溢清新气息的现代文本。

再优秀的作品，也难免随着时间的推移而降温，甚至暴露出越来越多的瑕疵。毕竟，一代人有一代人的关注点和要求，读书也不例外。一本书，能够被不断翻印就是成功的，不要纠结于读者的减少。对于《三侠五义》，也不妨这样看待。

2024年3月20日之夜于瑞金

特定时代的产物
——读《小五义》

《三侠五义》的故事其实是没有讲完的，明显留着尾巴。第一百二十回讲到"这便是《七侠五义传》收缘"，然后提示群雄战襄阳等事，"也有不足百回，俱在《小五义》书上便见分明"。所以，欲知后事如何，还非得看其续集不可。事实上，《小五义》的故事也没讲完，它的后面还有《续小五义》。而这三本书，总称《忠烈侠义传》，清光绪五年（公元1879年）先出《三侠五义》，到了光绪十六年（公元1890年）才出版《小五义》和《续小五义》。

巧的是，那年在地摊上购得《七侠五义》的同时，还买到了《小五义》一书（均为上海古籍出版社出版）。与《七侠五义》署名"石玉昆编"不同，《小五义》在版权页上并无作者。读完方知，这本书，显然不是出于石玉昆之手，它与《三侠五义》的风格还是颇有区别的。

《小五义》共一百二十四回，这与《三侠五义》结尾所言"不足百回"并不一致。虽说是《三侠五义》的续书，但却不是紧接着《三侠五义》而写。它的前四十一回和《三侠五义》的后十八回内容居然大致重复。不过，它并不是原文照搬，不仅语言风格差异甚大，而且增加了一些情节。比如写白玉堂之死，卢方在小店吃饭时就开始有所警觉（因为徐庆失手摔坏了一只叫"白玉堂"的杯子），并做了相关噩梦（见第八回）。而《三侠五义》根本没这回事。在第二十一回还给北侠欧阳春安排了出身（辽东守备），而在《三侠五义》中，他一直是来路不明的。有意思的是，书中还多次直言故事与《七侠五义》不同，甚至公然否定《七侠五义》的某些说法。比如第三十三回说道："列公，你们看书的，众位看此书，也是《七侠五义》的后尾，可与他们先前的不同。他们那前套还倒可以，一到五义士坠铜网，净是糊说。"同一回还说："列位，前文说过，此书与他们不同。他们是凤仙走路时节，假充未过门的女婿。众公想情，他是千金之体，他若知道配了艾虎，他岂肯充艾虎的名字？"第四十八回又说道："列位，前文说过，此书与他们那《忠烈侠义传》不同，他们那所说北侠与沈中元是师兄弟，似乎北侠这样英雄，岂肯教师弟入于贼队之中？这是一。二则间沈中元在霸王庄出主意，教邓车涂抹脸面，假充北侠，在马强的家中明火。若是师兄弟，此理如何说的下去？这乃是当初石玉昆先生的原本，不敢画蛇添足。"

《小五义》虽然改了《三侠五义》的若干细节，指出了它的些许瑕疵，但总体上来说，这本续书的质量，比之《三侠五义》还是差了不少。也正是因为水平有高低，所以不难看出二书出于不同的人之手。

从文风上就可以感知二者的差别。《小五义》的文字是比较粗糙的，至少回目就很不整齐，一看便是文化层次不高的人弄的。《三侠五义》是说书人使用的，口语化明显，而《小五义》的说书味更浓，有时甚至像是在饶舌，显得低俗无聊。整部书在表述上，时有夹杂不清之处，让人读着甚感吃力，有些地方甚至看不懂，存在一定的阅读障碍。我想，如果《三侠五义》也是这种水平的话，也许很多读者就不会读下去了。

人物的塑造也与《三侠五义》有差距。作者光顾着逞口舌之快，却因为这些絮絮叨叨矮化了《三侠五义》中的人物形象。如第十二回，蒋平要公孙策假扮钦差颜查散以防刺客，公孙策与颜查散的书童玉墨（《三侠五义》中为雨墨）却变成了贪生怕死之人，不愿意为颜查散分忧，让人大跌眼镜。而在《三侠五义》当中，公孙策是主动出计要如此这般保护颜查散的，这显然更符合人物性格。颜查散也因为好友白玉堂之死，成了一个只知要死要活的人，毫无大将风度。而沈中元（《三侠五义》中为沈仲元）则成了墙头草，并非坚决弃暗投明（第十三回）。把一干豪杰塑造成了活脱脱市井小人模样，小说的品位立马就被拉低了。

情节描写同样存在较大的缺陷。作者不注意详略安排，有的情节该展开时却不展开，常常让人感到不过瘾。如第四十回，智化从君山失踪后又出现，本来可以好好讲述一番，却一句话就带过了；艾虎也是说来就来，毫无铺陈；钟雄降大宋，这么大的事，连个心理描写也没有，说降就降。又如第五十六回，徐良这个重要角色出场，虽有大量描写，但来得突然，缺乏戏剧性，如此过于直白地介绍其来历，令人莫名其妙。不讲究设置悬念，使情节简单乏味，严重影响了全书的可读性。

另一方面，一些无关紧要处却洋洋洒洒，让人产生厌倦情绪。最明显的就是引言太多，与小说的整体风格不协调。很多回的开头都是先来一段议论，与"三言二拍"的模式相类（但"三言二拍"的引言与主体故事是有密切关联的）。例如第二十二回，近半篇幅讲述舜的故事，可是这些内容与后文并不衔接。第八十九回也是，一个引文占了一半篇幅，不知用意何在。又如第七十六回，先来个"戒赌十则"，第八十回则先讲人的美丑，都比较冗长。第八十三回的引子说知县的重要性，虽然不长，但实在看不出与正文有啥关系。第八十五回倒是解释了为什么要弄这些引子故事："这套书虽是小说，可是以忠烈侠义为主，所以将今比古，往往隔几回搜讨故典，作为榜样。"问题是，这个理由根本没有说服力，只会让人觉得不伦不类，浪费读者的时间。这也是当时小说创作不够成熟的体现吧。

当然，也有些闲笔，增添了些许趣味，倒也无伤大雅。第二十七回结尾处，关于起誓应誓的旁白，就颇有意思："那宋时年间起誓应誓，不像如今大清国起誓，当白玩的一般。古来一个牙疼咒儿，还要应誓。缘故那时有监察神专管人间起誓，那里若有起誓的，监察神就在云端里看见，有慧眼遥观，就知道这个人日后改变心肠不改。"按作者的意思，因为小说中的智化起誓时做了手脚，气得神仙把笔一扔，从此不管这事了，所以后人起誓就不再灵验。看来真是人心不古了。第六十三回说到丁大爷有意向卢珍介绍对象时，卢珍低着头很是害羞。书中又冒出一句："究竟总是古时年间的人，这要到了如今——我国大清，不用叔伯父问，自己就要讲论讲论，再说是甚么样的英雄。"由此可见，到了清代，人们个性更开放了，不像古代的年轻人提到异性就腼腆。在第四十回，艾虎因为误会，与他未来的岳母打了一场，作者煞有介事地飞来一句"没过门的女婿打丈母娘，就打这留下的"，让人忍俊不禁。不知后世金庸在《鹿鼎记》中调侃钓鱼岛的来历，是否受此影响？第八十回还写到了匪寨一个小人物毛二之死。此人固执讲原则，而且并非谋一己之私，结果被头领杀了也没人同情。这个不起眼的悲剧，其实颇值得玩味。

总体上来说，《小五义》的故事缺乏纵深感，无非是讲本想投诚的沈中元因为受了点窝囊气，于是赌气将个性并不鲜明的钦差颜查散盗走，一群侠客为了将之找回而东奔西走。整本书东拉西扯，枝叶太多，情节不紧凑，也不够生动曲折。在这三部书当中，《小五义》说好听一点，是承上启下，说得不好听，则是没头没尾——因为，它的故事和《三侠五义》一样，也是说停就停，没有形成闭环，连相对完整也谈不上。

只能说，这部作品，是特定时代的产物，因为《三侠五义》的成功且故事没完成，所以衍生出了这部续书。而那个时代人们的审美水平与情趣，给了它广阔的生存空间。百余年前，人们的文化娱乐生活当然和现代不可同日而语，说书听书是其时的主流娱乐方式之一（就像现在的人做"低头族"刷手机）。从"口语文学"的角度来说，在那个年代，能把故事讲到这个程度，已足够满足人们的需求了。而这种影响力一旦形成，自然将产生一种惯性的力量，在延续一段时间之后才逐渐减速、停止。就像很多交通工具虽然成了古董展品，但后人并不能因此否定它、嘲笑它，对于某个时代的文学作品，也不妨以这种心态观赏它吧。

2024年3月27日之夜于瑞金

在时光深处悄然远去
——读《续小五义》有感

我做事喜欢有始有终,读书亦然。只要是自己想了解的书,哪怕再难看,也会努力看完它,因为这样才有发言权。和《三侠五义》一样,《小五义》的故事也是没有讲完的,它后面还有一部《续小五义》。《小五义》虽然并不精彩,但为了探个究竟,在从地摊购得两本旧书的基础上,我还是专门从网上,买到它的续书《续小五义》。当然,出版社没能与前者一致,这本书是凤凰出版社出版的。

顾名思义,《续小五义》故事直接与《小五义》有关,所以它连个书名都懒得另取。为什么不合二为一,做成一部书,而非得成为它的"续"?读过之后就知道,其实,二者区别并不大,而且故事也是相连的,谈不上独立性,完全没有必要一分为二。甚至,可以说,三部书连起来,才是一部完整的作品。

《续小五义》与《小五义》一样,全书也是一百二十四回。版权页署"无名氏著",估计也是集体创作的结果。《小五义》没有接着《三侠五义》的结尾而写,《续小五义》的故事则是顺着《小五义》来讲述的。鲁迅先生曾经这样评价这三本书:"较之上部,则中部荒率殊甚,入下又稍细,因疑草创或出一个,润色则由众手,其伎俩有工拙,故正续遂差异也。"这个评价很客观,三部书当中,《三侠五义》质量较高,《小五义》最粗糙,而《续小五义》虽不如《三侠五义》,但比《小五义》要稍好些。

《续小五义》前二十一回故事与《小五义》完全连贯,如果把它们整合到《小五义》一书中,也许更合适些,起码可以使《小五义》这本书更完整,不至于没头没尾。从第二十二回开始,故事突然围绕一个绰号"白菊花"的采花贼展开,一众侠义之士,为了捉拿这个本领未必有多高强的采花贼,忙得团团转。故事情节平淡,读着难有快感,可以说,失望比期望要多些。

故事的主体框架，与我的设想相去甚远。襄阳王造反之事，在《三侠五义》中即已铺垫，而在《小五义》一书中却并未看到其高潮，原以为《续小五义》将重点围绕这个事件展开情节，岂料直到快结束时，才匆匆来上一笔，然后草率收尾。至此方知，从《三侠五义》开始讲述的襄阳王造反，只不过是个噱头而已。

武侠小说当有悬念。也不是说《续小五义》全无悬念，但它每当出现悬念时，亮答案亮得太快了，根本没给读者探秘的空间和回味的余地。比如第六十八至六十九回，徐良被东方金仙、玉仙二人所擒，装进了一只箱子里。这时，有人在黑暗中把徐良救出去了。这事要是放在金庸的作品中，读者的胃口将被作者吊足。可是，《续小五义》却很快就告诉读者，救人者是黑妖狐智化。如此一来，读者登时便觉得索然寡味了。

与《小五义》类似，作品中的人物还是难以脱俗。徐良本来是主角，在年轻一代当中，他就像上一辈的欧阳春一样，艺高胆大心细，但在书中却被写得有几分庸俗。如第七十七回，冯渊获得了白菊花的紫电剑，徐良、艾虎希望他送给智化，软硬兼施，也不怕失和气，最终虽然逼得冯渊把宝剑送了，但让人觉得不是君子行径，一下就把几个重要人物的形象拉低了。

人物形象不突出，是作品较明显的一个问题。无论是正面角色还是反面角色，都难以给人留下深刻印象。原以为在《小五义》中有精彩表现的徐良，在《续小五义》中将更加成熟，然而并没有。在《三侠五义》中一出场就让人眼前一亮的小侠艾虎，则越混越差，与最初对他的期望相比，只能让人摇头叹息了。深受读者喜欢的欧阳春到后来基本难得一见，完全黯然失色。最莫名其妙的是沈中元，在《三侠五义》中号称"小诸葛"，刚亮相时尚让人颇有好感，到了《小五义》中却是个小肚鸡肠的人物，而在《续小五义》中本来没他什么事，不料临近结尾时，他突然冒出来，在与其他侠士夺回陷空岛时，阴差阳错被人一棍击中，死得何其狼狈。

金庸、梁羽生开创的现代武侠小说，常有精彩的打斗场面。而在《续小五义》中，打斗场面显得太草率，尤其是第一百二十二回描写群雄夺回陷空岛的场景，都是一人一句话的极简式交代，没有展开细节，画面感甚差，读得味同嚼蜡。

还有一个与《小五义》相近的问题是语句颇为不通，主语错位现象常见。当然，鉴于创作者的文化背景，这一点就不作苛求了。

大家常感叹现在吸引人的好书不多。其实，与《续小五义》甚至包括其前面二书相比，现代作品当中，比它们可读性强的作品并不少。《续小五义》这几本书，是应运而生的，在它们问世的那个时代影响颇大，随后还波及后面百余年。到了现在，它的影响力便在逐渐消失了。虽然书还在翻印，但读者显然锐减。我们这一代人，因为自身阅读经历，还可能闲暇时看一看这种书。再往后，或许只有专业的研究者才有耐心读下去了。特别是在如今图书平均印数断崖式下降的时代，这种堪称"不合时宜"的作品，还能获得多少读者？对此，我并不乐观。一部分作品陆续退出读者的视野，是历史发展的必然，就像"人事有代谢，往来成古今"。生活变了，环境变了，人们的阅读心理也随之变化，这其实是正常的。文学作品基本上是时代的产物，放在宏大的时空，作品终将因时空的改变而逐渐黯然。绝对意义上的长久当红图书并不存在，哪怕被誉为世界名著的作品，也会遭遇降温退热的过程。这只是时间问题。正因为如此，这些不是特别优秀的作品，终将在时光深处悄然远去。

2024年6月6日之夜于瑞金

"一代青年的呼吁"
——重读巴金长篇小说《家》

最初读到巴金的长篇小说代表作《家》，还是在乡下读中学的时候。那时能接触到的"闲书"太少，即使是这么一部严肃的作品，也读得津津有味，至今有些情节还记得比较清楚。比如丫头鸣凤投湖自尽的情景，令人为之叹息；高老太爷临终时突然改变主意，取消了觉民的婚事，让人感到这个顽固的老人其实也不是那么坏；觉新的妻子因为家人信"血光之灾"的迷信被迫迁到城外生小孩而失去生命，使人对觉新的"不抵抗"既同情又悲愤……一部小说能在几十年后仍被读者记住这么多情节，足以说明它是成功的。也正是因为觉得它值得再读一遍，所以，在几十年之后，我把这部作品又读了一遍（手上的书是人民文学出版社出版的）。

《家》是中国现代文学史上的重要作品之一，也是巴金的第一部长篇小说。巴金将之与后来陆续完成的另外两部长篇《春》《秋》统称为"激流三部曲"。

我总觉得，优秀的作家必定是具备写作天赋的。很难想象，这部作品出自一位二十七岁的青年之手。而巴金在这个年纪就达到了创作的巅峰，这也说明，文艺创作与年龄没有太大的关系。只要思想成熟，年龄不是问题。早慧者很年轻便可取得骄人的业绩，而思想幼稚的人，即使活到百岁，对想不明白的道理依然想不明白。作为读者，十几岁时读这本书，未必有多深的领悟。如今重读，虽然在理解上与当年会有所区别，但主要感受还是没有太大的改变。

巴金在附录的《关于〈家〉》（"十版代序"）说道："所以我要写一部《家》来作为一代青年的呼吁。"正如作者所言，读完这本书，感到它是一个时代的缩影，它确实是"一代青年的呼吁"。作者对旧制度的诅咒、对新生活的向往跃然纸上。作品再现了一代人的生存环境，让我们直接感触到了百年前少数觉醒者的体温。

故事围绕觉新、觉民、觉慧三兄弟展开。他们三人，感情深厚，但性格各异。觉新是典型的乖孩子，逆来顺受，奉行"作揖主义"和"无抵抗主义"。觉民有自己的想法，向往自由，但比较稳重。觉慧思想最激进，对旧制度的反抗也最直接最强烈，当然也有其幼稚的一面。相比之下，觉慧是《家》的男一号。最后，他勇敢地离家出走，远赴上海，让人在他身上看到一线希望。

觉慧努力接受新思想，对旧制度充满厌恶。在百年前，这是进步青年的典型。当他被爷爷一句话就关在家里不让出门时，他常常咒骂生活，"相信将来总有一天一切都会翻转过来，那时候他所憎恨的一切会完全消灭"（第十一章）。高老太爷去世后，家里人请巫师装神弄鬼，觉慧更是单枪匹马面对面与家里人对抗，勇气非凡。他的抗争贯穿全书始终。同时，他是个"人道主义"者，出门不坐轿（因为讲究人人平等），看不惯家人烧龙灯（伤了玩龙灯的人，见第十八章）。当然，这些想法也许是肤浅的，因为，在那个年代，轿夫需要出卖体力养家糊口，玩龙灯者也需要靠被人捉弄而得到赏钱。大家只是各取所需而已。如果只是简单地依靠不消费来体谅他们，显然事与愿违，并不能从根本上解决问题。

不仅觉慧在呼吁，其实，包括几名女性青年也在思索。鸣凤虽然只是个服侍人的丫头，但她也会思考自己的归宿。小说第四章用较大的篇幅描述她的心理活动，让人仿佛回到那个无可奈何、看不到希望的年代。觉慧的琴表姐也是个觉醒的女性，第五章写她为了争取去男学堂读书，试图说服母亲张太太。张太太并不算顽固守旧的人，尚且不敢轻易答应这事。现在看来，男女同学是再正常不过的事了，但在那个年代，新生事物在腐朽的环境中冒出头来，随时面临被扼杀的命运，真是不容易。即使是淑贞这样的小姑娘，也会几次偷偷向母亲发问："做一个女子为什么就应该嫁到别人家去，抛弃了自己所爱的人去陪伴别人呢？"这个问题，在城市化的今天终于不再是社会问题了，男女平等也是当今社会的正常现象。回首先人的所思所想，就能感受到，社会的进步，也许不见得有多快，但希望总是有的。

说到社会进步，还想起作品第二十章写到的一场战斗。省里的督军与张军长干起来了，枪战给城里的百姓带来惶恐与无奈。和平年代的人不觉得和平的珍贵，只道这是寻常事。其实，看看历史就知道，生活在和平环境的人是最幸福的，和平太需要人们呵护了。在第二十一章写督军因为战败宣布下野，城里的报纸态度开始改变："虽然仍旧替那位宣布下野的督军说好话，但是同时对敌军也取消了逆军的称呼，不再称某逆、某贼，而改称某军长、某师长了。而且从前发过通电痛陈某逆、某贼的罪状的商会和拥护旧礼教的团体，如今也发出通电欢迎某师、某公入城了。"这一节颇有意思，虽然纯属小插曲，但平添了很多意味。我想，没有谁愿意生活在朝不保夕的乱世，天下太平时，人们应该庆幸，也应当时时记取：社会的进步，需要大家共同努力。

作品时有提及高氏大家族各房内部斗争，但未见展开，也未见更具体的表现。这是觉慧要逃离这个"家"的另一个原因。觉民、觉慧包括其他年轻人对这种"家"反感，可又为什么不敢轻易离开它？其实，根本之处，还是在于经济上的不独立，导致人身无法得到真正的解放。今天的年轻人为什么不存在这种情形？今天的女性为什么能够和男性实现平等？因为财务自由了，人与人之间可以不存在人身依附关系了。经济问题是基础性问题，解决了这个问题，才谈得上更多的自由与幸福。而这，也是社会发展的大方向。回听巴金先生百年前代表青年发出的呼吁，我们当可感知，自由，是来之不易的；希望，终究是存在的。

2024年7月3日之夜于瑞金

"春天是我们的……"
——读巴金长篇小说《春》

巴金的长篇小说《春》是《家》的续集。整部作品依然以压抑沉闷为基调，让近百年后的读者忍不住要为那个时代发出声声叹息。

《家》以觉慧的离家出走而结束，原以为《春》将讲述觉慧在上海的新生活，然而不是。小说的主场还是在高公馆，觉慧的大哥觉新依然戏份不少。读了《家》，已知道觉新是一个悲剧性人物，他所爱的梅表妹和妻子珏先后去世，但珏给他留下了两个孩子。而在《春》一书中，他的悲剧还在延续。第四章提到，他的第二个孩子上个月在外婆家里死了，年幼的大儿海臣几乎成了他唯一的精神支柱。而到了第十四章，海臣也因为高家愚昧不肯相信西医，被耽误治疗，早早离世。觉新的二弟觉民毫不客气地指出，是觉新的软弱导致了这个结果。读至此处，对觉新这样的"作揖主义"青年感到可怜又可悲，甚至有几分可恨。他总是那么"听话"，高老太爷去世之后，觉新的三叔克明居长，成了高家的家长，于是觉新连觉慧写回的信都要先交给克明看（第五章）。第二十章写到蕙表妹的悲剧时，觉新也明白"作揖主义"和"无抵抗主义"是不能挽救他的，但他更多的，依然只能长叹。性格即命运，在觉新身上体现得淋漓尽致。

不仅是觉新。作品中还突然冒出一个枚表弟，比觉新还惨还怯懦，一点主见都没有。连觉新都觉得奇怪，这样想道："怎么又是一个这样的人？我至少在思想方面还不是这样怯懦的！"（第七章）枚表弟才十六岁，就悲观地认为"我今生是无望的了"。第十七章写道："他（觉新）在枚少爷的身上看不到一线希望。""冷酷、寂寞、害怕，家庭生活似乎就只给了他这些。""'爹管得太严''我怕得很'这两句话包括了这个十六岁孩子的全部生活。"这样的青年被环境压制得不成样子，令人简直无法想象。字里行间，透着作者对旧制度和礼教的无声批判。

还有一个青年陈剑云,在两部小说当中一直生活在沉郁之中。不过,最后,他自告奋勇护送克明之女淑英离家出逃到上海,随即因肺病死在那里,人物形象瞬间高大起来。

女性的无奈更是小说的主色调。觉新三兄弟的继母周氏算是开明女性了,但连她也忍不住感叹:"我只求来生再不要做一个女子。"觉民则认为:"做一个女子并不就是倒楣的事。男女都是一样的人。不过气人的是大多数的女人自己年轻时候吃了苦,后来却照样地逼着别人去吃苦,好像是报仇出气一样。所以事情就没有办法了。"而周氏反驳觉民"真是读新书读呆了",认为女人就应讲三从四德(第五章)。正是周氏这种观点普遍存在,让革新者困难重重,让很多顽固的社会问题难以解决。这是一个时代的无奈,不仅仅是周氏、蕙她们的无奈。

对当时的女性来说,生活中似乎只剩下阴霾。《家》写到了多名悲剧女性,而蕙是《春》最悲情的女性。因为婚姻不自由,蕙嫁了一个很不如意的丈夫。蕙出嫁时,除了蕙的父亲周伯涛,大家都对这个新郎不满意,甚至连蕙的弟弟枚,这个病弱的孩子都愤愤不平地对觉新说:"大表哥,爹怎么把姐姐许配给那样的人?"然而,大家都只能无可奈何地接受这个结果(第十九章)。到了第三十章,怀孕的蕙终于死了,还是被那些不肯相信西医的顽固保守派害死的。类似的悲剧,在作者笔下已不是第一次。蕙之死,给原本沉郁的空间又加重了几分压抑。

其他女性的遭遇也好不到哪里去。第十五章提到,就因为结伴去公园玩了一趟,淑英被父亲克明骂得不想活下去了。倒是觉新的妹妹淑华有反抗精神,认为偏要活给人家看。淑英问觉民:"为什么我们就不能够像外国女子那样呢?"觉民回答:"那是人家奋斗的结果。"这一代人,总算开始寻找答案了。社会进步的希望,正是在一个个问号之中萌芽。此后,更因为蕙的遭遇,淑英下了决心要走另一条路。生活的刺激,让淑英渐渐变了,越来越勇敢,尤其是看了《夜未央》的戏之后更为明显。最终,她为了避免蕙的那种悲剧,在觉新、觉民、琴等人的帮助下,毅然逃婚,到上海投奔觉慧去了。在小说的结尾,终于让人看到第二年的春天。淑英从上海寄给琴的信中说："春天是我们的……"春天的气息，似乎让那个漫长的冬季终于淡出人们的生活，也让读者的心情转向轻松欢快明朗。

琴的命运相对好一些。单亲的她，母亲相对开明。她本人也是相对勇敢的，主动接受新思想新生活。当然，她也有不自信的一面，比如在进步青年选她当编辑时。而她的行为，直接影响了淑英。淑英在想，她和琴的差别在什么地方，为什么自己不会做一个像琴那样的女子，而且自己是不是能够做到琴那样（第十二章）。令人欣慰的是，淑英后来还是做到了像琴那样，甚至表现得比琴还勇敢。在她们身上，作者终究还是让读者看到了社会的希望。

和《家》相比，《春》的故事情节显得平缓拖沓，节奏偏慢，故事性有所减弱。在讲究快节奏的今天，这种风格的写作，也许将会失去不少读者。但它细腻地描绘了一个时代的横断面，虽然生活场景已迥异，但并不失其价值性。

2024年7月17日之夜于瑞金

"并没有一个永久的秋天"
——读巴金长篇小说《秋》

《秋》是巴金"激流三部曲"的最后一部。这部小说是《春》的延续，故事依然围绕高公馆展开。读之前猜测，"春天"到了之后，故事场景可能转换到上海，《家》的主人公之一觉慧或将重新登场（从内心来说，我更希望知道"新青年"觉慧过得怎么样）。然而，没有。跑到上海的觉慧和淑英没有正面出现过，故事以高公馆一大家子的散伙而告终。

在这个系列作品当中，《秋》的篇幅最长，厚厚的一大本，与前二者相比，可谓字数暴增。小说出续集，往往吃力不讨好。对这个系列，我的阅读体验是《秋》明显比前二部（尤其是《家》）乏味。叙述拖泥带水，甚至常常不见情节，只是一些日常的絮絮叨叨，让人不得不强打精神，以十二分的耐心逼迫自己看下去。直到快结束时，高氏老四、老五闹着要卖了高公馆分钱，当家的老三高克明被气死，高公馆终于卖了，一个家族的人各奔东西，这才让人找出了小说的味道。

当然，作品可读性虽然不强（对普通读者来说），但还是有几个人物可以给读者留下深刻印象，不管是可悲的还是可恶的。

在《春》已登场的枚少爷，成了这部书的重要悲剧人物。这是一个比觉新还软弱无用的年轻人。他天天被长辈困着，一点自由也没有，所以，他说："我不晓得人生有什么意思。"他的胆子是那么小，一只猫便可以把他吓得战抖（第六章）。枚少爷甚至有病也不敢声张，终于年纪轻轻就死了，其实是死在他父亲周伯涛手上。是什么让一个人窝囊成这个样子？如果年轻人都这个样，社会还有什么希望？从枚少爷身上，我们看到，一个人没有身心自由太可怕了，和动物没有区别。所以自由是可贵的，人们为之奋斗了千百年，而在枚少爷这个年代，追求自由依然是一种奢侈。

高氏五房的小姑娘淑贞也是个悲剧人物。她虽然父母健在，但从没得到父爱母爱，一辈子活得战战兢兢。在第四十二章，淑贞跳井身亡，结束了年仅十几岁的生命。这个时候，她那头脑简单的母亲才懂得了悲伤。"激流三部曲"被作者写死的人并不少，尤以淑贞之死写得悲凄。这些无辜的生命，在字里行间化作重重谴责与反思，为作品平添厚重感。

"老牌"悲剧人物当然还是觉新。这个人贯穿《家》《春》《秋》，典型的让人哀其不幸、怒其不争。他因为"承重孙"（长房的长孙）的身份，认为高家需要他来撑场面，只好主动挑起他根本挑不动的担子。他一味回避矛盾，坚决不惹事，见人就作揖，多一事不如少一事，但树欲静而风不止，一切矛头还是对准了他，使这个二十多岁的青年不堪重负。觉民责备他："你害了你自己，又害了别人！"（第四十八章）这话基本没错。在"礼教吃人"的社会，不抗争，不会有出路。他的表现，总是让旁观者替他着急，简直想痛骂他一通。还好，最后，他总算有所改变，高公馆解散了，他也获得了一定的解放。巴金在本书的序中说，本来不想让他活下去的，但后来还是让他和翠环结合了。他的人生有了一线希望。对应的现实却是，巴金的大哥还没来得及看到第一部《家》的出版，便自杀了。

在这部作品中，可恶的人当然也不少，最可恶者当数枚少爷的父亲周伯涛。这个思想腐朽的老顽固，不让儿子进学堂，还因为不信西医，活活将儿子逼死了（其实，枚即使不死，活着也是没有任何意义的）。而在前一部《春》中，周伯涛以同样的方式把女儿蕙给害死了。所谓的"礼节"，让周伯涛成了一个失去人性的动物。蕙死后，他连其下葬的事也不顾不管，哪怕一家人都指责他。周伯涛是这个制度中最变态的人。从他身上，就可以看出"礼教"是怎样"吃人"的。而觉新的四叔、五叔的丑陋面目，也在这部作品中展现无遗，虽然在此前的两部书中也有提及，但前面的表现尚不充分。

像周伯涛这样的顽固势力当然不小。他们愚蠢、自私、虚伪。他们不愿意接受新事物，尤其是对西医有着极端的偏见，不把他人生命当回事。他们严重阻碍社会进步，正是"革命"的重点对象。所以，作品的先进之处，便在于不遗余力批判旧制度，抨击旧礼教。在第十章，觉民和觉新争论时，明确提出要推翻这个制度。觉新带着恐怖的表情说："这是革命党的主张！这是社会主义！"觉民却坦白地答道："这还是无数年轻人的主张。这个时代应该是年轻人的时代了。"到了后来，连觉新的继母周氏也明白了，这个时代属于觉民、琴、淑华、芸这些年轻人，只有他们才可以给她一点光，一点温暖（第四十二章）。至于远在上海的觉慧、淑英，更是走在时代前列了。另有一群作为配角的年轻人，也是社会进步的中坚力量。比如黄存仁、程鉴冰和张惠如、张还如兄弟等。他们追求进步，认为用自己的两只手生活才是清白的、正当的，张惠如想做一名裁缝，张还如的愿望则是做个剃头匠（第二十五章）。他们这种劳动不分贵贱的思想无疑是超前的，到现在也还没有真正成为共识。正是因为这个年轻的群体，让读者看到了希望，这也是本书最大的亮色。

　　原以为秋天是天高气爽的季节，是收获的季节，但在《秋》中，满纸都是萧瑟，更多的是悲凉。为什么取这么一个书名？答案似乎在觉新的言语中："我真害怕秋天，我害怕看见树叶一片一片地落下来……我的生命也像是到了秋天，现在是飘落的时候了。"生活果真如此无望吗？还好，琴用自己的观点破了这个局："秋天过了春天就会来的，并没有一个永久的秋天。""我倒没有见过一棵树就单单为落下的叶子死去，不在明年开花的。"

　　觉新那个时代过去百年了。当年的那种沉闷早已不复存在。但这种写实的小说，并不因此失去意义。它虽然在可读性上会因为代入感的降低而呈现越来越明显的不足，但由于它客观地记录了一个时代，这些人物依然活跃在纸上，活跃在人们的遐想中。

2024年7月30日之夜于瑞金

不可回避的隔膜
——重读茅盾长篇小说《子夜》随感

在现代文学史上,茅盾的长篇小说《子夜》无疑具有很高的地位。当今中国的文学奖不少,尤以专门奖励长篇小说的茅盾文学奖最受推崇,也是基于茅盾先生在长篇小说创作上的成就。

"鲁郭茅,巴老曹",说到现代文学史,有点年纪的人都知道这个说法。当然,数十年后,这个说法,提的人少了,偶有其他人搞文坛排行榜,座次也有很大的变化。这个姑且不论。但"鲁郭茅"的说法起码表明,在那个年代,茅盾是现代文坛极其重要的一位。

《子夜》是茅盾的长篇小说代表作。按作者在后记所言,小说"始作于一九三一年十月,一九三二年十二月五日脱稿"。也就是说,这是作者35岁动笔创作的作品(在这之前,作者还创作了若干部长篇小说)。这个年纪也算是年轻得很了。文学创作多少讲究些天赋,很多大作家都是"早慧"的,他们用自己的实践证明了这一点。

《子夜》讲述的故事发生在1930年春末夏初。它可以算是一部经济题材的长篇小说。写经济生活,历来对许多作家而言并非强项。茅盾在近百年前能够涉足这个领域,这就显示了他的不凡之处。《子夜》获得业内高评,和选材有着重大关系。

初次读《子夜》,还是几十年前在乡下读中学时。记得开头是主人公吴荪甫把乡下的老父亲接到大上海躲匪乱。不料,思想守旧的吴老太爷进城后,看不惯城里灯红酒绿的生活,竟然当场气死。然后,突然来了一段乡下双桥镇的枪战,把读者的胃口高高吊起,让人满怀期待。然而,后面的情节,除了结尾时最后一句"可是,也由你",其他都没印象了。

最近重读《子夜》(人民文学出版社出版),原来,双桥镇枪战这一章跳过去后,这样的画面再也不见了,此后的故事完全围绕"公债"话题展开，讲的是吴荪甫和他的同行们的明争暗斗。这种事，对乡下学生来说太无感，难怪情节记不住。以发展民族工业为初心的吴荪甫，干练而自信，然而，最终还是为形势所迫，转到以前自己反对的买空卖空的投机市场，而且败给了官僚买办，落得个破产的下场，差点因此自杀。小说结尾，迅速调整心态的吴荪甫，决定与家人去庐山（牯岭）避暑，故事戛然而止。

《子夜》问世以来，对于其人物塑造、结构艺术、思想价值，历来好评如潮。也正因为如此，一般读者往往先入为主，带着崇敬的心情翻开书卷。

然而，读罢掩卷，对于我辈文学外行来说，也许，我们不得不承认，这部小说的可读性，确实没有想象中那么好。甚至可以说，只有强打精神才可能把它看完。

小说的故事很吸引人吗？至少，对今天的读者来说，它应该是有明显的隔膜感的。如果不借助大量的解读，外行读者恐怕很难看懂它。作者到底在说什么？就算仔细琢磨，也未必真正理解了。当然，有些片段乍一看让人以为"有戏"，但发展下去却根本不见结果，比如前面所说的双桥镇枪战，又如吴荪甫夫人与雷参谋的感情戏，初读时往往会认为有故事可看，然而并没有。还有，为了探公债消息不惜出卖女儿色相的冯云卿，写着写着也不见下文了。

小说的人物也不少，但是，除了作为主角的吴荪甫，能让人准确记住的，恐怕也不多。"万能博士"杜新箨本来是有点讽刺意味的，可是戏份太弱。杜竹斋为何出卖亲人吴荪甫？对他的老奸巨猾表现得不够充分。几个罢工的女工，形象也不够丰满，留不下太多印象。

为什么会这样？我觉得，主要还是和架构水平与叙述风格有关。小说似乎想面面俱到，宏观展现，既写民族工业，又写乡村景象，同时写革命背景下的城市工人运动，甚至用作者的话来说，还要批判"立三路线"（作者在附录《再来补充几句》中说道："对于立三路线，小说是作了批判的，但不深入。"）然而，在有限的篇幅之内，作者的"野心"太大，反而把重点分散了，让人常有莫名其妙之感。同时，小说没有充分考虑读者的阅读心理，没有在字里行间把时代背景交代清楚，语言也不够通俗，甚至有些表述让读者非常费解。这种写法，对当时的人来说或许容易共鸣，但时过境迁，若干年后缺乏这种生活环境的读者，就未必知道你到底想说什么了。

更何况，讲故事，怎么说也是个技术活，不能满足于"我知道"，更应当考虑"你们是否也知道"。如果作者所说的话只有自己心里明白，别人未必明白，那么，久而久之，不明白的人就会越来越多，甚至终于无人能够明白，作品由此彻底失传。这个问题是不可回避的：一部响当当的名著，不足百年便与读者产生了越来越厚的隔膜。

这当然不仅仅是时光的推移让作品变得难以理解。比《子夜》更早很多年的不少作品，人们依然一看就懂，喜闻乐见。所以，能不能看懂，和年份没有太大的关系。贴近读者的作品，年代再久远，也很容易被人接受，除非换了语种。而行文晦涩的作者，即使同时代的人，能与之交流的也不会太多。文风也要"瞻前顾后"。不合多数读者的口味，曾经再热的作品也将遭遇降温，难以久热。

倒是在第十八章出现《灵飞经》（描述四小姐的字是"非常秀媚的《灵飞经》体"），让人产生一缕亲近感。这里说的《灵飞经》即唐代书法家钟绍京所写的经帖。钟绍京是赣南兴国县人，被称为"江南第一宰相"。"赣州元素"总是让赣州读者感到亲切，特记一笔。

2024年8月27日之夜于瑞金

小说溢出杂文味
——读钱锺书长篇小说《围城》

钱锺书的长篇小说《围城》，20世纪90年代初因为拍成电视连续剧而出名。此后，作为学者的钱锺书，曾经被推到文坛前沿，万众瞩目，如日中天，掀起过一股"钱锺书热"。那时我正上高中与大学，《围城》的男主角方鸿渐常被同学们提起，"克莱登大学"常被拿来当笑料，钱锺书的奇闻逸事开始不绝于报刊，他甚至因为纯粹的学者形象而在校园成了偶像级人物。

惭愧的是，电视剧《围城》热播的年代，我并没多少机会看电视；而小说《围城》，在乡下时也是不容易看到的，待得进城后有机会看了，又因为找一本书不再难，觉得要看的话随时可看，结果也是一直没有像样读过。

现在，工作更紧张了，想做的事反而越来越多。在忙碌中，近日总算抽空把这本久仰几十年的作品看完了（读的是人民文学出版社1991年2月第2版、2022年1月第45次印刷的版本）。

一本书，只有从头到尾读完了，形成的印象才完整些。要说《围城》最大的亮点，我觉得还是体现在语言上。故事本身未必有多精彩，但它的表达方式，相信读过的人都会难以忘却。从语言的角度来说，我甚至感到作者不是在写小说，它几乎通篇洋溢着浓郁的讽刺与幽默，让人读出满满的杂文味。

因为语言的风趣，这本书读着有味，时常可以让你面对文字报以一笑（包括苦笑）。比如第一章写方鸿渐向远在美国的骗子购买"克莱登大学"博士文凭，利用小聪明把骗子给耍了一通，作品中写道："这事也许是中国自有外交或订商约以来唯一的胜利。"一句话简直把近代中国的屈辱史活生生呈现在读者面前，让你体会到什么叫"嬉笑怒骂皆成文章"。方鸿渐与同船的鲍小姐去西菜馆吃饭，"上来的汤是凉的，冰淇淋倒是热的；鱼像海军陆战队，已登陆了好几天；肉像潜水艇士兵，会长时间伏在水里；除醋以外，面包、牛油、红酒无一不酸"。真是极尽夸张之能事，读了令人忍俊不禁，感叹生活可以荒诞若斯。在第二章，方鸿渐留洋回到家，方父与他聊天时说道："女人念了几句书最难驾驭。男人非比她高一层，不能和她平等匹配。所以大学毕业生才娶中学女生，留学生娶女大学生。女人留洋得了博士，只有洋人才敢娶她，否则男人至少是双料博士。"与此异曲同工的还有第三章写到曹元朗的心理活动时所说的："在大学里，理科学生瞧不起文科学生，外国语文系学生瞧不起中国文学系学生，中国文学系学生瞧不起哲学系学生，哲学系学生瞧不起社会学系学生，社会学系学生瞧不起教育系学生，教育系学生没有谁可以给他们瞧不起了，只能瞧不起本系的先生。"这些绕口令般的诙谐，成就了一段经典语录，又让人突然无语。

就是描写外貌，作者也不忘调侃一番。第三章唐晓芙初亮相，作者写道："她眼睛并不顶大，可是灵活温柔，反衬得许多女人的大眼睛只像政治家讲的大话，大而无当。"瞧这根刺长的，简直让人想起仙人球。而第六章分别描写陆子潇和韩学愈的外表时，有些用语则让人脑洞大开。韩学愈讲话时，"这喉核忽升忽降，鸿渐看得自己喉咙都发痒……恨不能把那喉结瓶塞头似的拔出来，好让下面的话松动"。如此观察如此笔法，真是古今中外独此一家。

《围城》写到的人物当中，几乎没什么传统意义上的正人君子。在作者笔下，对他们的揶揄比比皆是。第六章开头写三闾大学校长高松年，说他是研究昆虫的"老科学家"，然后冒出一句："中国是世界上最提倡科学的国家，没有旁的国家肯这样给科学家大官做的。外国科学进步，中国科学家进爵……"这个校长是什么样的人，几句话就让你知道了。而且这个高校长信口胡扯的话，因为大家"倾倒不已""经朋友们这样一恭维，他渐渐相信这真是至理名言，也对自己倾倒不已"——所谓"大人物"之所以自我感觉良好，不就是这样来的吗？被违心的奉承话"捧杀"的小人物，在我们身边只怕也不少见。同样出身于"克莱登大学"的韩学愈"博士"，自称"著作散见于美国《史学杂志》《星期六文学评论》等大刊物中"，但高松年校长不知道的是，他的作品发表在《星期六文学评论》的人事广告栏和《史学杂志》的通信栏。以前我们调侃某某"作家"发表的文章是报缝的《征婚启事》，没想到钱先生早就想到这点幽默了。

小说本以讲故事为主，《围城》好议论的风格却随处可见，作者常在不动声色中针砭时弊。比如书中第六章说："一切会议上对于提案的赞成和反对极少是就事论事的。有人反对这提议是跟提议的人闹意见。有人赞成这提议是跟反对这提议的人过不去。有人因为反对或赞成的人和自己有交情，所以随声附和。"一笔就把某些人的无原则心态道破。第七章说汪处厚被人弹劾，官做不成："亏得做官的人栽筋斗，宛如猫从高处掉下来，总能四脚着地，不致太狼狈。"从这些表述不难看出作者对当时官场的态度。书中又说："汪处厚虽然做官，骨子里只是个文人，文人最喜欢有人死，可以有题目做哀悼的文章……"某些文人的酸样呼之欲出。读至此处，不禁想起很多年前某单位一位粗通文墨、爱写"打油诗"的老先生，每当有人去世，他便要在单位内部小报的报缝发表悼念诗。于是，我们一看到他的大名出现在报上，就条件反射般地想到最近定然又有谁仙逝了。第九章写方鸿渐回到上海要找房子住，"房子比职业更难找……上海仿佛希望每个新来的人都像只戴壳的蜗牛，随身带着宿舍"。看来，"蜗居"的说法，说不定来自钱先生这里。整部作品读下来，创意多多，妙语处处，别开生面，妙趣横生，极大地弥补了情节的不足。

钱锺书的主业其实不是写小说，而是钻故纸堆。这种学者，一般来说，给人的印象是迂腐古板，不谙世事。然而，读了《围城》就知道，作者绝非"两耳不闻窗外事"的书呆子。他世事洞明，对人情世故一直看在眼里，识在心里呢。作品的心理描写也极其精彩，让人觉得作者识人真是"贼精贼精"。比如第六章写高松年违背承诺，将方鸿渐从教授改为副教授时与方鸿渐的对话，其"老江湖"的形象立时鲜明起来。方鸿渐想着要不要把自己带的教科书公开或油印给学生，最后决定还是不必，"万不可公诸大众，还是让学生们莫测高深，听讲写笔记罢"。寥寥数语，让人感到象牙塔也是处处皆"心机"。而刘东方教授也不是省油的灯，他"教鸿渐对坏卷子分数批得宽，对好卷子分数批得紧，因为不及格的人多了，引起学生的恶感，而好分数的人太多了，也会减低先生的威望"。这大概也算是"精致利己主义"的表现之一吧。看看某些知识分子，把一肚子的聪明才智都用到哪儿去了。凡此种种，不胜枚举。通过人物性格的描写，可知作者在生活中应当不是无趣之人，他对人性读得太烂熟，把生活看得太透彻。

《围城》在读者当中的风评极好，甚至被很多人认为是同时代最好的小说，至少从可读性的角度来说是这样。这些观点当然未必权威。我倒是觉得，作品的故事谈不上特别曲折特别深刻，反映的内容也只是局部的、微观的，在人物形象塑造方面甚至难免以偏概全，但因为语言的辛辣别致，让人感到有趣，于是把故事的不足给忽略了，只记到了它的好，而忘记了它的缺陷。小说夹带杂文色彩固然不是坏事，但在情节铺陈上，还是应回归"故事为王"。过于直露的"杂文笔法"一旦用过了头，或将反噬作品的艺术性。每种文体都有各自的"技术标准"，对小说而言，一味在语言上炫趣，有时可能喧宾夺主，消减了作品的容量。我还是更希望它能延展更多的情节，关注某个时代更多人的命运。

除了故事让人不过瘾，段落太长也是个问题。不知何故，作者经常在一个大自然段讲述太多的内容，有些段落转折了几个点，完全可以分成多个自然段，但作者偏要一口气写下去，在一定程度上给读者带来阅读的不适感（如第二章写方鸿渐演讲之后的事，再到方家迁到上海躲战乱，跨度几个月时间，其实是几个层面的事。而第七章写方鸿渐与孙小姐订婚则来得太突然）。至于章节的篇幅也太长，没有间歇，容易使人产生阅读疲劳。

最后提一笔闲话：《围城》也有"赣南元素"——提到了宁都县。第五章写方鸿渐一行从上海去湖南三闾大学任教，旅途艰辛，"车下午到宁都"，然后用了两段写他们在宁都的生活情景，可惜在这里吃住都很狼狈，难免让今日宁都乡亲感到几分遗憾。随后，一行人一顿争论之后，向吉安去了。据考，钱锺书途经宁都实有其事，当年他本人便是基本按这条路线从上海去湖南任教。不管怎么说，这些地名能被"实名制"写进小说，随着作品的闻名而被更多的人记取，也算一件小小的幸事吧。

2024年9月26日之夜于瑞金

奇才奇作，半真半幻
——读《老残游记》

他不仅仅是写诗写小说的作家，还被人称为哲学家、音乐家、医生、企业家、数学家、藏书家、古董收藏家、水利专家、慈善家……身份复杂，多头跨界，堪称一时奇才。

它像一部自传小说，还像时政小说、文旅小说、官场小说、悬疑小说、玄幻小说、传奇小说、哲理小说……篇幅不长，风格多变，却在文坛拥有一席之地。

他是晚清的刘鹗。它是刘鹗最有代表性的作品《老残游记》。

刘鹗的人生颇富传奇色彩。他1857年出生于江苏丹徒，多才多艺，水利、算学、医学、金石、天文、音律、训诂各种学问都涉猎，却不愿走科举道路，拿文凭考"公务员"。他的主业其实是个商人，在淮安开过烟草店，在扬州开过医馆，在上海开过石昌书局……当然，时运不济，与"财"无缘，都以失败告终。后来，他成了买办和经纪人，主要从事的也是经济工作。遗憾的是，晚年，却因为经济上的纠纷受人陷害，被充军新疆，不久后的1909年因病去世。

从《老残游记》不难看出，作者是个有想法的人，而且文笔上乘，学识渊博。望文生义，容易以为小说主人公是个残疾人。其实不然。他是一个闲云野鹤般的游客，健康得很，而且能干得很，姓铁名英，号补残，因为颇受大家欢迎，所以被人称作"老残"。而作者自己，字铁云，号老残。这"老残"是怎么回事，不用多说了。所以，不妨把它当作自传小说看。

作品开头便很有隐喻色彩，让人想起十几年前的电影《让子弹飞》。作为游方郎中的老残，帮黄大户治好了病，某日午饭后做了个梦，梦见与二位朋友去海边看日出，一只轮船在海中经过，随后看到一只帆船在洪波巨浪之中，很危险。帆船上各个阶层的人，各有特色，就是化解不了危机。老残他们乘小渔船追上去，送向盘及纪限仪给他们，反而被诬为卖船的汉奸，小渔船也被打得粉碎。一个寓言般的故事，将当时国势交代了一番。而在后面的叙述中，也不乏对时局的议论。比如第十一回大谈"北拳南革"，几乎就是一堂形势分析课了（虽然分析结果大有局限性）。可见，作者写这部书，本来便抱着反映时政的目的。当然，作品时有大发议论的表现，这在一定程度上影响了小说味。

而写老残游历时，又呈现出"文旅小说"的特点。比如老残到济南，游览大明湖及几大名泉；还有二集写到淮安的勺湖等。用今人的眼光来看，这些风光描写都是挺能"带货"的。我曾经写了两部长篇小说，自定义为"文旅"类型小说，现在看来，刘鹗在百余年前就先行一步了。

虽然不是"官场现形记"，但《老残游记》批判官场的力度也不小。所谓的清官玉贤、刚弼之流，心狠手辣，真是"苛政猛于虎"。对百姓来说，这样的刚愎自用之徒，比贪官还可怕可恶，贪官起码不至于如此草菅人命。玉贤做冤案，使被强盗栽赃的于家四口死于非命，连强盗们都为此后悔了，此人却自鸣得意。这种滥用职权的庸官，再清廉又有何益？可谓比强盗还糟糕。作品借老残的话说，曹州百姓在这种人的治理下，连冻饿的鸟都不如，由此发出"是有才的做官害大，还是无才的做官害大"之问（第六回）。第十四回，借庸官治黄河失败之事，老残议论："天下大事，坏于奸臣者十之三四，坏于不通世故之君子者倒有十分之六七也！"在现实当中，庸官与酷吏带来的灾难确实可能大于贪官。对清官来说，还要保持一份清醒，就是别认为"天下人都是小人，只他一个人是君子"（第十八回，白公对刚弼的交谈）。清廉还要清醒，否则就是糊涂官，一样要办坏事。所以，对官员来说，"良知"最重要。我想，这些，大概就是作者用故事表达的观点。这也是作品批判性最强的一部分内容。级别更高的张宫保虽然没那么讨厌，但他在用人方面的缺陷，正是这些问题存在的根源。第九回还有一段老虎发威和做官的比喻，甚是有趣："龙若离水，虎若离山，便要受人狎侮的。即如朝廷里做官的人，无论为了什么难，受了什么气，只是回家来对老婆孩子发发标，在外边决不敢发半句硬话，也是不敢离了那个官。同那虎不敢去山，龙不敢失水的道理，是一样的。"作者对官场积弊看得深透，表现出来也不留情面。

小说写到后面，白太守和老残一起破了贾家的冤案，这已经是悬疑小说、传奇小说了，其中还不乏玄幻色彩。作品从写实转到了"架空"，风格大变，简直是"留一半清醒留一半醉"。尤其是二集，直接写到阴曹地府去了，以阴间事映衬人间事，说教意味与"三言二拍"异曲同工。鬼故事虽然在文学史上不算新鲜，但刘鹗笔下有自己的新意。他明说鬼事，实指人事。情节看似荒诞，却又不失逻辑。作者在半真半幻中欲言又止，引发读者更多的遐思。

作者是个思想者，所以，在小说中，不乏谈吐不凡之人，也不乏颇有见地的观点。比如第十三回，妓女翠环说："我想，做诗这件事是很没有意思的，不过造些谣言罢了。"你别说，现代某些玩文字游戏的诗歌，还真差不多是这样。同一回，黄人瑞说："大凡人肚子里，发话有两个所在：一个是从丹田底下出来的，那是自己的话；一个是从喉咙底下出来的，那是应酬的话。"如此点评真话假话，这观点也算是独特了。又如二集的逸云，谈了很多观点，虽然冲淡了小说的情节，但这些议论，并不显得枯燥乏味。看得出，作者是个想法特别多的人，而且急欲将这些想法表达出来，于是一有机会就让作品中人侃侃而谈，其实是为自己代言。

《老残游记》是晚清"四大谴责小说"之一，在国内外都有相当影响，版本众多。我所读的人民文学出版社出版的《老残游记》计二十回，另附录二集九回。小说原本是20世纪初在《绣像小说》半月刊和《天津日日新闻》连载的，第二集只有九回，显然没有写完。作者天马行空，思想奇特，这样一部富含深意的作品残缺不全，未免是个遗憾。

最后还是提一下作品中的"赣南元素"。二集第七回，老残下地府后，有个到处游玩的打算："先游天台雁宕，随后由福建到广东，看五岭的形势，访大庾岭的梅花……"大庾岭的梅花历经千年风华，如今大余县梅岭的梅花依然开得很好。看到一部名著提到这几个字，作为赣南读者，我不禁瞬间添了几分亲切。

2024年10月31日之夜于瑞金

出手不凡金大侠
——《书剑恩仇录》印象记

《书剑恩仇录》是金庸的第一部武侠小说，写于1955年。最早读到它，是学生时代的某个暑假。那个季节的乡村，天气炎热，人也基本处于劳累忙碌之中。在这样的生活状态中，不知从哪个邻居那里获得了一本翻得有几分破烂的《书剑恩仇录》。记得这部小说分上、下册，先拿到的是下册。那时课外读物匮乏，一本通俗小说，吸引力自是不可估量，哪管它是否有头有尾？书到手便迫不及待读下去，至今犹记翻开来便是第十一回，回目"高塔入云盟九鼎 快招如电显双鹰"。才读几段便感到故事情节引人入胜，虽然没看到上册，但不影响我一口气把它看完。及至换得上册看完，更觉整部作品妙不可言，让人回味无穷。

这是我初读《书剑恩仇录》的感觉，犹如一个饥饿的人吃了某种食品，多少年之后还觉得是人间美味。而时过境迁，当他再次吃到这种食品时，那种感觉往往难以找回。

若是现在读《书剑恩仇录》，我对它的评价应该不会有当年那么高了。但是，即使是读遍金庸，再读遍梁羽生之后，我依然觉得，《书剑恩仇录》这部作品可读性甚强，每隔几年便可重温一遍。金庸不愧是新武侠的扛鼎之人，毕竟，这只是他的武侠处女作。而通过这部作品便知道，金大侠出手不凡，起点不低，在我看来，其处女作即不亚于梁羽生的成名作《七剑下天山》。

论质量，在金庸的长篇作品中，《书剑恩仇录》排名当然是靠后的。但这并不等于否定它。金大侠的功力摆在那里，除了《白马啸西风》让人读过之后难起再读之意，其他作品都有让人愿意一读再读的魅力。就说《书剑恩仇录》吧，几十年来，我也记不清楚读了几遍。不夸张地说，年轻时，全书二十回的回目基本可以背下来——这部作品的回目通俗易懂，朗朗上口，多读几遍而记性又不太差的话，的确难以忘却。

金庸笔下的第一个男主角陈家洛并不是一个讨读者喜欢的角色。他优柔寡断，行事婆婆妈妈很不爽快，偏偏又当了一个庞大组织的一把手。在他的领导下，红花会这个反清组织的事业最终失败了。整个作品充满悲剧色彩。但角色不讨喜，不等于作品不讨喜。陈家洛虽然表现不怎么样，红花会的英雄当中却不乏读者喜欢的人物，比如武功高强的二当家无尘、三当家赵半山、四当家文泰来，以及武功不算厉害但足智多谋的七当家"武诸葛"徐天宏等。此外，"天山双鹰"陈正德、关明梅夫妇，天池怪侠袁士霄和回疆高手阿凡提等人也容易给人留下深刻印象。

当然，写得最成功的人物，我觉得还不是这些身怀绝技的武林高手，倒是那个丝毫武功也不会，单纯得像一个孩子的香香公主。她原名喀丝丽，是回部首领木卓伦的次女，女英雄霍青桐的妹妹。她简直是金庸作品中的第一美女，如同童话人物般的存在。陈家洛初见她时，便觉得"那少女的至美之中，似乎蕴蓄着一股极大的力量，叫人为她粉身碎骨，死而无悔"。她冰清玉洁，令人不敢直视，甚至使杀气腾腾的清廷官兵居然安静下来。就连乾隆皇帝见她皱眉时，"稚气的脸上多了一层凝重的风姿，绝世美艳之中，重增华瞻"，也"不觉瞧得呆了"。

香香公主刚登场时，并没有让我产生多少好感。因为，我读的是武侠，不是言情，如果只是脸蛋长得好，绣花枕头一个，显然不是我所欣赏的人物。但读到后来，尤其是最后两回，香香公主的形象陡然高大了许多，我忽地看到，她比很多英雄还英雄，她是真正的英雄。

第十九回和二十回，至今我记得回目，写得太悲情了，连起来读其实就是一首诗："心伤殿隅星初落，魂断城头日已昏。忍见红颜堕火窟，空余碧血葬香魂。"陈家洛为了红花会的反清大计，轻信其兄乾隆皇帝的话，决定将香香公主让给他。为了珍惜二人在一起的最后时光，陈家洛带香香公主去游长城。蒙在鼓里的香香公主别提有多开心。在她心目中，陈家洛就是无所不能的大英雄。随后，香香公主识破了乾隆皇帝准备将红花会一网打尽的阴谋，为了救情郎陈家洛，她以去教堂祷告的名义，在那里"将短剑刺进了那世上最纯洁最美丽的胸膛"，用生命向陈家洛示警。

文学作品写人物自杀并不稀奇。然而，香香公主的自杀不同寻常。他们族人信奉的宗教，是不许信徒自杀的。自杀的人只能永堕火窟，无法升上乐园，香香公主对《可兰经》所说的这些内容记得很清楚。但为了陈家洛，她不计这些后果。这就是香香公主的可贵之处。她是金庸笔下第一个悲情女性，成就了金庸第一部武侠作品的高度。

如果没有香香公主，《书剑恩仇录》讲的只是一个比较普通的武侠故事。香香公主的结局使这部作品的主题得到升华。读罢掩卷，令人叹息不已，深切地感受到了悲剧的力量。

三联书店版的《书剑恩仇录》第二十回结束时，陈家洛在"香冢"写下一首铭文："浩浩愁，茫茫劫，短歌终，明月缺。郁郁佳城，中有碧血。碧亦有时尽，血亦有时灭，一缕香魂无断绝！是耶非耶？化为蝴蝶。"随后，"群雄伫立良久，直至东方大白，才连骑向西而去"。故事戛然而止，余韵未绝，可谓恰到好处。但广州出版社的最后修订版，金庸却在二十回之后又加了一节"魂归何处"，让陈家洛要死要活地闹腾了一番，这简直就是画蛇添足的败笔，实在没有必要。可见，作品未必越改越好，改过了头，也许就过犹不及。《书剑恩仇录》的结尾算是个教训。

2024年11月11日之夜于瑞金

"侠之大者"成就经典形象
——《射雕英雄传》印象记

如果说《书剑恩仇录》和《碧血剑》还只是金庸的试水之作，那么，到了《射雕英雄传》，金庸的"武林盟主"地位就由此奠定了。

在我看来，《射雕英雄传》是金庸的成名作。它好就好在塑造了一个武侠经典人物："侠之大者"郭靖。

很多读者提到金庸作品，首先想到的便是《射雕英雄传》。的确，这部作品在金庸的作品中影响太大了，以至没读过金庸的人，也知道他写过这么一部小说。其实，论艺术成就和思想深度，《射雕英雄传》恐怕还不如后面的《天龙八部》《笑傲江湖》《鹿鼎记》。但从人物形象塑造的角度来说，因为郭靖的存在，《射雕英雄传》又似乎不逊于后面几部作品。

《射雕英雄传》是一部励志小说，是一部"英雄成长记"。郭靖出场时，是一个十分普通的孩子。甚至，他比普通的孩子资质还要差些。他人品虽好，能力却实在不敢恭维。在他身上，我们理解了为什么提"德才兼备"时一定要强调"以德为先"。郭靖那个还没出生就定了身份的盟兄弟杨康，相貌和才智远胜郭靖，然而，他走上了邪路，聪明才智便成了小聪明，最终将他自己给葬送了。而郭靖这个从不走"捷径"、不耍花招的傻小子，却傻人有傻福，一路遇贵人，这个高人指点一下，那个高人传授几招，最后炼就一代大侠绝顶高手，而且收获了极其美满的婚姻（郭靖和黄蓉可谓是金庸武侠世界的一对模范夫妇了）。

拿现在的话来说，郭靖师从"江南七怪"这样的杂牌师父，就相当于从路边民办幼儿园起步的娃娃，一辈子没读过正儿八经的名校，却在不同的名校参加函授或自考或旁听，最后也成了一名杰出人才。金庸的作品有一个可贵之处，就是逆向思维，反传统。他经常让名门正派的头面人物被来路不明的人搞得灰头土脸，而一些长期被忽略的小人物却身怀绝技，关键时刻力挽狂澜。如《倚天屠龙记》开头的少林寺领导层，被一个他们听都没听过的何足道弄得下不了台，最后被犯了错误正在处分期的挑水僧觉远出手救场；而《天龙八部》的少林寺也面临一场劫难，最后大家发现最厉害的角色竟然是该寺一名扫地僧。金庸就这样打破某些"正统论"，让读者知道，有些所谓的头面人物，其实只是沽名钓誉而已，并没有什么真本事，而某些默默无闻的小人物，却可能是真正的高人。现在的文坛不是也有这种情况吗？少数名利之徒把持某个圈子的话语权，貌似高深莫测，其实若论真功夫，他们也许还不如那些什么头衔都没有的草根写手们。正是因为金庸的作品常能在现实中找到影子，其意义便显得不一般。

出身草根的郭靖，德行却不输于任何一个成名人物。他的质朴决定了其人品的可靠，不因外界环境而发生改变。除了有几分迂，思维不够敏捷，郭靖几乎是个完人了。他不仅对待爱情专一，对待朋友真诚，对待师长孝顺，更重要的是他一介平民，却有着超乎寻常的家国情怀。他之所以是"侠之大者"，是因为他做到了"为国为民"。

一个体制外的平头百姓，最后却把抵御外敌入侵当作己任，为保一方平安，将自己的家庭和后半生都耗进去了（他的英雄事迹一直延续到《射雕英雄传》的续集《神雕侠侣》，而在"射雕"三部曲的最后一部《倚天屠龙记》，则用一句话交代郭靖夫妇殉城了），这样的形象是何等伟岸！也正是因为他身上的浩然正气，在《神雕侠侣》中，原本有几分邪气的后辈杨过也深受其感染。而他自己，则成了读者认可的经典武侠形象。

小说是否成功，人物形象至关重要。因为郭靖的形象立起来了，《射雕英雄传》也就成功了。

除了郭靖，丘处机其实也是我喜欢的一个人物。虽然很多读者批评这个性情急躁的全真教道长，但也许因为我初读《射雕英雄传》时，只看到了前面一小部分，郭靖还没出生，以为丘处机便是主角，所以对他的侠义行为印象颇深。丘处机出场时，武功高强，俨然是当世第一高手，让我们这些孤陋寡闻的乡下少年佩服得五体投地。直到后来书中出现东邪、西毒、南帝、北丐，才知道原来丘处机在他们面前几乎不堪一击。好在武侠小说以"侠"

为主，"武"只是手段，而丘处机的侠义，在武功比他强的高手面前也不逊色，尤其是他对郭靖的影响相当大，关键时刻还解开了郭靖的心结，所以，在《射雕英雄传》这部作品中，这个人物不失亮色（当然，在《神雕侠侣》中，丘处机的形象就不算出彩了，真是可惜）。

其他如武林"五绝"的设定，"华山论剑"概念的创造等等，都丰富了现代汉语词汇，成为人们经常提起的名词。一部作品有这么多元素可以被人借用，夫复何求？那些压根儿没看原著却张嘴就贬低金大侠的大作家们，不妨反思一下：自己的作品当中，有几个人、几个词、几句话被读者记住的？

2024年11月13日之夜于瑞金

悲情之中见伟岸
——《飞狐外传》印象记

《飞狐外传》是金庸的第六部作品，大约写于1960年。它在金庸作品当中，不算很出色，当然也不差。如果要说起这部作品最大的亮点，我认为当数刻画了程灵素这么一个光彩熠熠的人物形象。

在我看来，金庸笔下有三个动人的悲情女性，而程灵素堪称其中之最。因为，《书剑恩仇录》中的香香公主和《天龙八部》中的阿朱虽然死了，但至少她们所爱的人是深爱她们的。而程灵素为胡斐献出生命，胡斐对她却始终只有友情而无爱情。

其貌不扬其品至高。可以说，如果没有程灵素，《飞狐外传》只是一部普通的武侠小说，故事编得很好，但打打杀杀之后未必能给人留下多深的印象。而因为程灵素，《飞狐外传》的艺术水平提高了几个档次，让人再次感叹金庸写人的笔力确实不一般。

《飞狐外传》男主角是胡斐。他出场时，还是个小孩，但表现不俗。在他身上，早早地具备了英武过人的侠气。商家堡的铁厅烈火，检验出了胡斐的胆识与人品（甚至，《书剑恩仇录》写到的红花会三当家赵半山，也因为这一幕而深受读者喜爱，人气远超前一部书）。成年后的胡斐，更是典型的路见不平拔刀相助的侠客。为了给素不相识的平民钟阿四一家报仇，他可以一路追杀恶霸凤天南，而且丝毫不为凤天南送来的巨额财富所动。胡斐的性格是鲜明的，但这种侠客形象，还是比较传统，也略显单薄。相比郭靖、乔峰，胡斐的英雄气概，总是让人感到稍逊一筹。而比之杨过、令狐冲，又似乎在性格上输了三分立体感。

而作为女主角之一的程灵素，倒是很有特点（《飞狐外传》其实是"双女主"的配置，另一位女主角袁紫衣依然是美女形象，反而不算出色）。与其他作品的女主角不同，程灵素不仅不是美女，甚至相貌还不及格。她

"眼珠黑得像漆"——这倒没问题，问题是她"除了一双眼睛外，容貌却是平平，肌肤枯黄，脸有菜色，似乎终年吃不饱饭似的，头发也是黄稀干枯，双肩如削，身材瘦小，显是穷村贫女，自幼便少了滋养"。这样的外表，在世俗的眼光中，简直就是年轻女子的天敌。胡斐毕竟不是能讨丑妻的诸葛亮（传说诸葛亮之妻名黄月英，相貌丑陋——传说而已），程灵素的外貌，决定了他们成不了两情相悦的恋人，只能成为兄妹般的朋友。尽管后来，在胡斐的眼里，她也有女性的些许妩媚，但因为袁紫衣的存在，胡斐的心里怎么也不可能装下她。

除了长相不怎么样，程灵素什么都好。她是毒手药王无嗔大师的关门弟子，业务精湛，远超同门，在专业方面似乎没有她搞不定的事。她聪明无比，心思细腻，料事如神，甚至连身后之事也想得滴水不漏，活脱脱一个女诸葛。她的武功也不差，虽然出手不多，但连胡斐这样的高手也认为她"功夫甚是不弱"。更重要的是，这个天天与毒打交道的女子，心地一点也不歹毒，而是非常善良，用她自己的话说："我师父他老人家谆谆告诫我们，除非万不得已，决计不可轻易伤人。晚辈一生，就从未危害过一条性命。"所以，她乐于助人，而且得饶人处且饶人（哪怕是对满怀恶意的同门）。她对"大哥"胡斐一往情深，当然，这份感情只是埋在心底。她知道"大哥"一缕情丝紧紧系在袁紫衣身上，但这并不影响她处处为胡斐着想。相信很多读者都忍不住要忌妒：胡斐这小子真是好福气，竟然有这样的红粉知己！

这样一个女子，让人心怀悲悯。然而金庸还是太残忍了，终于把程灵素写死了。程灵素之死，是死于金庸笔下的众多人物当中，最令人痛心的之一。

《飞狐外传》临近结尾时，胡斐中了碧蚕毒蛊、鹤顶红、孔雀胆三项剧毒。程灵素知道，《药王神篇》上说得明明白白："剧毒入心，无药可治。"胡斐也以为自己再无活命的机会了，但程灵素却说："大哥，你别害怕，你虽中三种剧毒，但我有解救之法。"胡斐听了大喜，眼睛登时发亮。然而，程灵素的救法，却堪称"前无古人"。"我师父说中了这三种剧毒，无药可治，因为他只道世上没一个医生，肯不要自己的性命来救活病人。大哥，他决计想不到我……我会待你这样……"程灵素的办法，原来是自己帮胡斐把毒吸出，一命换一命！这就是她的"药"，用生命煎熬的药。

用情至深的程灵素就这样定格在作品中了。因为这剂特殊的"药"，读者看到了悲情之中的伟岸。虽然，这不是家国大义，也无关百姓大众，只是他们个人之间的情义。但这份情义，常人能做到吗？毕竟，她只是一个单相思的女子。在这里，读者看到了罕见的真诚、无畏、悲凄、无奈……能打动人心的文字就是好作品。每每读到这一节，总是忍不住为程灵素而悲伤，虽然，她只是一个虚拟的人物。但我似乎觉得，这样的人，也许就在生活中平凡地存在，只不过在他们做出惊人之举之前，被人们一直忽略而已。

命运对程灵素就是这么不公平。她心甘情愿地付出了一切，但她收获不了自己所需要的。作为女性，她最大的遗憾就是上苍没有给她一副好皮囊。而这，又偏偏不是她的错。现实中，我们也常常感叹，为什么好人未必有好报？为什么有些无辜的人命运多舛？为什么世上总有那么多人受到不公正对待？顺风顺水的人未必理解这些，甚至厌恶人家抱怨。身处逆境中的人才对此深有体会，并为之嗟叹。他们嗟叹程灵素，也许就是为自己嗟叹。

一个相貌平平的女子被读者深深地记住，且与之同悲。而貌美如花的袁紫衣却没能引起多少人的共情，虽然她也并不坏。程灵素用自己的高品打败了天生丽质的另一名女主角。看来，从理性角度出发，人们还是重内质而轻外表。只是，一旦转换到感性角度，不知情况会不会发生变化？

或许有人会说，程灵素不必这么谦卑，她完全可以与命运抗争呀！问题是，这样的抗争有结果吗？很多事情，并非那么容易"心想事成"的，事实就是这么无奈。对程灵素来说，自觉摆正位置，情感上的事不勉强，也许反而是最明智的选择。也正因为这种不求回报的付出，她感动了更多的读者。

文学作品中，悲剧的力量远比喜剧强大。《书剑恩仇录》是悲剧结局，《飞狐外传》也是。胡斐、程灵素、袁紫衣都是悲剧人物（胡斐后来才知道袁紫衣竟然是出家人，而且身世凄凉，二人终究走不到一起）。这种作品，多了几分沉重，读毕令人难以释怀，也因此在心中烙下较深的印记。

《飞狐外传》是另一部长篇小说《雪山飞狐》的前传，但因为这部作品的写作时间其实在《雪山飞狐》之后，所以二者在情节上并不完全连贯，甚至有脱节之感。如果要把二者当作一部作品的前、后传，主人公胡斐的精神世界就存在很多不一致之处了。胡斐在《雪山飞狐》当中竟然从不想起程灵素，这说得过去吗？读者能原谅他吗？所以，为了避免这种费解，还是将两部作品单独看为好，宁愿把主人公当作是不同的胡斐也罢。

2024年11月19日之夜于瑞金

气势恢宏的武侠大戏
——《天龙八部》印象记

常有人问我,金庸的作品当中,写得最好的是哪部?这种问题当然没有标准答案。我认为,金庸在写作上精益求精,十分用心,作品整体质量都不错,其中三部作品可以视为他的代表作:《天龙八部》《笑傲江湖》《鹿鼎记》。若单纯从故事性的角度看,我个人最偏爱《天龙八部》。

最早看到《天龙八部》,应该是读中学时期的某个暑假,在老家一个小山村农忙之际。这个小山村早就在城市化的浪潮中灰飞烟灭了,但当年住在土坯房用油纸打着地铺如获至宝般读《天龙八部》的情景却仿佛就在昨天。20世纪八九十年代的农村生活,与千百年来的农村生活没有本质的区别。尤其是农忙时,怎一个"累"字了得。可是,一本《天龙八部》(仅仅是一本,后来才知道这部作品共五册),让我忘却了多少疲劳。"青衫磊落险峰行",开头第一章,便充满了神秘色彩,让我只想一口气把它读完。然而,囫囵吞枣般读完第一册,段誉在天龙寺被鸠摩智擒去,大理国人马一路追下去却没能追上他们,后事到底如何?因为没能找到后面的书,段誉的命运一直悬在我心里。

那时的农村,要借一本闲书看真是太难了,哪像现在,村村都有农家书屋(可惜反而满屋图书常常无人问津。有时来到某个冷冷清清的村庄,在农家书屋看到整套36本《金庸作品集》,对时代的变迁更是感慨不已)。整个暑假我也没遇到《天龙八部》的后文。一直过了若干年,上大学时,恰逢一位室友也是武侠迷,他从学校图书馆借到了这一套书(奇怪的是,我也去校图书馆找过,但就是没找到),这才好好地沾他的光,如饥似渴地把它读完了。

读完《天龙八部》,才知道大理国只是故事的开端,段誉只是三位男主角之一,好戏还在后头。这部作品,气势恢宏,内容把当时中国版图的大理、吐蕃、北宋、辽国、西夏、女真等政权都圈进来了，段誉、萧峰（乔峰）、虚竹三位主人公的故事各有特色，精彩纷呈。

《天龙八部》充分体现了金庸对长篇小说的驾驭能力。全书五册共五十章，各章题目串起来，正好是《少年游》《苏幕遮》《破阵子》《洞仙歌》《水龙吟》五首词。这种本领当然不是寻常的通俗文学作家能做到的。事实上，金庸的创新意识是很让人佩服的。他的每一部作品都在探索不同的表现方式，大到人物形象、故事架构，小到章回标题，他都不肯偷懒。

曾经看到有人评论《天龙八部》"结构散乱"，对此我不以为然。从整体上来说，它的结构恰恰证明了金庸的功力。对一般的读者来说，太长的东西显然没耐心去看。所以，故事如果不是特别出彩，鸿篇巨制休想获得大批量的读者。而《天龙八部》的读者数量，岂是普通作品可比的。小说从大理出发，最后又回到大理，形形色色的人物粉墨登场，杂而不乱。整部作品一气呵成，几无脱节之感。在情节上，一个悬念套一个悬念，只要你读进去了，便会不由自主地跟着作者的节奏跑。而最后，作者抖一个包袱，段誉竟然不是大理国镇南王段正淳的儿子，而是"四大恶人"之首段延庆的儿子，真是令人大呼意外（其实，这个问题，在"南海鳄神"岳老三初次见到段正淳时，便埋下了伏笔。岳老三说他们父子俩长得不像，段正淳不是段誉的父亲。但读者因为岳老三是个混人，只道此话纯属胡说八道）。困扰段誉的情感问题也由此迎刃而解。还有，萧峰带领丐帮与契丹人作坚决斗争，没想到自己竟然是正宗的契丹人。虚竹是个最单纯的小和尚，从无名利观念，不料被逼得还俗，娇妻、地位、武功全有了。而与萧峰齐名的"南慕容"慕容复，六亲不认，一心想着当皇帝，却一事无成，终于疯了，最后坐在一座野坟上做他的假皇帝去了。鸠摩智一心想练成无敌神功，最后功力全失，反而成了得道高僧。而武功达到最高境界的，偏偏是那位在少林寺"图书馆"扫地的无名老僧……作品安排了诸多"造化弄人"之事，构思之巧妙，令人叹为观止。

金庸笔下有三个悲情女性，此前说了《书剑恩仇录》的香香公主、《飞狐外传》的程灵素，剩下一个就是《天龙八部》的阿朱。她是男主角萧峰的恋人，也是个聪明善良的女子。这里不得不提到第二十三章，它的题目是"塞上牛羊空许约"。阿朱为了化解萧峰与段正淳（阿朱的生父）之间的"仇冤"（其实是一场误会），化装成段正淳的模样，让萧峰给一掌打死了。萧峰本来想了结此事后，便与所爱的人归隐塞外，远离江湖。然而，他注定了只能是一个悲剧人物，偏偏在这一晚横生变故，永失所爱。当时的场景催人泪下，悲剧的力量在这里再次得到体现。

当然，金庸最后一次修订作品时，将王语嫣改为离开段誉，回到慕容复身边，我以为，这是一个败笔，不符合逻辑。慕容复在西夏枯井已经让王语嫣绝望了，醒悟了，怎么可能出现后面的反转剧情？对情节做比较大的调整，稍有不慎，便顾此失彼，吃力不讨好。这算是一个遗憾吧。

有意思的是，日前，由我的小说《祥瑞宝莲》改编的同名武侠院线电影开机，香港武星樊少皇领衔主演。想起刚参加工作不久时，与几个单身同事挤在一间小屋看《天龙八部》，其中的虚竹正是由樊少皇所演。这也是诸多影视作品中令我印象最深的"虚竹"。一晃二十多年过去，当年的"虚竹"出现在我眼前，成了拙作中的主角"陈子敬"，而开机的第一个镜头，我还客串了一个书院山长，与他面对面，真是始料未及！

总的来说，《天龙八部》人物众多，故事精彩，情节离奇，境界开阔，涉及面广泛。它不是普通的休闲读物，其思想性也不差，比某些号称"纯文学"的作品其实更有营养价值。如果要用一个词来概括《天龙八部》，我想这样说：广度。

2024年11月25日之夜于瑞金

超越武侠范畴
——《笑傲江湖》印象记

《笑傲江湖》是金庸最好的作品之一。这部作品的特点是超越了武侠范畴，写的何止是武林中的那些事。

《笑傲江湖》重在写人性。有些文人喜欢把金庸批得一无是处，轻蔑地称他的作品为"武打小说"。其实，说这种话的人，要么自视太高，习惯"想当然"，根本没有认真读过金庸的作品；要么别有用心，故意贬低，多少夹带了几分醋意（至于能不能达到抬高自己的目的，就不得而知了）。但凡把金庸的作品读完，就知道，"武侠"就是"武侠"，岂能简单以"武打"来代称。在金庸的作品中，"武"只是表象，"侠"才是内涵。而像《笑傲江湖》这样的作品，恐怕还不仅仅止步于"武侠"。他对人性的刻画之深，并不输于许多所谓的"纯文学"作品。

作为一部武侠小说，《笑傲江湖》最大的亮点是通过权力的视角来解剖人性。日月神教内部，任我行与东方不败的斗争尤其值得玩味。东方不败上台之后，把日月神教的风气搞得乌烟瘴气。老教主任我行被向问天与令狐冲从西湖水牢救出来，重返黑木崖，看到教内大兴吹吹拍拍之风，觉得甚是荒唐可笑。但等他经过一场激战，夺回教主宝座，这些教众转而向他歌功颂德时，任我行突然发现，这感觉真好！而到了后面，他比东方不败玩得还更过分，权力让他彻底膨胀了。每每读到这一节，我就不禁拍案。金庸的笔锋太犀利了，能够将一部通俗作品写到这个程度，端的堪称一绝。任我行的心态，就像如今很多憎恶腐败的人，一旦自己有机会腐败，下一秒便狂热地喜欢上了腐败，真是莫大的讽刺。任我行此后的所作所为，则让人看到了失控的权力将导致怎样的后果。别看人家只是"武侠"，金庸的批判尺度超过很多"正宗"作家呢。全盘否定金庸的人，先别急着给人家的作品贴标签，不妨自己先写出令人喝彩的东西，再来大放高论。

日月神教与武林其他门派的斗争也有意思。任我行一心要"一统江湖",谋划着消灭五岳剑派、少林、武当等武林势力,这些还算是"阳谋",让人看到了一个性格鲜明的野心家。而五岳剑派(松散型的联盟)内部又钩心斗角,尤以嵩山派掌门左冷禅与华山派掌门岳不群为最。最后,令人大跌眼镜的是,号称"君子剑"的谦谦君子岳不群,竟然是最阴险的伪君子。而野心勃勃的左冷禅,不过一个"真小人"而已。于是,岳不群成了"伪君子"的代名词。放眼文坛,有多少部作品创造了知名度这么高的人物形象?

就算同一个门派,也免不了权力斗争。华山派是其中典型。剑宗、气宗之争,让一个人才济济的门派凋零得不成样子。而寂寞高手风清扬,也因此心灰意冷,只能孤独地了此残生。如果不是遇上了令狐冲,顺手传了他"独孤九剑",世人都不知道风清扬这号人物了。实力平平的泰山派则出了内奸玉玑子,其掌门天门道长因此死于非命。

在金庸的武侠世界,至高权力、绝世武功以及巨额财富,总是世人心心念念之物。武林中人争来争去,都是为了这些,都是为了让自己成为人上人,驾驭更多的人。这其实就是现实的折射。有些人批判金庸,认为他写的是荒诞的世界,写的是根本不可能发生的事情,那完全是因为没看懂。我就纳闷了:按他们的逻辑,《西游记》等神话小说岂不是毫无价值了,它们展现的世界不是更荒诞吗?

那么,是不是金庸笔下只有争权夺利的阴谋诡计呢?当然不是。恰恰相反,他所主张的,他要彰显的,是另一种人生观价值观。他书中的主人公,无一例外,人品都不会坏(哪怕是不学无术的韦小宝,其实也不算坏人)。

《笑傲江湖》的主人公令狐冲,若论侠气,比郭靖、乔峰、胡斐等人当然是有所不如的。但他是另一种好人。和金庸笔下的众多男主角一样,令狐冲也是个对名利毫无追求的人。他所在的华山派虽然不算特别大的"单位",但其本人好歹是大师兄,未来的"法人代表"。然而,令狐冲会在乎这些吗?当然不会。他在乎的只是与师父、师娘、小师妹以及其他师弟们的感情。后来,他在落魄时结识了武林大佬任我行之女任盈盈。在帮助任我行夺回日月神教教主之位后，任我行一句话就让令狐冲成为副教主。这可是武林最有实力的组织，但令狐冲赶紧请辞，表明自己不想当什么官，任我行只需要把女儿盈盈给他就行了。在令狐冲的心里，从来就没有装这些世俗的名利，他只需要自由，只需要爱情。他就是这么一个通达、洒脱、实在的人，若是在现代社会，就是不唱高调，不图虚名，与世无争，与人为善，踏踏实实把日子过好的那种。当然，侠肝义胆是必不可少的，你看令狐冲为了救恒山派小尼姑仪琳，明明不是田伯光的对手，豁出性命也要与他周旋下去。如果不是这份侠气，令狐冲也就是个俗人而已，《笑傲江湖》也就谈不上"武侠"二字。

　　一边是惊心动魄的阴谋与斗争，一边是心无杂念的纯净世界。大奸大恶与大德大善同台，《笑傲江湖》岂是仅供消遣的"武侠"？它就是一部批判现实主义的小说，正儿八经的文学作品。它的表现形式是通俗的，但它所表达的内容，分明是严肃的。而它的创意，可以说是妙不可言的，有些甚至是只可意会不可言传的。

　　与金庸的不少作品一样，《笑傲江湖》多次被影视化。但是，没有一部影视剧把原著的神韵、精髓拍出来了。他们看到的只是打打杀杀。或者说，与文字相比，影视的手段实在没办法把深刻的东西展现出来。所以，要读懂金庸，必须认真看原著。而读懂《笑傲江湖》，更是需要读原著——静下心来，细细品味的那种读法。

　　如果用一个词来概括《笑傲江湖》，我想这样说：深度。

2024年12月1日之夜于瑞金

武侠理想的破灭
——《鹿鼎记》印象记

《鹿鼎记》是金庸的最后一部武侠作品，也是一部另类的武侠作品。写完《鹿鼎记》，金大侠"见好就收"，急流勇退，从此告别江湖。那一年，是1972年，金庸48岁，正是创作力旺盛的年纪。

《鹿鼎记》简直不像是武侠小说。因为，一般的武侠小说，都是"主角成长记"，随着故事情节的推进，主角一步步走向一流高手、超一流高手甚至武林至尊。哪怕是出场便是高手的主角（如陈家洛），到了后面也有更大的进步。而《鹿鼎记》颠覆了武侠概念，它的主角韦小宝，出场时是个不懂武功的市井小混混，而全书到了最后，洋洋五大本、百万言下来，韦小宝依然是个几乎不懂武功的人。

韦小宝的武功为何不长进？我觉得，应该是金庸在写了十几部武侠作品之后，武侠理想发生了较大的变化，突然从浪漫想象回归到严峻的现实来了。于是，他大彻大悟之后，通过塑造这么一个特别的人物形象，为自己的创作收官，同时宣告武侠理想的破灭，也让读者从侠客梦中惊醒过来。

韦小宝这人有意思。他是金庸笔下武力最低的主角，却又是最吃得开、世俗意义上最成功的人物。他是扬州丽春院妓女韦春芳的儿子，父亲是谁，连韦春芳也搞不清楚。出身如此卑微的韦小宝，却天生情商极高，走到哪里都混得风生水起。江湖好汉茅十八把他带进皇宫刺杀皇帝，失败之后韦小宝被俘，却很快成了康熙皇帝最好的小伙伴。反清组织天地会把假太监韦小宝带到祭奠烈士的现场，韦小宝惊恐之际，利用鳌拜之死，临时编了一套假话，摇身一变，成了天地会总舵主陈近南的嫡传弟子，还一步到位被提拔为青木堂香主。韦小宝被神龙教的人劫持到神龙教总部辽东蛇岛，他又随机应变，靠出色的马屁功取得了教主洪安通的信任，直接被任命为白龙使，成了神龙教的高管。明朝崇祯帝的前公主独臂神尼九难将康熙皇帝身边工作人员韦小宝劫去，韦小宝巧舌如簧，哄得九难不仅化敌为友，还收他为徒。韦小宝为了躲避神龙教，误入罗刹国军营，又成了该国苏菲亚公主的情人，还帮她发动政变，当上摄政女王（按历史原型，这位公主是著名沙皇彼得大帝的姐姐，那么，韦小宝还当了一回彼得大帝的"姐夫"呢）。左右逢源的韦小宝官爵越来越大，做到了一等鹿鼎公。然而，这个时候，纠结的事也来了，康熙准备消灭天地会，把这个重任交给了韦小宝；天地会的弟兄们则把反清重担压在韦小宝的肩上，要他接任总舵主，继承师父陈近南的遗志。忠义难两全的韦小宝无奈之下，只好两不相帮，带着七个老婆隐居去了……

　　再比照一下另一个重要人物陈近南，也许能够体会韦小宝的存在意味着什么。陈近南是韦小宝的师父，天地会总舵主，"反清复明"的重要人物。他的影响力极大，江湖上甚至流传"平生不识陈近南，纵称英雄也枉然"的说法。正是因为这些，初读《鹿鼎记》，我还以为陈近南是书中的第一高手。后来才发现不是，单论武功，比他厉害的人还有好几个。当然，这时也明白了，所谓英雄，并非只以武力而论，还得看人家干的事业。陈近南领导的天地会人多势众，是反清复明的最强团队。从这个角度来说，说他是英雄，并不为过。然而，业务能力出众的陈近南，一辈子忙忙碌碌，最后干成了什么事呢？并没有。而且，他最后死得很窝囊，被一个武功和人品俱差的小年轻偷袭而死，临死前还交代徒弟韦小宝不能报仇。因为，这个小年轻，是他的小主子——郑成功的孙子郑克塽。

　　专业技能极差的韦小宝，凭着一手马屁功外加一包蒙汗药，走到哪里都如鱼得水，心想事成。而高级专家陈近南，兢兢业业勤勤恳恳，却一事无成还死于非命。两个人的反差，是否意味着金大侠因为看破武侠世界，从此金盆洗手？

　　韦小宝这个形象，在现实中不难找到。留意观察，我们会发现，很多在职场扶摇直上的人，身上都带着韦小宝的影子。他们不需要掌握具体干事的本领，只要会忽悠，会汇报，会吹嘘，便可以获得上司、同僚、群众的高度认可，一路绿灯，畅通无阻。而默默干实事的人，反而什么好处都没他的份，只能贴上"失败"的标签。吃香的往往是韦小宝，碰壁的恰恰是陈近南。工作能力输给公关能力，这是一种怎样的无奈，但它又往往是无法回避的事实。唯有社会充满公平正义，才能让真才实学回归到应有的地位。否则，劣币驱逐良币的剧情便会重复上演。

金庸封笔的时间比另一位武侠大家梁羽生早了十几年。也许，他的确够明智，写到韦小宝，武侠可休矣。因为另类，很多读者曾经一度怀疑《鹿鼎记》不是金庸亲笔创作的。其实，金庸的一反常态，并不算意外。他本来就是个很讲究创新的作家，总是在努力突破自己。他的封笔之作，便是又一次突破。只是，用这种方式告别江湖，让人对武侠小说未免产生怅然若失之感。

如果也用一个词来说《鹿鼎记》，我想用的是：力度。颠覆自己一手缔造的武侠世界，这需要怎样的力度！

2024年12月4日之夜于瑞金

说说《西游记》暴露的几个问题

在我国古典小说"四大名著"当中,《西游记》因为是"架空"方式的神魔小说,最适合低龄读者。所以,对许多读者来说,接触"四大名著"往往从《西游记》开始。以我们20世纪70年代出生的这一代人为例,尚未识字之时,便通过各种连环画知道了《西游记》所讲述的一些故事。到了20世纪80年代后期,一部由杨洁导演的电视连续剧更是迷倒了全国观众,成为几代人心目中的经典。

年轻时读小说《西游记》,总觉得它的故事过于简单,无非重复一些妖魔鬼怪与孙悟空的斗争而已,与其他几部名著相比,在思想性与艺术性方面都未免逊色。及至阅历渐丰,再读《西游记》,却又发现不是那么回事。其实,这部小说的现实意义和批判性是很强的,甚至超出《水浒传》和《三国演义》。细细品味,甚至越读越有味道。粗略地看,它起码看似不经意地暴露了以下几个问题。

一是领导班子不团结问题。

在《西游记》当中,论地位尊崇,当数玉皇大帝和如来佛祖。那么,非要比较的话,他们俩谁的地位更高?这还真是个问题。不过,细读原著,还是可以梳理出二者的关系。按我的理解,二者都是正天级领导干部,不过,玉帝是行政编的正天级,如来是事业编的正天级。也就是说,二者级别一样,但如来要听玉帝的。这从第七回可以看出。孙悟空大闹天宫,玉帝派人请如来帮忙。"如来闻诏,即对众菩萨道:'汝等在此稳坐法堂,休得乱了禅位,待我炼魔救驾去来。'"如来正在给研究生讲课,"闻诏",叫同学们先上几分钟自习课,别乱了课堂秩序,自己先去"救驾"。待得见到孙悟空,如来问他"为何这等暴横",孙悟空说了一大通,"皇帝轮流做,明年到我家"云云,原来是想篡权呢。如来"呵呵冷笑",说:"他自幼修持,苦历过一千七百五十劫,每劫该十二万九千六百年。你算,他该多少年数,方能享受此无极大道？你那个初世为人的畜生，如何出此大言！不当人子！不当人子！"言下之意，玉帝经多岗位历练，资格这么老，才当上这个位子，你一个刚出校门的见习生就想一步登天，太不像话了！（潜台词：想当年我就是因为资历比他差了几个月，才只弄了个正天级事业岗？）从这些表述不难看出，如来虽然业务能力远超玉帝，但在体制内论地位，玉帝列如来之前。

随后，如来施展神通，把泼猴扰乱天庭办公秩序之事搞定了，正想回西天继续上课，忽然玉帝手下的天蓬、天佑跑出来，请他等等，说玉帝来了。"佛祖闻言，回首瞻仰。"这态度，够尊重了。当然，玉帝对如来也少不了客气，这是专门设宴答谢来了。"如来不敢违悖"，参加了玉帝组的饭局，还应邀给宴会取名"安天大会"。这就好比，县里的教育局局长和县重点中学校长同是正科级，放在早些年，纪律没那么严明，秩序没那么规范，局长请校长安排了一个插班生，校长照办了，但局长考虑到日后或许会继续开口，为了维持良好关系，还是找个时间请校长喝一杯。这恰恰从侧面反映，二者关系有点微妙，否则何须如此客套？由此亦可见，玉帝和如来虽然表面互相尊重，但心里未必真有那么和谐。

玉帝和天庭内部班子成员的关系也未必能好到哪里去。孙悟空大闹天宫时，是无敌般的存在。但后来孙悟空纳入编制管理，成为取经小分队干部之后，一路上却被很多妖怪弄得焦头烂额。而这些妖怪，很多都是神仙们的身边工作人员。他们趁着领导出差或休假之际，偷了领导的一个手机套、钥匙扣之类的小物件，就可以出来兴风作浪，让孙大圣无计可施。那么问题来了：既然这些神仙们的小物件这么厉害，当年为什么不拿出来搞定孙悟空？他们亲自操作，效果不是更好吗？只有一个解释：故意的——他们和玉帝有矛盾，巴不得看他出洋相，能导致他下台则最好。

二是选人用人不正之风问题。

唐僧这个取经人，是观音考察出来的。谁负责出面选人有区别吗？当然有。且看第八回，如来准备在东土找一个取经人，推广西天开发的新课件，问谁愿意去考察。观音立即报名。如来心中大喜道："别个是也去不得，须是观音尊者，神通广大，方可去得。"为什么这么说？因为如来知道，观音是能准确领会领导意图的人。

果然，观音到了东土大唐，点对点把取经人唐僧选出来了。唐僧是谁？前生乃金蝉子——人家是如来的二弟子，也就是观音的老同学。在全书结尾的第一百回，唐僧成佛时，如来直接对他说道："圣僧，汝前世原是我之二徒，名唤金蝉子。因为汝不听说法，轻慢我之大教，故贬汝之真灵，转生东土。今喜皈依，秉我迦持，又乘吾教，取去真经，甚有功果，加升大职正果，汝为旃檀功德佛。"原来，金蝉子仅仅因为上课玩了一下手机，没有认真听讲，就被如来贬到万里之外的基层去了。同学们还以为他倒霉透顶——课堂上开小差这样的事，最多罚个站或多抄几遍作业就行了嘛，何至于搞得这么惨，直接被开除学籍？到此时大家才明白，如来导师是在重点培养他，给他增加基层工作履历，为以后成佛打下基础呢！你以为观音同志担任考察组长，会搞错人选？

由此，另一个问题也迎刃而解，那就是取经路上，唐僧为什么动不动就要赶走真正有能力解决问题的队员孙悟空。因为，唐僧心里是有数的：我是组织内定了要提拔的，路上那些所谓妖怪，基本上是组织为了突出我的攻坚克难能力、丰富日后的晋升考察材料，特意安排过来配合工作的。也只有你这傻乎乎的猴头，试用期人员一个，竟然以为取经真得靠你出力！

人员一旦内定，团队战斗力就上不去。取经路上本来可以少一些折腾的，就因为队长不是凭真才实学选出来的，小分队整体实力发挥不够充分，还平白无故添了几分内耗。

三是黑恶势力"保护伞"问题。

唐僧取经路上号称经历了"九九八十一难"，其实这里有个统计造假的问题，并没有那么多，认真算起来的话，水分恐怕不少。这还不算什么严重的问题。更大的问题是，这些所谓的"难"，背后还有很多猫腻。

就说路上遇到的那些妖怪吧，孙悟空打死的有几个？少得可怜。真正因为与他为敌而毙命的，也就是白骨精、蟒蛇精、蜘蛛精等几个底层自学成才起来的家伙。而更多的妖怪，是大有背景的，孙悟空基本上拿他们没办法。即使有机会消灭他们，关键时刻，也会突然来个神仙，叫一声"悟空住手"。然后，孙悟空就知道了，他们要么是神仙的助理，或者是神仙的司机，甚至是神仙的干女儿等等。最后，孙悟空只好眼睁睁看着这些曾经折腾得他晕头转向的妖怪回到原岗位，连个处分也没给。

其中最有来头的妖怪是大鹏金翅雕。论关系，他还是如来的舅舅（他姐姐孔雀曾经把在雪山顶上修炼的如来吃进肚里，如来因为在人家肚子里待过，只好尊她为佛母孔雀明王菩萨）。这也是孙悟空降妖路上遇到的最厉害的对手。最后，还是靠如来亲自出手，才把大鹏金翅雕搞定。大鹏金翅雕把狮驼国全国上下吃光了，总算落在如来手里，后果如何呢？原著写道："如来道：'你在此处多生孽障，跟我去，有进益之功。'妖怪道：'你那里持斋把素，极贫极苦；我这里吃人肉，受用无穷！你若饿坏了我，你有罪愆。'如来道：'我管四大部洲，无数众生瞻仰，凡做好事，我教他先祭汝口。'"如来虽然制住了他，却还不能处罚他，只能劝他不要在体制外瞎混惹事了，还是到机关找个岗位消停消停吧。而大鹏金翅雕大言不惭，直接抱怨机关待遇低，食堂伙食差，比不上在外面搞围标、电诈之类赚快钱花天酒地来得快活。如来只好答应他，以后下面逢年过节送土特产时给他先备一份，"只教他在光焰上做个护法"——你看安排得妥妥的。

神仙们这样护犊子，自觉不自觉地做起了黑恶势力的"保护伞"，难怪西天路上妖怪不绝。同样是违法之徒，如此区别对待，不知那几个被孙悟空打死的妖怪服也不服？

四是腐败产生的根源问题。

《西游记》第九十八回，唐僧师徒历经千辛万苦之后，终于到达灵山，可以取到真经了。不料，在前往库房领取经书时，如来的两个身边工作人员阿傩、伽叶竟然向他们敲诈勒索："圣僧东土到此，有些甚么人事送我们？"当得知唐僧空手而来时，二人直摇头：东土人民就是老实，土特产都不带一点过来！心有不甘，干脆用几包空白笔记本糊弄他们。唐僧一行万里迢迢来西天，原本是冲着他们开发的原创教材来的，空白笔记本在哪个网店买不到？可叹他们上当了还蒙在鼓里。好在此事被西天一位老同志燃灯古佛知道了。这位古道热肠的老同志悄悄帮他们捅开这个问题，不然唐僧一行可是白跑了，回去估计连差旅费都报不成。

　　唐僧他们发现错领了空白笔记本之后，返回雷音寺。孙悟空毕竟政治素质不高，一见到如来就大声嚷嚷，当场揭发阿傩、伽叶的腐败行为，还"望如来敕治"。他满以为，下一秒，如来定然当即安排执纪执法人员将阿傩、伽叶带走进行审查。然而，并没有。书中是这样写的："佛祖笑道：'你且休嚷，他两个问你要人事之情，我已知矣。但只是经不可轻传，亦不可以空取，向时众比丘圣僧下山，曾将此经在舍卫国赵长者家与他诵了一遍，保他家生者安全，亡者超脱，只讨得他三斗三升米粒黄金回来，我还说他们忒卖贱了，教后代儿孙没钱使用。'"啥意思？你这猴头，还是个临时工吧？一点都不懂事。我们西天事业单位，经费不足，工资不高，没有车补，养老保险得自己交，房价却还在往上飙。不靠这些独家资源搞点钱，你叫我们喝西北风去呀？最后，唐僧只好把唐太宗李世民送的那只紫金钵盂贡献给了阿傩，才不再被他们刁难。

　　原来，哪怕是如来，也有无奈之处。看来，腐败问题确实不能看表面。要解决问题，还得找到它的根子。《西游记》写到这个份上，还能说它肤浅吗？

2024年12月9日之夜于瑞金

第二辑 赣州书

倾注心血著华章
——李伯勇创作印象

李伯勇老师又一部长篇力作《父兮生我》与读者见面了，这是赣南文学界的一件大事。印象中，在上犹参加他的小说首发式至少有三次吧，他每次捧出来的作品都让人耳目一新，这次当然也不例外。这么多年来，像李老师这样执着坚守文坛的，并不多；而能取得这么厚重成绩的，在赣南更是凤毛麟角。我和朋友们聊起当代赣南作家，总是认为，以目前成就而言，李老师已经成为赣南文坛的旗帜、标杆、制高点。我这样说，并不是信口开河的溢美之词，而是有事实依据的，这个依据就是他的十几部作品。一个人在文坛的地位，并不是开多少次研讨会、发多少篇评论文章、搞多少次宣传决定的，而是由作品决定。作品是证明一个作家实力的唯一有效论据。

回归到创作这个话题，这么多年，李老师给我留下的是这么几个印象，或者说是这么几个简单的字吧——

第一个是"纯"字。

一是纯粹的写作。李老师的写作坚守了文学本色，不是为"政治"服务（尽管他的作品不但没远离政治，相反还很好地反映了政治），也不是为了个人的"经济建设"，谋取物质上的好处。从他的文字就可以看出，这些东西是没有理由用来晋升官位或谋取赞助的，因为它不是为哪一个人或利益集团代言；它是纯粹的文学，是为了剖析人性的文学，没有急功近利的意思（当然，一个人做事，功利还是应该讲究的。不过真正的功利，应该是功在当代、利在千秋，而不是追求个人利益、眼前实惠，为了达到目的而不择手段）。国有国法，行有行规，搞文学的，就应按创作规律行事，现实当中我们却看到很多"文人"根本不像文人。像李老师这样耐得住寂寞，置身于物欲之外，写得这么纯粹，对文学的忠诚度这么高的作家，当今这个社会并不会很多，所以显得特别宝贵。

二是纯朴的文风。文如其人，李老师这个人看起来很朴实，有人说"像个农民"，他的写作风格，也是非常纯朴，保持了农民本色（虽然他早已不是农民，是从县文联主席岗位退下来的干部）。他追求的不是华而不实、只求形式不重内容、让我们看了眩晕的文风，而是朴实无华而又意味深长的文风，让我们读了感到亲切。

三是纯熟的手法。李老师文风虽然朴素，但作品很有艺术特色，而且非常注重创新，可以说是匠心独具，各种技术运用娴熟，基本上每部长篇都体现了创新手法。这一点，大家看了作品就有体会，这里就不展开来说了。所以，看了李老师这么多大部头，不得不佩服他是个内力纯正、功力深厚的文坛高手。

第二个是"深"字。

一是深刻的内涵。他的写作不是就事论事，停在表面，总是由此及彼，延宕出一些深刻的道理，这使他的作品显得富有哲理。他从来不回避政治，而且常常直面政治，但他是从"人学"的角度深入解读政治，而不是肤浅的图解，字里行间，力透纸背，发人深思，让人产生"社会原来如此"之类的感慨。在我看来，读书最大的收获正是有所思、有所悟。李老师的作品，就可以让我们获得这个效果。

二是深湛的学识。这一点我觉得很奇怪，论学历，李老师并没读过大学；论环境，他长期居住在上犹这个各方面还算落后的小县城。可是，他在作品里显露出来的学识，根本不像一个小县城的作家能够表现出来的，我看到的分明是"大家风范"。这只能说，李老师通过他的博览群书，穿越了时空，让自己变得博古通今，真是心有多大，思想就有多远。在这方面，他给我的启示就是，阅读和思考，完全可以改变地域条件的不足。赣南"地处偏远、经济落后"等等，并不是我们出不了成绩的借口！

三是深挚的感情。如果不是倾注了心血，是写不出这么几百万字的东西的。接触这么多年，我感觉文学基本是李老师生活的全部，他是真正用心血在写作，对文字融入了深挚的不可自拔的感情；他的写作，完全是为了精神追求，而不是为了稿费，或者为了所谓的"提拔"之类（大家也知道，这种写作不可能带来物质上的重大收获，它是纯公益性的）。他虽然蜗居县城一隅，却能做到胸怀天下，放眼世界，用文字来"忧国忧民"。在多数人都忙着"把握今天"、让生活实现最大"物质化"的时代，李伯勇还在坚持理想主义的写作（可能还有点孤独），这正是因为他对文学爱得太深沉。

第三个字是"通"。

一是各种文体兼通。李老师在文学方面是通才，各种文体通吃。我认为，他不仅仅是个出色的小说家，而是个综合性的高手，五项全能。我看过他大量的散文、随笔、评论，觉得这些方面的成就也不低于他的小说，放在赣南乃至更高的层面，照样是一流的。尤其是文学评论，那完全是专家水平，比某些高校的文学教授还显得专业，因为他有自己的创作经历，而且能静下心来把人家的作品读懂，把文学这档子事读通，不像某些"专家教授"只是停留在文字的表面，码字只是为了拿红包、评职称。

二是历史与现实联通。表面上看，李老师的小说写的都是已经过去的岁月，不够时尚，不够热门，时代感不强，和我们的生活有距离；其实细究之下，他写过去，正是为了通过记录历史折射今天，甚至昭示明天。一切历史都是当代史，李老师写的内容，其实根本没有脱离现实，而是我们当下非常需要反思、认真面对的——其中有一些，甚至可能恰恰是被今天的人们有意无意忽略了的。这也是他写作的一个重大意义所在。

第四个字是"远"。

一是在空间上，李老师的作品影响力辽远。当前在赣南，有哪些在外面叫得响的知名作家？数量不会很多，我看李老师是其中名气最大的一个。我在厦门有一个朋友，也是个作家，出了二十多本书，是当地从外省引进的人才。他和我谈起赣南的文学，就专门提到他并不认识的李伯勇。这位作家买了李老师出版的小说认真阅读，看了之后评价很高，说现在像他这样写得这么专注的作家已经不多了。还有，当年李伯勇的长篇小说《轮回》在外省获奖、《恍惚远行》进入全国长篇小说排行榜，也是实力的体现。

二是在时间上，李老师的作品生命力久远。我一直认为，他的作品是经得起时间检验的，因为他的写作不是"短视"的，不是"小我"的。不管对什么事件，他总是习惯放在社会大背景之下来做考察，体现的是文学的责任担当。我曾经表达过一个观点，文学不仅要满足普通读者的当下需求，还应成为历史的承载（尽管它不是唯一），这样才能长久，才能深远。而李老师的写作，正在试图努力实现这个使命。他不断地写自己热爱的乡土，以这个有限的地域空间反映某个时期的社会面貌，保存了一个时期、一方水土、一代人的记忆。而这，就是他的最可贵之处，也是他的作品生命力所在。

我对李伯勇老师的创作谈不上专门的研究，仅是从长期的交往中得出这些粗疏的看法，一孔之见，未必尽然。在此，祝愿李老师再接再厉，拿出更多的力作，也让我们借他的喜事，拥有更多的学习交流机会。

（本文为在李伯勇《父兮生我》首发式上的发言）

2014年9月10日之夜

把故事编得更圆些
——袁世频长篇小说《婚宴》得失谈

袁世频出版长篇小说了，这事多少让我感到意外。十多年前，我认识袁世频，那时他是赣南一个山区小县全南的县委报道组长，非常豪爽的一条汉子，写新闻报道自然是一把好手，在文学创作方面却似乎没有给我留下什么印象。后来，他离开这个岗位，进一步高升，做了县里几个单位的"一把手"，新闻报道不再是他的工作，名字见报频率也就急剧下降。尤其是2008年以来，他担任县房产局局长职务，那是与钞票打交道的位子，估计更没多少时间捣弄文字了。我看过很多人只是把写东西当作一块敲门砖，一旦把门打开，便再也不捡起它，所以，一个人离开与写作有关的职业便不再写东西，其实也是可以理解的。这就难怪我惊讶了：袁世频告别笔杆子岗位这么多年，居然没有把笔扔下，特别是，还玩起了放在时下来说更为"冷门"的文学写作，而且是长篇小说？

是的，事实摆在面前，这部题为《婚宴》的长篇小说，大众文艺出版社2013年3月出版。当然，我获得这本书，已经是一年多以后的今秋。

朋友的赠书，我都要从头到尾看上一遍。而袁世频这部作品，更是让我怀着几分好奇，以最快的速度看完。看了之后，又觉得手痒心痒，希望写下点感受什么的。

小说通过几场不同人物的婚宴，把故事巧妙地串起来。婚宴的背后，有婚变，有真情，有权术和阴谋，甚至还有刀光剑影。应该说，作者的构思是成功的，它使一部长篇小说有了别具一格的框架，让人不由得为之发出一声喝彩。具体说来，有几个方面处理得比较出色。

一是现实与传奇的结合。毫无疑问，《婚宴》是一部现实题材的作品，故事就发生在当下，地点就在我们身边。尽管作者虚构了一个"虔南市"，但更多的地名，却让本地读者会心一笑。兆坑、天龙山、桃江等地名，直接取自全南，还有南康、大余等周边地名以及现实存在的赣南小吃品牌等，也被作者信手拈来，算是为家乡义务做宣传广告。难怪有先睹为快的当地朋友告诉我，"写的好像就是我们这里的事"。更有甚者，前些年落马的省政府副秘书长吴志明，也被作者顺手插进了书里，读来令人忍俊不禁。而另一方面，作者还虚构了不少如梦如幻的人和事，如百越后人的枫柯寨，透着几许神秘；王阳明剿匪与武大宝藏，让人觉得诡异。一边是现实，一边是传奇，让小说平添了几分悬念，增加了不少可读性。

二是时尚与传统结合。如果不是看了小说，还不知道大大咧咧豪气冲天的袁世频居然颇有些小资情调：小说中不乏财大气粗的"上流人物"，时尚生活在作者的笔下娓娓道来，轻车熟路。看来，老袁在生活上始终是不落伍的，尽管他居住的地方是相对偏僻闭塞的小县城。另一方面，毕竟是从大山走出来的"60后"，对于大山的传统生活，袁世频也没有忘本，从丰富多彩的风土人情描写来看，作者骨子里浸染的还是传统文化，他的根依然在大山。

三是情场与职场的结合。小说名为《婚宴》，如果只是风花雪月，缠绵悱恻的男女情感之事，未免太单薄。袁世频不仅写"情场"，同时写职场，尤其是颇受世人关注的官场。这里有令人动容的婚恋爱情，也有残酷的权力角力、财富争斗，少不了流血事件，少不了人命关天。爱恨情仇之间，作者把世态人心再往深处刻画了几分。这样一来，我相信，愿意把这本书读完的读者增添不少。

当然，作为作者的长篇处女作，小说的不足之处也在所难免。以下几方面，我认为有明显硬伤或较大的提升空间。

其一，部分内容表述失真。文学是虚构的艺术，当然不必像新闻报道那样对事情的真实性负责。但是，文学也不是胡编乱造，讲故事也得有一定的根据，有一定的逻辑。在这部作品中，对于官场的描述便存在这样的问题。比如，虽说"虔南"是个市，但从作品表述的行政架构（特别是市公安局的格局）来看，它更像县级市，而到了最后，作者却点明了是地级市，这就使前面设定的很多关系难以对上号了；比如，公安局局长吕子雄既然是市委常委,怎么还要花功夫去谋个副市长的位子——现实中,市委常委一职肯定比普通副市长重要。而对市委任用干部的程序、主人公江理被"两规"的情节(包括被"双开")也和生活真实不相符,不合常理,在逻辑上实在无法讲通。

其二,个别人物脸谱化。对正面人物的描写相对成功,而几个反角,如市委组织部部长应祥、青龙山乡长徐腾、市公安局新任副局长龚聪等人的描述,则过于脸谱化,搞得像哈哈镜照出的人物。文学人物虽然可以夸张,但这是一部现实主义题材,过度扭曲人物形象反而显得不伦不类,看起来与整体风格不协调。

其三,结构还可以更紧凑些。小说的开头,让人感到作者文笔老到,功力深厚;小说的结尾,除了对江理的"双开"让人莫名其妙(窃以为,调整成江理看破官场,主动辞职就变得更合情合理了),总的来说还是很有余味的。而中间有些篇章的结构显得松散了些,张力不够,甚至有拼凑之嫌,如果能够过渡得更巧妙,则作品的吸引力将大大增强。

作为一部出自山区小县业余作者之手的长篇小说,我们当然不能以苛刻的标准来提要求。倒是从这部作品,看出了这位曾经的基层新闻工作者对文学的初衷不改。作为老朋友,由衷地希望作者今后拿出来的长篇小说更成功,特别是故事能编得更圆满,更无懈可击,让我辈喜欢挑刺之人更无话可说!这,也是我此番"品头论足"的主要目的。

2014年10月25日之夜

此夜曲中闻折柳
——读陈相飞散文集《文化行吟》

陈相飞总算正儿八经地出书了。之所以说"总算",是因为这么多年来,作为旁观者,我多次向他建议过,写到这个份上,不能满足于让文章散见于报章、网络,是时候以书的形式整体推出若干作品给读者们品鉴了;之所以说"正儿八经",是因为此君前些年其实也出过两次"书",不过,那是其自制的什么号都没有的"印刷品",并不是公开发行的"出版物"。相飞这人向来低调,他以为自娱自乐地印上百十本小册子送送朋友就足够了,却不知,这事从另一个角度来看,也是一种"暴殄天物"——哪有这样糟蹋文章的。

现在,相飞推出的这本正式集子,书名为《文化行吟》(中国文史出版社2014年10月第1版)。里面相当多的篇目,其实早就读过,但这次以列队的形式集中,应该会给人一些新感觉,于是,我利用下班后的晚间,从头到尾陆续再读了一遍。

全书分五辑,分别是"乡关何处""天涯行旅""菩提树下""闲夜临窗""情动心湖"。文章大致按题材归类。书名虽为"文化",但在我看来,贯穿始终的,或者说给我留下深刻记忆的,分明是一股扑面而来的浓郁乡情,不管是写人、写事还是写景物。

作者在诸多篇幅中写到了故乡的那些人,包括母亲、父亲、姐姐、弟弟、伯父等亲人以及乡亲、老师、同学等。最动人者莫过于写双亲(尤其是母亲)的那些文字,那些刻骨铭心的血脉温情,让人柔肠寸断,百感交集。作者的母亲去世时间较早,用作者的话来说,因此有了"一段带血的记忆""每当回想起来,我的内心就不由得震颤"。为此,作者接连写下《凝望》《梦见母亲》《有多少话可以重来》《秋日长凄》等篇什回忆、纪念母亲,这些浸染着血泪的文字,读来让人与作者的心一起震颤。其他如《燕语呢喃》等篇,也似乎在不经意间融入对母亲的相思。有一处细节我记得很清楚:因为屋梁上的燕窝飘下一片白色羽毛,病中的母亲随口对儿女们说了一句"今年你们要戴白帽子"。不久,母亲溘然长逝,而作者的父亲因此默默地拆除了燕窝,不再让燕子入驻堂前。此情此景,令人不胜唏嘘。多年后,父亲去世,作者同样用数篇文字寄托哀思。字里行间,我们看到的是,亲人之间无与伦比的深情,那是什么都无法替代的。用清代倪瑞璿的诗句来说,这真是:"暗中时滴思亲泪,只恐思儿泪更多。"

如果说故去的亲人勾起了读者的缕缕悲情、片片愁绪,作者笔下的故乡旧事则更多地让人在咀嚼生活的辛酸甘苦之余,追逐远去的记忆。读罢掩卷,忘不了作者的孩提新春:兄弟俩拿了压岁钱"合资"买了军棋和扑克,却因玩得稍多影响学业,终于在父亲的要求下,忍看棋牌坠火窟;难得品尝美味的顽童,守着家里来的客人吃酒娘蛋,边看边大声数起来:"还有两个……喔,还有一个……喔嚄,冇了。"——指望分享的愿望无奈落空。忘不了作者12岁时搬家的情形:一家人按照乡俗在深更半夜借着星辉悄悄走向新居,家里的黄狗居然非常懂事地摇着尾巴一声不响地跟上来了。忘不了作者年幼时"做实验"把一颗豆子放在耳窝,因此第一次进了城里的中医院。忘不了兄弟俩闹别扭时,总要吵嚷着把先前互换的东西索回。还忘不了乡下孩子们的各种游戏,以及唱古文、打炒米给人们带来的朴素的欢乐……是的,这些事,经历了那个时代的人,说起来都很熟悉,只是在平日的忙碌中没人提及,一旦被人打开这个话匣子,奔涌而出的定然是不尽的惆怅与感怀。用唐代郑谷的诗句来说,这真是:"座中亦有江南客,莫向春风唱《鹧鸪》。"

作者的故乡,是一个给人留下美好念想的江南村庄,可惜因为修筑水库,如今已不复存在。为此,作者用了不少篇幅深情回忆故乡的点点滴滴,包括父亲的庄园,故乡的石拱桥,村里的大宅院、祠堂、水塘,乡间普通的动植物,甚至故乡那令人难忘的秋月夜。哪怕是一处寻常的景致,也因为作者饱含乡情的叙述而显得不一般。在作者的心里,故乡的一切都是珍贵的,都是温馨的,都是值得怀念的。乡关何处?消失的故乡不可复制,怀乡的人只能站在山头对着浩渺的水面相望相思。用唐代王勃的诗句来说，这真是："谁谓波澜才一水，已觉山川是两乡。"

对一件作品来说，能够激起读者的广泛共鸣，它便是让人难以忘却的。我和相飞是同龄人，同样来自农村，同样经历了贫困，同样有至亲过早辞世，所以，读完这本集子，但觉处处"于我心有戚戚焉"。受情绪驱使，我已不管作者的书名叫《文化行吟》，也不管作者还收录了一部分无关乡情的文章，心里只剩下乡愁、离情、幽思。在工业化、城市化、商业化消解人们乡愁的今天，这本集子提供的可是激发读者恣意怀旧的猛料呵！沉默良久，想起李白的诗句，这正是："此夜曲中闻折柳，何人不起故园情！"

2014年12月22日之夜

根植于乡土的眷恋与反思
——读李乐明散文集《时光摆渡》

意外地收到快件，居然是李乐明的散文集《时光摆渡》（中国电影出版社2014年12月第1版）。乐明也是写新闻报道起家的，但那是20世纪的事；最近十多年来，他先后在县里担任乡镇主官以及发改委主任、县委办主任等职务，级别虽然不算高，岗位却都很重要，说个"日理万机"什么的也不算太夸张。在这种情况下，他还能有文学类的集子出版，这不能不令人欣喜：不管生活如何被"物化"，精神家园依然不缺坚守者。

可惜，这段时间，我也是杂事缠身，本想一气读完这本书，结果却是花了半年时间才陆续看完。集子中所收文章计42篇，涉及面较广，我不想——评说；我想说的是，在相当多的篇目中，作者对乡土与传统的眷恋与反思，深深地打动了我，引发了我强烈的共鸣。

民以食为天。本书开头6篇，被作者在目录中列为第一辑，主题说的正是"吃"事。我对吃的东西最没印象，常常吃过就忘，也无心细细品味，所以对那些带点小资情调的所谓"美食家"写的"美文"，常常也是忽略的。可我读书又不喜欢跳跃式，习惯按页码顺序阅读，也就耐着性子看下去了。岂知这一看，方知作者写的不仅是食客们的口腹之娱，而是在说"吃"的过程中，见人见事，不但寄托了若干怀旧情结，还隐约流露着对新潮流的反思。比如，在《灰水粄·烫皮》一篇中，作者看到现在的人们抵不住机器的便利，逐渐放弃手工制作，以致做出的灰水粄等当地传统食品口感下降，于是心生感慨："时下，食品已极大丰富，原来的家常食物，许多都已经变成了工业流水线的产物，几乎一切食物都不必用心配置、不必自己烹调，随时随地都能买到。这样的格局，在带给我们极大方便的同时，蓦然回首，生活里珍贵和难得的东西却越来越少了。""有时我们吃的不是食物，是一种习惯，是一种乡愁。"那些传统小吃之所以传承至今，不正是因为一方水土养一方人，人们从小形成了集体性质的"味觉记忆"吗？不禁想起前不久在瑞金出差，与当地朋友品尝在本地颇负盛名的瑞金牛肉汤，他们吃得津津有味，认为是天下第一美味，我却怎么也吃不起劲，觉得其味比宁都肉撮差得远。其实两种食品哪有高下之分，只不过由味觉记忆而形成的喜好因人而异罢了。今读乐明的文章，不禁想到，当手工技艺渐行渐远，食品风味日趋"大一统"，我们的味觉"乡愁"不知将如何找寻？

对传统工艺的眷恋与反思，不仅体现在小吃的做法上，作者的另一篇《远去的木匠》，说的也是传统工艺失传的问题。以前的工匠（包括乡村的木匠、画匠等），底气来自过硬的功夫。如今，老木匠要么过世，要么拿不动斧子、刨子，新工艺品都从机器模子里出来，整齐划一，批量生产，"木匠、画匠在乡村风光不再，越来越少有人留恋传统工艺了"。高度的机械化，将使越来越多的技艺失传，你想打制一件个性化的家具也可能成为一种奢望。站在历史长河之滨冷眼旁观，这事到底该如何评说？我感到迷茫，只觉得结论似乎不可下得太早，人类也别因为某些一时的聪明之举高兴得太早。

对于我辈从农村走出来的一代，昔年的乡村生活虽然充满艰辛，在当时来说鲜有乐趣，可一旦挺过了这些难关，回望乡村，记忆深处居然多是留念与怀想。乡村从本质上来说，是一种美好的意象。所以，栖身于现代都市的钢筋水泥丛林，对那些远去的自然山水田园愈发怀念。这一点，我在乐明的集子里找到了同感。在《不老的记忆》一文，作者认认真真地回忆着故乡旧时点滴，虽"明知故乡早已今非昔比，有了太多的改变，但内心深处仍然固执地认为，那份古朴和稚嫩，才是故乡""只想尽量多地再看一眼故乡的老屋、老树、老井"。想到最后，"我决定了，今年春节，一定回老家再好好走走、看看！"读至此处，真是"于我心有戚戚焉"，耳边仿佛响起了故乡那深情的呼唤。而《赴鹅公圩》则俨然一幅乡村风俗图，在作者妙趣横生的叙述中，让人忍俊不禁之余，触动某根记忆的丝弦。

工业化、信息化让人们生活越来越便捷，但不等于可以让我们放心抛却乡土记忆。在不能确定新生活将如何从头到脚从外到里改变人类时，我们还是有必要温习一下传统生活，以免出现变故时措手不及，尤其是要防止"工具依赖症"，使自己不至于一旦离开现代信息工具就无所适从、接近白痴废人。乐明显然也产生过这样的思考。在《秘密的欢愉》中，他写自己某一天交代好工作，关掉手机，切断电脑、电视、空调电源，回到那个原始年代，过一回简单的生活。自然，他找到了久违的另一种欢愉。回归自然，在今天来说这是一种多么奢侈的理想。我们未必能真正回归，但适当地体验尝试又何妨？

这些年，高速的城市化越来越让我感到困惑，心底常常冒出一些或许幼稚可笑的观点。读了乐明这本集子，我忽然感到，也许自己的某些想法并非荒唐可笑，甚或颇有继续瞎琢磨下去的价值。面对乡土，我们无需妄自菲薄。面对乡土，我们并不孤独！

2015年7月13日之夜

笔端有力任纵横
——读黄龙德长篇小说《刀风》有感

《刀风》（光明日报出版社2014年12月第1版）是黄龙德出版的第三部长篇小说。从《月涌南江》到《暗流》再到《刀风》，黄龙德的三部长篇小说，题材跨度相当大。如果说他的第一部长篇小说《月涌南江》有着自己长期在国企工作的经历做支撑，第二部长篇小说《暗流》有着自己多年"体制内"的见闻做依据，因此还无法显现作者既有的创作能力，那么，这部《刀风》的完成，我以为基本可以认定：半路出家的黄龙德，的确具备驾驭长篇的潜力。

《刀风》的内容和作者的经历毫无关系，离我们的现代生活也比较遥远。这是一部历史题材的"谍战小说"。前些年，这类题材很是流行，尤其备受影视界的青睐。记得有一次黄龙德曾向我提起，自己正在酝酿一部此类作品，时间背景是解放前后，空间背景是赣州城。当时没有太多地想着这事，没想到，今年初，黄龙德专门来到我的办公室，送上的已是新鲜出笼、墨香沁人的新著。这才觉得，时间真是过得快！黄龙德的执行力真是强！

黄龙德是个能编故事的作家。如果说前两部作品还能在生活中捕捉到一些影子，这部《刀风》则完全是虚构之作，需要作者深厚的积累和丰富的想象。解放前的赣州（小说中的"南州"），当然没有发生过这类刀光剑影的故事，但这并不影响"小说家言"。黄龙德构思了引人入胜的情节，让国民党特工和中共地下工作者在他的作品中斗智斗勇，短兵相接，让读者巴不得一口气读完全书。当然，说到讲故事，在这部作品中有个不足之处也不得不提，那就是某些情节尚嫌交代急促，显得张力不足。其实，作者完全可以悠着点，让故事在扣人心弦中发展，满满地吊起读者的胃口之后，再将谜底揭开。从这个角度来说，作品尚有修改的余地。这也是我读过之后感到最为遗憾之处。

黄龙德是个拥有较好文笔的作家。这一点，作者在写作第二部长篇小说《暗流》时，我因为接触了其初稿和修改稿，对此已有较深的印象。当时，作者已不年轻，而年轻时又没有发表过什么作品，何以出手就显功底？作者曾和我交流，其实，年轻时心里就藏了个文学梦，甚至为此背过成语词典，在语言方面有了深刻的磨炼。机遇总是青睐有准备的人，有了这层铺垫，一旦打开创作的思路，行文便游刃有余了。这部新著，作者的文字功底更显成熟，真是老当益壮。

仅有故事和文笔，当然还很不够。真正增加作品重量的，是融入文字中的思想。而这恰恰是黄龙德的长处。生活中的黄龙德便是个有着独立见解的人。加上其丰富的人生阅历（尤其是跌宕起伏的职场经历，这是最容易让人走向成熟的），他对社会、对人生的思考就更见深透了。在小说作品中，最方便表达自己思想的，或许是人物形象的塑造。在《暗流》中，作者已着意反思所谓"正面人物""反面人物"的问题，尽可能地规避"高大全"的概念化脸谱化模式。而在这部新著中，作者的思考显然又深了一层。"反角"也有闪光点，比如"敌对阵营"姜子奇、于复兴的敬业以及梅少兰的纯情等等，无不可圈可点，甚至可以说根本不是传统意义上的"反角"。而中共地下党人身上，也有不可避免的缺陷。作品开头出现的地下党南州市委书记薛清辉做了叛徒，那就不必说了；坚持斗争到胜利的黄伯昌、柯云帆等，也并非完人、圣人，他们身上都或多或少存在人性的弱点。正是由于作者从人性的角度看人、写人，作品便有了不一样的深意，由此也就更容易为理性的读者所接受，作品也因此有机会走得更远更久。

作者在跋中说，构思这部作品的故事情节，本来是从三部曲的角度来考虑的，后面还有《血雨》《惊雷》二部，分别讲述三个不同历史时期，内容迥异而又相互关联，"旨在给世人留下一点点值得思索与回味的东西"。甚至，作者在《刀风》中有意识地为有关人物埋下了伏笔。但是，作者又说："遗憾的是，愿望总是美好的，真要付诸行动时，才明白现实社会中有许多结凭个人的能力是无法解开的。思前想后，只能将自己的创作欲望和意图扼杀在蠢蠢欲动中。"其实，我倒是非常希望作者能按这个思路写下去，不要浪费这些胸中既成的情节、观点。南宋戴复古有诗云："意匠如神变化生，笔端有力任纵横。"以目前这三部作品的创作经验，黄龙德大可树立自信，挑战自我，在文学的原野放手纵横驰骋一番。

2015年9月25日之夜

别样的唐诗世界
——读李晓润《唐诗演义》

"如果人类可以穿越时光,那我一定要去盛唐。我要陪张九龄看海上生明月,听王维唱阳关三叠,站在祖咏身边望终南馀雪。我还要随王之涣登上鹳雀楼,听王昌龄表白一片冰心在玉壶,请求李白带我去长安饮酒,帮助漂泊西南的杜甫漫卷诗书。在夜来风雨之后,同孟浩然一起担忧花落知多少。烟花三月下扬州。姑苏城外,张继已经和我相约枫桥。"

这是我在《唐诗演义》中读到的段落,不禁为之轻声喝彩。

《唐诗演义》(清华大学出版社2015年10月第1版),一部没有赣南地域痕迹的图书,但它的作者李晓润不仅居住在赣州城,而且是地道的赣南人。甚至,他的老家与我的老家还是相邻的两个乡镇。当一位在虔城做生意的老乡向我提起这位闹市隐士式的文人时,我不禁对他的创作颇感惊奇;而读过这本《唐诗演义》(这只是他诸多作品中的一种),更加巩固了我的一个观点:民间向来不缺高人。

章回体的结构,诙谐幽默的叙述,象牙塔严肃的学术课题登时跑到街巷阡陌,与各色人群零距离接触。形式上的匠心独运,使作者迅速地让这本书走近了读者。

中国向来被称为"诗的国度",而唐朝,显然是诗的最高峰。概览唐诗,显然不是一件容易的事。在学术上,研究成果浩如烟海,千万首唐诗养活了一代又一代的教授学者。但在今天,学术对普通读者来说,只可远望不可近观,生硬的距离让人感到那仿佛是别人家的事。这也难怪,当代文学尚且越来越边缘化,又有多少人有兴趣认认真真地详细了解一千多年前的文学状况?

正是在这种阅读环境下,作者针对当前电子读物强有力的冲击,在表现形式上找准了一个有效的抓手。仅用25个回目,作者就把唐朝诗坛的重要事件、重要人物交代清楚了。陈子昂寂寞登台，卢照邻苦痛投水；张若虚压倒全唐，贺知章老大回乡；王昌龄诗家天子，李太白上清沦谪；卢纶挂念司空曙，顾况调侃白乐天……看看这些回目，唐朝的诗坛掌故，已在轻松向你飘来。

就这样，作者以时间为线索，安排各位诗人携带自己的得意之作走马灯似的粉墨登场，让读者随着其人其诗回到了那个充满传奇的时代，领略一个别样的文坛风景。

让你饶有兴致走下去的，当然不仅是巧用回目谋篇布局。把一个令人望而生畏的严肃话题讲得让人愿意听下去，语言表达的功夫至关重要。且看这样的句子：

"王勃开始旁若无人狼吞虎咽。这次出门为了省钱，他一路上只吃路边的摊饭，看见'狗吠深巷中，鸡鸣桑树颠'，他压根没想起陶渊明。"（第一回《王子安星沉碧海　骆宾王剑起清淮》）

"现在很多歌手或演员都做了人大代表或政协委员，当时的音乐家董庭兰也不甘寂寞，到处都是他的身影。家里排行老大的董庭兰不但出现在李颀的音乐诗里，也出现在高适的笔下，这就是著名的《别董大》。"（第十一回《身当恩遇恒轻敌　功名只向马上取》）

"每年到了进士考试的时候，贾岛就找借口溜出寺庙，戴上假发去京城赶考，考试失利又藏起假发回庙。多次落第使他越来越急躁，他在考试时'吟病蝉之句以刺公卿'，不但再次落第，还被礼部列为举场十大恶人之一。"（第二十三回《贾岛推敲月下门　张祜徘徊瓜洲渡》）……

这是在书中信手翻出的表述，比这更加诙谐而饶有趣味的，还有许多。

以这样的路数来讲唐诗，纵使唐诗再久远难懂，纵使读者文化程度高不到哪里去，纵使你对文学实在没什么兴趣，但只要有闲暇，也应该可以翻上几页，看上几段吧？

网络时代，"段子文学"独领风骚，著书作文当然不能全凭调侃，否则，再怎么样也敌不过网上无名氏创作的众多妙趣横生的"无厘头"——咱们还得有自己的干货。所以，在阅读过程中会心一笑的同时，我们不难看到，作者在貌似"戏说"的背后，其实态度是很认真的，书中这些调侃，并非无中生有的穷开心，它们往往都能直接或间接找到依据。也就是说，作者只不过在用当前流行、读者更容易接受的话语模式叙说一千多年前的往事而已。具体到每一位诗人的创作风格，每一篇作品的意境内涵等等，作者凭借自己深厚的古典文学功底，自有其独到的点评见解，那还真不是"信口开河"式的玩笑。

"包装"换了，营养还在。该书因而分外生动有趣，庄重的唐诗世界因而变得别样精彩。在本土作品中，这无疑是质量上乘、个性独特的一部。

稍感不足的是，书中有些情节，未能足够伸展，除了"戏说"，还可以再多些"细说"。对于普通读者而言，既然跟随作者的步伐行至此处，当然希望知道得更多些，知其然并知其所以然。而作者对部分作品的"点到为止"，难免让人感到束手束脚，读来有深入不够之憾。此外，部分章节的过渡，若能衔接得更自然些，想办法增加前后内容之间的关联度，也可以使本书的结构更趋完美。

2015年12月13日之夜

滴水中的历史画卷
——读卢策长篇小说《大山里的女人们》

没有惊心动魄的故事，没有曲折离奇的情节，没有笔墨聚焦的主角，也没有新颖别致的结构。这样的长篇小说，按常理来说，是很难吸引读者一口气读完并留下深刻印象的。

然而，我读卢策先生的《大山里的女人们》，却在作者平淡从容的叙述中，仿佛乘坐时光倒流器，回到了那个特定的时代，回到了一个曾经熟悉的地方。记忆之闸随着书卷缓缓开启，往事历历在目，百般滋味涌上心头。

是的，这部波澜不惊、朴素无华的长篇小说，最大的价值就在于：作者用自己稔熟的生活，写实的笔调，生动地展现了一幅正在消失的画卷，忠实地记录了一段值得回望的历史。

《大山里的女人们》，百花洲文艺出版社2016年4月出版，赣州文艺精品工程资助出版作品之一。小说反映的时代背景，是我国农村由"三级所有，队为基础"的集体所有制经济转型到"土地联产承包责任制"经济的特殊历史时期，这也是当代社会的一个重要转型期。这么一个宏大的题材，驾驭起来当然是件高难度的事，对一般作者来说，想想也就怕了。卢策先生怎么解决这个问题？他没有把自己逼进墙角，强行攀上制高点全景式描绘这个时代，而是根据自己的阅历，从平民的视角出发，通过一个名不见经传的小山村（仅仅是个自然村）"解剖麻雀"，以滴水见阳光的方式来体现这个特殊的大背景。这种处理方式的好处是，让读者卸除精神负担，怀着一种轻松的心情去走近那个时代、那个村落、那群平凡得不能再平凡的人物，由此享受阅读的愉悦。

小说写到了男女老少几十号人物，他们构成了这个村落的主体。作品没有特别明显的主角，也没有特别重大的事件，反映的都是诸多小人物生活中的种种琐事，年轻读者、城市读者或许会感到陌生，甚至产生隔阂，但对我这样的从农村走出、对那段生活有过些许经历的人来说,这些小人物是让人感到亲切的,发生在他们身上的故事是令人喟叹的。

我们评价一部小说尤其是长篇小说的成功,往往喜欢用上"史诗式"的修饰语。也就是说,一部小说的成功,不仅要有"诗"的艺术性,还要有"史"的厚重感。《大山里的女人们》所反映的时代,离我们已有几十年,说远不远,说近也不算近了。它的脚步渐行渐远,人们对它的记忆正越来越模糊,一不小心就可能被忽略甚至遗忘。正是因为如此,我们非常有必要期盼这类作品的出现,为人们留住一段值得记录的历史。

那么,由谁来执行这个任务?年轻的一代,没有亲身经历过,只能从二手资料里去寻找、感悟,反映的东西未免走样。没有良好文笔和深邃思考的"过来人",看问题往往流于表面,记录下来的也未必是本质真实的生活。而卢策,既有深刻的生活体会,又有几十年的文学创作经历,更重要的还是个"有心人"——诚如作者在"后记"里所说的:"此项题材是我国农村生活中的极其重大题材,当年作家何士光的短篇小说《乡场上》一炮打响并获奖。然而,长篇小说领域仍属空白。为此,自己想在这方面做些探索与尝试,试图填补这方面的空白。"既然作者有这样的出发点,由他来完成这件事,一切便水到渠成了。我想,他的努力也没有白费:现在,打开这部二三十万言的新书,我们清晰地看到,一个一丁点大的客家小村寨,正在上演一幕幕曾经的艰辛、纯朴、温馨……它们有机地组成了一台刻着时代烙印的大戏,让观众在历史的重现中,有所悲,有所欢,有所思,有所悟。

当然,作为忠实记录生活的作品,每个细节也不宜忽略。小说中有两处"小节",我认为处理得不够完美:一是名为"上下寨"的生产队,到底有多少人?作品开头说500人,后来说300多人,到了分田到户时,却写得过实,竟然明确指出只有作品中出现的12户也就是几十口人。若真如此,这样的村落显然过于单薄,不足以支撑整个故事,所以我认为这是个破绽,作者完全可以在"分田"时把它处理得更好,表示这12户只是代表,对其他未出现的村民一笔带过。二是作者对物价的概念不够清晰。村里修路,女人们贡献私房钱,动辄八百上千元,在那个年代怎么可能?分田到户后,力大如牛的黑牯给人犁田，一天工钱50元，这在当时显然是"天价"。

杜甫说："庾信文章老更成。"卢策先生是我在报社工作时的老同事，现已退休多年。这部作品，按作者的记录，是2012年1月的初稿，2015年10月的三稿。也就是说，它是作者退休十多年后的作品，也是作者的第四部长篇小说，这时的作者，已是七旬老人。相比作者以前的作品，我认为，这部作品的水准明显胜于往昔，所以，读完后竟然不自禁地想起了老杜这句诗。年逾古稀而笔耕不辍且老当益壮，我为作者对文学的不懈追求而感动，他用自己的行动证明了自己对文学的真爱。也正是有感于此，我再次认识了文学的重大价值，它可以让我们的生活焕发出如此激情，增添如许光彩，实在是好东西啊！

2016年7月22日之夜

收获就在不经意间
——读杨遵贤散文集《鸟语动听》偶记

几年不见杨遵贤老师，这次见面，他送来一部散文集《鸟语动听》（长江文艺出版社2016年1月第1版）。

杨老师是我的宁都老乡，今年已经70岁了。在宁都文艺界，他是成名比较早的前辈。20世纪90年代初，我在乡下读中学时，热爱文学的语文老师曾庆平先生就经常提及杨老师的大名。那时，他已调到赣州城工作，对我们来说，是比较"遥远"的人物。没想到，十几年后，我们居然在市报社共事好几年（他从一所学校退休后被报社聘为兼职编辑）。前几年，我调离报社，杨老师因年事已高，也不再做那份兼职，于是便很少见面了。

杨老师写作范围很广，文学的几大门类，他都有涉足，也都有收获。这部散文集，收录了作者各个时期的散文174篇（不含自序《只问耕耘》）。这么一大串文章，没有分辑，自然排列，估计这是作者的散文作品"大全"了。

从题材上来说，《鸟语动听》所收文章，有感悟类的，如《头发杂思》《品味时尚》《漫话闲适》《多看一眼》等；有游记类的，如《秋游黄山》《神农架探胜》《谒炎帝陵》《一枝独秀西照山》等；有怀旧类的——这部分题材分量最足，占了一半以上。不管是哪种题材的文章，篇幅都不长，每篇一两千字甚至数百言而已。这样的集子，适合"闲读"，忙里偷闲之时，随手翻阅几篇，如同吃零食，不同的品种有不同的滋味，但不管酸甜苦辣，都是点到为止，不至于吃得肠胃不适。

尽管没有一个集中的主题，陆陆续续读完这部集子，还是对作者的散文写作留下了几点比较深刻的印象。

文中见质朴。"文如其人"这句话，有时对有时不对（碰上善于伪装的人，这句话往往就失灵了），但在杨老师身上，却是很相符的。杨老师从来就是个朴素的人，一看就是来自基层的忠厚长者。他的文风也是如此，没有卖弄技巧，没有故作高深，写的都是身边事，说的都是心里话，读来让人感到亲切可信。

文中见从容。杨老师是个淡定、沉稳、随和的人，写起文章来也是从容不迫，不温不火，写到哪里算哪里，不刻意为之，仿佛一切随缘即可。集子里的许多文章都是这样，娓娓道来，如话家常，看似漫不经心，不知不觉就说完了，绝不画蛇添足、狗尾续貂。文章篇幅虽小，却常常因此留有余韵。

文中见谐趣。生活中的杨老师，并不是口若悬河、妙语连珠的外向型性格，他那满口的"宁都普通话"，表达起来也不算特别有张力。他的文章却远比口才生动有趣，集子里不少篇章，冷不丁冒出一两句幽默感十足的内容，让人忍俊不禁。如《我曾学画》说道，自己小时候听人说有一种油画，不知其为何物，便想当然地把自己的画浸满了食用油；《蜜的天使》提起在山沟当民办老师时，与学生一起养蜂，某次学生李青匆匆报告发现了一群蜜蜂，"我简直有些像掘墓者发现秦盆汉钵似的欣喜若狂，带上一顶箬笠赶去"，没想到，学生误报"军情"，师生二人被一群根本不会酿蜜的野黄蜂一顿好蜇，读来令人捧腹；《听广播》一文写自己被聘为大队通讯报道员，报道了一个叫险下的生产队"户户通广播"的消息，震动了县领导，立即派工作队下来准备树典型，却没想到，这个险下村其实只有两户人家，虽然不是假报道，可典型没法树，最后在一句"大家只得扫兴而归"中戛然收尾；《我参加的忆苦思甜活动》里，一位老大娘上台忆苦思甜，慌里慌张地说："旧社会真是坏，我那可恶可恨的家公家婆用竹子打我……"把大队书记等一班人惊呆了。诸如此类颇富喜剧意味的趣事，不胜枚举，作者在不动声色之中道出，一下子让文章生动起来，让人在会心一笑之余，对那些逝去的岁月有所回味和反思。

记得在很多年前，我便劝杨老师适时整理自己的作品结集出版。那时，他虽有此意，但并不急切。这些年，借助当地公共财政对文学的扶持力量，他的诗集、散文集终于陆续出版了。就这本散文集而言，文章的写法和内容都是传统的，那是一个时代的印记，对于读者了解一个时期的风貌、思潮等等,自有其价值。相对于"写什么"而言,我倒觉得,作者"为什么而写"的想法更重要。诚如作者在自序《只问耕耘》中所言:"数十年来,我就是这样持之以恒地'玩'文学……在'玩'中写出兴趣,写出境界,不为发表而写作,不为虚荣而写作,默默地写下去,思维莫停,笔莫停。"就这样,基于这个出发点,从来没想过当作家的作者,日积月累有了颇丰的收成。不刻意,不勉强,收获就在不经意间来了,用这种态度对待文学,心就不会那么累。面对当前某些人心情浮躁、急于出名的种种表现,我想,对于广大业余作者来说,对待文学,需要的也正是这种无关功利的超然心态。

2016年8月30日之夜

一个群体的共同记忆
——读张卫民散文集《犹记当年》

在连续出版四部诗集之后，今年初，张卫民向朋友们送上了他的第一部散文集《犹记当年》（二十一世纪出版社集团2015年12月第1版）。因为书架上待读的书太多，这本书搁了大半年之后才正式阅读，没想到，几个晚上就给看完了。

对我来说，看得快的书，往往是因为没有阅读障碍。这本《犹记当年》正是如此。

需要说明的是，尽管是作者的第一部散文集，但它不是各种短文的简单汇编。这是一部有主题的集子，从书名也可以看出，它是一部回忆录性质的集子。哪怕是回忆，它也是有时间界定的——这部集子，说的都是作者在参加工作之前（也就是学生时代以及更早的童年时期）的那些事。所以，全书的脉络很清晰，正文34篇分为三辑：小儿时节（小时候）、青葱年华（中学时期）、大学春秋（大学时期）。另有附录6篇，也是相关内容的延伸。

以写实的手法让笔墨高度聚焦于某个时段的点点滴滴，读完此书，我觉得，这其实是一个群体的共同记忆。哪怕是我和作者年龄相差近十岁，却也在书中随处可以找到自己"当年"的许多影子，让人感慨生活是"何其相似乃尔"。

物资匮乏的时代，能够美美地吃上一餐饭，也是让人备感幸福之事，也是值得烙进记忆深处的不寻常之事。作者写《聚餐》，让人仿佛闻到了当年单位食堂那扑鼻的饭菜香。作者在"规则"之内顶替姐姐去参加单位的聚餐，因为怕生，下手不够快，没想到"那些人吃得太快，像抢一样"，结果没吃饱，回家后又吃了一碗饭。对那个年代不陌生的人，不由得为此喟然。我们都可能记得，那年头，如果有"饭局"，家长总会想办法带上小孩打一次牙祭，由此，不自禁地珍惜今天来之太易的各种食品……

为了挣些零花钱而上街捡桃核（《捡桃核》），这样的事我也干过。桃核、金银花、西瓜籽等，这可是我们小时候除压岁钱之外的主要收入来源。零花钱的主要用途是什么？对我来说，是购买连环画。所以，在《借书》中读到"小人书每本必买，甚至同样内容不同版本的，都要买来"的内容，读到在旧箱里把书分门别类整齐放好，还上了一把锁，并对连环画进行编号等细节，我不禁会心一笑——这不就是我们当年干的事吗？在阅读极其方便的今天，不知还有多少人会记起当年面对课外读物那种如饥似渴？

抓住一切机会骑自行车（《学骑自行车》）、为打乒乓球而抢简陋的球桌（《乒乓惹的祸》）、作文成为范文而数学成为软肋（《范文》）……这些，我都同样遭遇过。甚至，作者的大学后来也成了我的大学，作者住了一年的大寝室（《大寝室里的故事》），也许就是我们军训时短暂住过的那间？至于那座堡垒一般不透风的四合院（《四合院》），我们在那里居住时，更是恶毒地把它称为"巴士底狱"，呵呵！有教师梦而未能成为教师，只拥有一个半月的实习教师生涯（《实习生活》），我也是这样啊，看来在职业上存在这种遗憾的人也不是少数。

勾起的回忆太多，诚如作者在《露天电影》一文结尾时所说："不断淡化的只是电影本身，而观影过程中所发生的一切，都长久地留在我们的记忆里，挥之不去……"有些事，经历了之后，就是刻骨铭心，因为那不仅是个人的记忆，那是一个时代的烙印，它牢牢地嵌在人们的记忆最深处。

这些看似琐碎的记叙，再次印证了作者是个热爱生活、善于观察、喜欢思索的人。尽管那些生活相当一部分是青涩的，但作者始终以乐观的心态对待，无怨无悔。几岁大的娃娃，在看电影时，不仅热心帮助放映员提电影拷贝，还经常观察他，甚至发现放映员在电影中出现解放军战士牺牲的镜头时，经常会掉眼泪——瞧这孩子的观察力！而如果没有不断的思考积累，短短半年时间，一名工作繁忙的公职人员，哪能一下子迸发近20万字的同类文章？

当然，这毕竟是作者的第一部散文集，而且在"工期"上稍显急了些，有些篇章记述的内容尚嫌平淡，没能更充分地展现生活况味；个别文章甚至过于私人化，难以激起更多读者的共鸣。避免流水账式的简单叙述，避免把琐事片面放大，这应当成为作者今后需要克服的问题。

2016年9月7日之夜

用蜜滋养的文字
——读李乐明散文集《世界低处的端详》

8月中旬，收到李乐明第三部散文集《故乡近 江湖远》，惊叹于作者的写作速度之余，想起他去年11月寄来的第二部散文集《世界低处的端详》尚未来得及阅读，双重压力之下，赶紧从书架的"候读书籍"中取下这本《世界低处的端详》（长江文艺出版社2015年11月第1版）。

花了一个多星期，把这部收录了85篇散文（不含自序）的集子看完了。全书分为四辑，用作者在自序里的话说："四个板块，一是大地上的事情，二是城市生活的感悟，三是山村往事，四是煲了些老火汤。"这"老火汤"，其实也是山村往事，不过色泽更深沉，味道更醇厚而已。

这些文章，作者仅用了7个月时间写成。身为县委办主任，哪来的这么多功夫弄这些闲得压根儿看不出作者职业的文字？仅凭这，就让人对作者那份坚守、那股毅力肃然起敬。没有在机关待过的人，是体会不到这种"不容易"的。这几年，我因为工作调整，狠狠地品尝了一下"机关生活"的滋味，那真是：每天杂七杂八的事情让人身心疲惫，实在难得有闲情雅致，读点闲书、写点闲文简直成了奢侈事。而县委办主任这种岗位承担的"杂事"更不是常人能及了，能在这种喧闹的状态下长年累月坚持写作，那真是修炼到了陶渊明先生所说的"心远地自偏"的境界了。

更让我惊讶的还是作者的文风。没想到，和作者的第一部散文集《时光摆渡》相比，这个集子的文风有很大的变化。尽管早就知道作者是操弄文字的高手，但毕竟作为"公门中人"，总觉得身上多少难免沾染些公文气息。作者在第一部散文集中能够很干脆地摆脱那些痕迹，已属不易。然而，我还是低估了作者的文学功底。这本集子，作者笔下表现出来的"文艺范"，让我简直要认为，乐明如果不去做这个官员，"小小定南县"可就真要出一个相当专业的本土文豪了。是的，通篇但见跳跃的思维、诗化的语言，思骋寥廓，挥洒自如，千言万语在作者的笔下，恍如一位善战的将军指挥千军万马，秩序中见气势，瑰丽壮观。

这是一批很"纯"的散文，虽然写的未必是大题材，但你不能小瞧作者的身手。这种驾驭文字的功夫，绝非一朝一夕可练成。这些文字见证着作者多年来的勤学苦练。

深厚的内功，当然离不开深厚的生活基础。作者是个懂生活而且很会"过日子"的人。看看那并不算起眼的《熬一锅清粥熨帖心》《炒一盘黄花菜明目清心》等篇章就知道，这个男人多能干啊，能拿笔杆，还能下厨房，而且这么地道专业。尤其让我惊讶的是，作者不是宁都人，却对宁都菜也写得深刻到位（《家常的味道》），让我这个正宗的宁都人倍感惭愧。这就是会过日子的好处，它可以让生活充满情趣甚至哲理。

给文笔"撑腰"的，除了生活实践，还有作者广博的知识面。乐明写蜜蜂（《追梦人》），写麻雀（《凤凰何少尔何多》），写中药（《远志的心，小草的情怀》），用拟人的手法写地苤（《五月花》）……花草虫鸟似乎样样都懂，而且都在作者漫不经心的挥洒中，道出了不一样的意境。由此不难想象作者的阅读量和业余生活状态。在一个县域，这样的"另类"，相信应该是不多见的，不知作者在现实生活中是否常有"知音少，弦断有谁听"之感？

当然，不管怎么写，还是离不开乡土。作者说："这些年码的文字，有人闻到了'烟火味'，我说得益于我有乡村生活经验的储备，'泥腥味'升华为'烟火味了'。"（《水到哪去了》）是的，文艺腔掩盖不了"烟火味"，作者笔下的底色还是乡土乡情，尽管文风有异，在灵魂上却是和第一本集子一脉相承的。灵魂贯穿了全书四辑的每个篇章。

在《世界低处的端详》一文中，作者有这样的句子："我把蜜给文字尝了尝，它们喜欢上了，低头过着日子，身体健硕无比，副词、形容词、辞藻的赘肉健美成肌块，胸肌、腹肌、肱二头肌，精神和健美丝缕缠绵。"读到此处，不禁轻叹这部集子果然营养成分特殊。用蜜滋养文字，嗯，难怪这批文字让人在泥土的芬芳中，闻到了不一样的滋味。

2016年9月19日之夜

信笔由心无拘碍
——读陈相飞随笔集《虫心雕文》

读陈相飞的文章不累，尽管他时不时要"子曰诗云"地掉掉书袋，尽管他也会职业病般地在文中来个"一二三"的八股味。也许，因为熟悉，所以在阅读他的"闲文"时，对这些或高深或严肃的表述也一并认了。

其实，高深、严肃，并不是陈相飞的主流。在骨子里，他还是诙谐风趣的，尤其是体现在文字上。也正因为如此，这个曾经长期炮制公文的"机关文人"，没有被八股腔给"格式化"了，身上居然还洋溢着浓重的文人气息。所以说，人是需要幽默感的，幽默可以让你守住自己的本色。

发这些感慨，并非无由头，只因这几天读了陈相飞的一本随笔集《虫心雕文》（中国文联出版社2015年12月第1版）。

这是作者正式出版的第二本集子。书名有点意思，一看就让人想起刘勰的名著《文心雕龙》。当然，作者是聪明的，他傍了一回名牌的同时，顺便兜售了一回自己的谦虚，因为人家只是"虫心"。望文生义，佐以平时对其人的了解，我以为，这个书名，其实说的是一条书虫在用心地雕琢文事。

这个生硬的"直译"大致没有错。陈相飞无疑是条书虫，集子里的近百篇短文狠狠地暴露了他的真实面目。这本集子说的就是"文事"，不管是品书赏文，还是谈写作、侃文人，总之都是与"文"相关的事。至于态度，连他自己也不大谦虚地认为"勉强算得上一个严谨的人"（见卷首语），不用心，是出不了这样的文章的（这近百篇短文，据说是从二十年间的近两千篇文章中选出来的呢）。

尽管作者是认真的，但在写作风格上，看得出，这些文章，都是信笔由心，随性而作，游目骋怀，基本不受什么束缚。卷一"八卦三国论雌雄"，是个自成体系的小系列，点评人物，指点江山，闲趣盎然，可就是"量"少了些，读罢觉得还不过瘾。卷二"品书赏文析佳句"、卷三"闲谈文学侃读写",都是文化随笔,侧重点稍有不同,很多篇章表达的观点颇有角度,我以为是本书的骨干。其中一些内容,读来深有同感,比如《关于书的絮语》说到的借书问题,"多次受害之后,我对朋友光顾我的书房便充满了戒备。很多时候,我不再回避吝啬之嫌,断然拒绝朋友将我的藏书带出书房。"说到爱书者的心坎上去了。卷四"风雅人物润身心",说的是大小文人的事,有先贤,也有与作者相交的文友。四部分内容组合起来,使整个集子满满的都是文化味。

作者在《写作是一种生活方式》一文说:"我闲暇为文,原本不为稻粱谋,不为名利驱,几近纯粹是一种生活方式,为着'养心',强调'随缘'。"通读全书,这话大致是准确的,字里行间不难看出作者闲适通达的精神世界。

有感而发,随性而作,这样的文字,让人感到亲近。但是,在写作过程中,也得提防走过头了,完全"不讲章法"。文章,当然是有章法的。集子里的一些篇什,估计是当时写博客的产品,似乎很不在意章法,结构显得太随意,内容也浅显了些,还没展开就匆忙收场了,让人感到它单薄得与一本书不匹配。这不能不说是个遗憾。

借此机会,还有若干问题提出商榷。个别文章,观点显得陈旧狭隘,没能站在更高的角度看问题。比如作者认为"对一个不以写作为职业的人来说,实在没有必要把小说列入自己的写作范畴"(《写什么,不写什么》),我就不敢苟同。与此相关联,作者在数篇文章中提到了文学的功用,我觉得,他对文学的批判作用(尤其是对现实的批判)有所忽略,文学不仅是用来怡情的,真正热爱文学者,岂能因小说"有人要对号入座"而刻意回避?

作为一篇短文,观点也没必要面面俱到、滴水不漏地做到"万无一失"。比如作者反对续书却又对刘心武续《红楼梦》表示祝贺(《也说刘心武续红楼》),反对抄袭却又再三表示原谅抄袭者(《于文章为人抄袭说起》),如此模棱两可,为显度量却未免失去男子汉干脆的气质。

文章还应避免私人化。文章和日记、书信不同,后者一般是为特定的对象而写的，而文章（特别是成书出版的）的读者是广泛的，所以，过于私人唱酬式的内容不妨在书中舍弃。此外，个别语句被作者重复引用的次数偏多，如"太阳底下无新事"之类，在很多篇什中出现，作为同一本集子，在整理成书时也是应该注意的。

　　作者在《写什么，不写什么》一文中说："我的文字大多是率性而为，一挥而就，没有经过仔细的敲打，往往有失严谨，尤其是开办博客之后。"我认为，在网上零星散发可以不作太高的要求，但作为一本纸质出版物集中展示，明显的纰漏还是需要花点时间处理的，不然，就怕读者嘴上不说，却在心里记着呢——因为几个错别字之类的低级问题而损了你一贯的光辉形象，那可就亏大了啊。

2016年9月25日之夜

似曾相识燕归来
——读李晓润《宋词演义》有感

读中学时，先后接触了《唐宋词一百首》和《唐宋词鉴赏辞典》一薄一厚两本书，发现"词"竟然是比"诗"还有魅力的一种文学体裁，尤其是宋词，脍炙人口的长短句如此之多，如此令人反复吟诵而不倦！当时在乡下，买书的想法是奢侈的，为激情所驱使，我毅然将这两部书中所录的作品悉数抄下，尤其是后者，整整抄了7个本子（我因此将之分为七卷），费时一个月（把一个寒假完全填进去了）。

时间已经过去了二十五六年。"流光容易把人抛"，"青葱少年"已经被岁月磨成了沧桑中年。这些年，尚未脱离"物质阶段"的我辈，为生计奔忙，对文学尤其是古典文学的那份情感早已疏离得找不到踪迹。曾经随口能诵的那些名篇，能努力找回一两句的影子就算不错了，更多的是，它或许认识我我却根本想不起它……偶尔想起年轻时的狂热，再比照神情严肃的现实，除了轻轻发出一句"无可奈何花落去"的感慨，似乎再无其他计较。

好端端地，为何勾起这些回忆，引发如许愁绪？是因为刚刚读过了一本专门讲述宋词故事的书。这就是宁都籍作家李晓润的《宋词演义》（清华大学出版社2015年10月第1版）。

此前已经说过李晓润的《唐诗演义》。看书名就知道，这是系列篇。形式上，不必多说了，和《唐诗演义》并无二致，依然是章回体，连回数也相同——都是二十五回，贯穿一个朝代。据作者介绍，他的"古典文学演义系列"还有几种待出书目。

和《唐宋词鉴赏辞典》之类的大部头不同，《宋词演义》是一本通俗的、普及类的文学读物。篇幅虽简，两宋重要词家及其重要作品尽收无遗。词乃"诗之余"，是诗之后出现的文学形式，词人往往也兼有诗人身份，有的甚至在诗歌方面的成就还更大。所以，这本书不仅写词人词事，也兼引词人的诗作。比如第十五回，回目引的就是陆游的诗句"小楼一夜听春雨，深巷明朝卖杏花"，文中也介绍了陆游的大量诗作。而第十七回介绍杨万里时，明确指出杨万里不以词名，但因为他作为南宋著名诗人，是一个不容忽视的存在，所以不吝篇幅对其做了重点介绍。

在铺展以宋词为主角的文学史时，作者还适时插入一些其他史料，使该书的内容更显厚重，既强化了知识性，又增添了趣味性。在欣赏文学之美的同时，顺便温习一下历史，也许你会觉得，这一段阅读时光十分划算，果然物美价廉。

为了让叙述更加出彩，更能抓住读者的心，作者还融入了武侠小说的元素，"文中有武"，让读者感到兴味盎然。比如蒋捷的出场（第二十五回），这哪里是写出了"流光容易把人抛，红了樱桃，绿了芭蕉""悲欢离合总无情，一任阶前点滴到天明"的多愁善感的词人，分明是一位武功高强、豪气干云的侠士！其他如对陆游、辛弃疾的叙述，也是接近武侠风格。有的地方甚至直接引用金庸的桥段，如第五回开头就是金庸《倚天屠龙记》所云"武林至尊，宝刀屠龙……倚天不出，谁与争锋"，并把苏东坡、王安石分别比喻成屠龙刀、倚天剑。这样的内容，可以帮读者消除阅读疲劳，在我看来，不妨再多些。

我很赞同作者在"前言"所说的"词是最美的文学形式"。词的节奏感，比诗尚胜三分，这也是我们年轻时喜欢背诵的重要因素。尽管由于种种原因，不读诗词已多年，此番通读这本《宋词演义》，往日的岁月又上心头，恍惚中似乎看到一段熟悉的少年时代。话说当年抄完《唐宋词鉴赏辞典》，我还将自己特别喜欢的若干作品编了个手抄本，取名《绝妙好词》（套用了古人书名，特此声明），送给班上的邹国强同学（那时，喜欢背诵诗词的同学还有不少）。而就在半个月前，在广州定居多年的邹同学返乡与几位同学小聚，无意中居然提到，当年我赠送的那个手抄本，他至今还保存在家里！尽管他这些年在外创业，历经多番辗转，遗弃的东西不知有多少，却一直没扔了这个简陋的小本子。"似曾相识燕归来"，几件事凑在一起，往事历历在目，晏殊那首百诵不厌的《浣溪沙（一曲新词酒一杯）》，不禁再次让人感叹韶华易逝，并由此惹起我莫名的无边闲愁。

2016年10月15日之夜

流进经络血脉的故园情怀
——读李乐明散文集《故乡近 江湖远》

《故乡近 江湖远》是李乐明的第三部散文集,九州出版社2016年8月第1版。集子收录了作者2015年6月至2016年4月之间的74篇作品(不含自序)。不到一年时间,又是一本新书,作者的勤奋再次让我肃然起敬。

从书名看,这应该又是一部立足乡土的作品。读完集子,这个感觉得到了印证。这个集子分为三辑,分别是"草木帖""故乡帖""节气帖"。草木也好,节气也罢,其实说的都是故乡事,不过是选取的载体有别而已。是的,和作者的前两部散文集《时光摆渡》《世界低处的端详》一样,作者的取材仍未脱离故土,可以说,贯穿这三个集子始终的,是深深流进作者经络血脉的故园情怀。

乐明是博学的,即使是仅仅叙述范围不大的那方水土那些事,他也能在文字中融入诸如音乐、书法、中药、历史、美术等元素,使文章一下子丰厚起来。作者是早年的中师毕业生,这个学历在高考大扩招以后,当然是很不起眼的,但在当年,师范教育这种"全方位"的模式,的确让一批批学生受益匪浅,所以说,要学点真功夫,还是得趁早打基础。

这是一本"闲书",闲趣充盈,读之使人思骛万里,超然物外。恰如作者在《读草记》所引孙犁的话:"这里(在电视上看植物学课程)没有经济问题,也没有政治问题。没有历史,也没有现实。它不会引起思想波动,思想斗争。它只是说明自然界的进化现象,花和叶的生长规律……"作者以回归自然的心情写下这些文字,这与作者的职业多少有些冲突,所以,这份恬静、淡定,更加来之不易。如果不是故土情深,如果不是悟透了人生,是很难写得如此从容的。

作者的这份闲情,还体现在用墨的细致上。对于很多物事,作者不辞辛劳,欲穷尽而后快。比如《杉树,让俗世日子不寻常》一文写杉树(包括杉毛)的用途;《染作江南春水色》写布匹的颜色,都是到了不厌其烦的地步,简直成"专家式叙述"了。如此劳心劳力去琢磨一些无关功利的物事,这需要一种怎样的兴致?

对乡村的反思,则仍是乐明写作的灵魂,往往在不经意间从某个篇章段落流露出来。篇幅不长的《松门闭青苔》,从青苔入手,"若没有了青苔,乡村会是什么样,人的情感寄托何在?"从乡村回来,引发这种思索,角度颇为新颖。行走乡村,少不了要站在瓠子棚架旁,"找一份精神寄托"。对此,作者还非常直白地说,葫芦的美和甜,"是一种味道,这种味道,叫怀旧。"(《看瓠子,想葫芦》)读至此处,有过农村生活经历的读者,不自禁就会想起当年房前屋后最常见的这种果蔬。和许多村庄一样,作者故乡的老井,大部分也荒废了,因为有了自来水。作者闲愁又生:"生活向前向上,值得高兴庆贺。高兴之余,总觉得缺失点儿什么。是什么呢?"(《老井澜翻一脉长》)而在《过小年》一文中,作者也发出类似感慨:"某种美食,某个物件,沦为怀旧,离它成为非物质文化遗产也就不远了。当人们敲锣打鼓庆祝申遗成功,不知该喜该悲才对。"当然,作者一味地发出这些喟叹,并非要做一个排斥现代文明的迂夫子,这种情感,更多的是出于对文明与传统、历史与未来如何完美和谐对接的责任感,诚如作者在《回到故乡》一文所言:"对故乡,我并不希望她定格在缺吃少穿的年代,实则,是留恋农耕年代的田园牧歌,这是故乡的灵魂,给予我精神上富足。"如何让"精神家园"持续成为人们精神上的加油站,这本来就是现代人需要反思的问题。

在短短几年内执着于一个主题,捧出这么一大批作品,作者在写作上的"爆发力"让人刮目相看。不过,读到这里,不尽如人意之处也越发明显了:作者的叙述,有时枝丫太多,过于烦琐(如《乡村酒席》一文,撒得太开,铺垫太多,让人容易失去往下读的耐心),照顾当前读者的阅读心理,行文还是简洁明快好,有些水分还是拧干吧。此外,文风也不妨适当变一变,再好的美味吃久了也会让人腻,一成不变的文风可能让人产生审美疲劳。期待作者的下一部新作能给读者带来"耳目一新"的喜悦。

2016年11月8日之夜

另类的求索
——读张少华散文集《最后一寸江南》

活跃在赣南文坛的人士当中，张少华是有着鲜明个性的一位。其人行伍出身（用他自己的话说），外表英武、粗犷，甚至看起来颇有些桀骜不驯，若是以貌取人，断然想不到会和文学沾边。然而，实实在在，他在骨子里是个文人（尽管只是业余从文），他对文化的求索可谓发自肺腑，作品的风格堪称独树一帜，其质量超过许多以"文学"名义博得文名身份的所谓作家。

对出生于赣东北的张少华来说，他工作、生活的赣南，只是他的"第二故乡"。然而，他对赣南这方水土的关注之深切，却远超绝大多数土生土长的本地人。好些年前，就知道张少华专注于一件事：深入挖掘赣南本土文化元素，创作一批独具地方风韵的文化大散文。陆续在有关媒体看过其中一些篇章，一直期待着它们能整齐着装集体亮相。

现在，我已经花了不短的一段时间，把这本期待已久的作品集读完了。书名为《最后一寸江南》，百花洲文艺出版社2016年1月出版。34篇文章，除了一篇《贵叔》，其他要么和赣南有关，要么和历史有关；再加一篇"后记"性质的《且跋且涉》，其实也是欲说还休地对历史高谈阔论。

读完这个集子，和我的预期有所差别：它并不是一部完全探究赣南历史文化的专著，还包括了作者其他的历史散文（主题是三国历史），以及一篇全然游离于主题之外的《贵叔》（此文同样颇有可读性，但我倒觉得，留待日后收进作者其他文集会更好些，以免影响这本书的"纯度"）。

尽管不是想象中的那本书，但由此也知道了作者的志向：不仅是想"穷尽余生，写下一部关于赣地乃及赣文化的书"（作者在后记所言），其实，他还想以打破砂锅问到底的架势探究深邃的中国大历史。

于是，我们就在字里行间清晰地看到了作者对文化与历史的孜孜求索。

谈历史，最需要的是资料，尤其是原始资料。作者在文集中引用史料之多，令人咋舌。赣南因为历史上远离政治中心，留下的史料十分稀缺。作者显然是有备而来的，别小看这区区数十篇文章，背后有几大橱的史籍撑腰呢。正是仗了数十年阅读之功，作者可以口若悬河，滔滔雄辩，引经据典之广泛丰盛，在赣南地方文化素材的散文创作中甚为罕见。

肚子里有货，胆子自然就壮了。张少华的文章因此总是抛出让人耳目一新的独特观点。比如，一千多年前赣南历史上的本土风云人物卢光稠、谭全播是怎样成就一番霸业的？作者在长文《一时枭雄卢光稠》中，以大量的史料进行探秘，把事情的来龙去脉剖析得条理井然，很多内容可以说是"独家发现"。篇幅不长的《醉与东篱梦高洁》，主角是陶渊明。作者勇敢地挑战陶公"不为五斗米折腰"的说法，认为其辞官遁入山林的原因可能有二：一是没酒喝，更没人陪着喝；二是名气太大了，多少有些自我膨胀。作者甚至写道："估计是八十一天过后，这酒还未曾酿得，上面的政绩检查组就到了。陶渊明无政可述，有的只是酒瘾攻心，无颜面对领导，只好匆匆给自己找了个不为五斗米折腰的借口，灰溜溜地不辞而别。"乍一看，令人忍俊不禁，直认为作者是在戏说历史，很不正经，十分不该如此损坏大诗人的高洁形象。然而，作者通过比较二百多年后同为彭泽令的狄仁杰不顾贬官身份救一方饥民的作为，亮出自己的观点："文章固然重要，但民生国运更为重要。不管到了什么时候，为官的要是忘了身为官吏的契约，纵是有灿烂文章，也难填民众饥馑之腹。"如此读史，就有了强烈的现实意味，的确可圈可点。

三国历史，是本书中除赣南之外着墨最多的内容。在这里，作者也不时有惊人之语闪现。比如，对于曹操"挟天子以令诸侯"一说，作者认为是包括袁绍袁术兄弟、刘备、孙权在内的诸侯们对曹操和荀彧的栽赃（《对酒空歌》）。关于三国局面的形成、曹操的心思等，作者更是不吝篇幅反复分析探究。其中一些观点，当然未必被读者认可，但作者依然要认真与古人较劲，所以，他这份求索，越发显得另类。

作为一名不以文章谋"稻粱"的写作者，把读写生活过成这样，累不累？当然累。但是，我相信，对作者来说，它是个"累并快乐着"的过程。

这种求索，可以让人在精神上"乐此不疲"，恒葆青春活力。

在字里行间，还隐约可见作者对传统的追思与向往。作者在《崇义的竹》一文也说了："若是退休以后尚有不菲闲钱，就在这空山幽谷中，日出而作，日落而憩。"专注于文化与历史的人，也许都难免有这种情愫。因为敬重传统，作者的文风也挟裹着浓郁的旧书味，颇有民国时期大师们的余韵。不得不提的遗憾之处是，不知是事务繁忙还是本性粗疏，书中的文字性差错着实不少，这种低级错误，让我对其中的一些关键叙述不敢轻易全盘采信。

2016年11月24日之夜

平凡小事亦精彩
——读张卫民散文集《诗意人生》

只用了几个晚上,就把张卫民的第二部散文集《诗意人生》(二十一世纪出版社集团2016年9月第1版)看完了。对我来说,书看得快,有两种可能:一是枯燥乏味,越看越觉得看不下,于是走马观花般匆匆翻一遍;二是有滋有味,让人非一气呵成读完不可。这本《诗意人生》,当然属于后者。

这样说,不是说这本集子所收的文章讲述了多大的事件、达到了怎样的高度、产生了如何的影响。其实,恰恰有点相反,这里讲述的东西,都是作者自身经历的平凡琐事,放在社会层面来考量,当然或许都不算个事,自然也谈不上多大的反响。但是,滴水见阳光,平凡之中也能展示精彩,关键看你怎么表现。

《诗意人生》共收散文37篇,按内容分为两部分:写工作内容的"风帆记"和写家庭生活的"港湾篇"。作者的第一部散文集《犹记当年》写的是学生时代及以前的事,这部《诗意人生》则是写参加工作以后经历的事,在时间上一脉相承。

读一本书是否有收获,可以在掩卷之后想一想,自己还记得这本书说了些什么东西?合上这部《诗意人生》,我略作回顾,作者在书中提到的不少情节还清晰可忆。

此书见"趣"。佩服作者的记忆力,对那些过去多年的陈年旧事还记得那么清楚,尤其是一些细节,今日经作者似乎漫不经心地叙说,更是谐趣盎然。开篇《呼噜大王》写出差时偶遇的室友打呼噜:"一下子'呼啦呼啦'地响,像一台功率很大的鼓风机;一下子又变换节奏,先来一声长哨,然后再放一阵粗气,就像电影里日本鬼子的六〇炮响一样;一下子,他又变了花样,一阵急促的喘气声,可喘到最高处却突然停了下来,等你担心他是不是被憋坏了的时候,那股憋足了的好似被吊起来的气,突然'刺啦'一声,就像泄了气的皮球一样，一下子把气全部都放空了。"这描写，活灵活现，让人忍俊不禁，一下子把这个呼噜大王的形象记牢了。有些看似不相关的事情，也被作者归纳出了十足的趣味，比如教育局老领导出差的遭遇，被作者精准概括为："方局真是行，出门雨转晴。有钱偷不了，打牌总是赢。"（《方局长出行记》）组织部同事接连添千金的趣事，则被作者写成《金花五朵满园春》一文，文中用了整整五首诗把事情说得有条有理。家庭生活中的乐事更是不少，把医生写的"葡萄胎"看成"等等胎"（《保胎》），夫妻之间的一次吵架（《一件雨衣》）、父亲率领全家维护尊严的一次抢房行动（《抢房风波》）等等，都因为故事有趣，叙述生动，给人留下较深的印象。

  此书见情。在《责任编辑》《一趟苦差事》《书生下海》《演讲比赛》《下乡散记》等篇章，我们看到的是作者扑在工作上的激情。熟悉作者的人都知道，办事认真正是他的重要风格。在这些文章中可以感知，多少年过去，作者还能记住那么多工作上的细节、数字（比如中招的情况），除了用心做事，别无解释。而在《清退复读生》《补录》《装电话》等篇中，则分明看到了作者对他人的热情。其中，清退复读生的工作，显然是无情、无奈的，对此，作者也说了："这一趟差事，真是非我所愿。多少年以来，每每想起，内心仍会隐隐作痛。""工作无情人有情"矣。至于"港湾篇"的诸多篇目，则满满的都是对家人的柔情，再次验证了作者是个有"温度"的男人。

  此书见思。好的散文，光有故事情节显然是不够的，当使读者在有所乐的同时还有所悟。作者在讲故事时，没有满足于就事论事，而是以不同的方式把自己对生活的思考融入其中，有的甚至直接点题。《去留无意》对"目标"的感悟，《烫伤》《病中杂记》因病痛而带来的思索，都是如此。现实中的作者本来就是个爱思考的人，数年前，他年近五旬学开车，在学的过程中，还经过一番钻研，把一些要领编成了顺口溜，获得师傅和同学的好评（奇怪的是，本书《学车记》一文没提到这个内容）。经历是一笔笔宝贵的财富，以作者的睿智，自然不会轻易过滤它们，非得把其中的"营养"淘足不可。

只要用心琢磨，平凡小事也有精彩。作为一名业余写手，剥去豪华，留下真淳，能用文字把生活这部大书的趣味还原成如此这般，含英咀华，娱己乐人，足矣。

2017年2月18日之夜

直抵心灵深处的忧伤
——读朝颜散文集《天空下的麦菜岭》

朝颜（钟秀华）的散文有料。此前，在报刊零星阅读时，就有这种感觉。现在，读了她的第一部散文集《天空下的麦菜岭》（中国文史出版社2016年6月第1版），面对这批风格一致、质量整齐的文字，这种感觉更深切了。

《天空下的麦菜岭》收录了作者的25篇散文，分为"瓦解或重建""清欢和泪水""逝去与存在"三辑。印象中，作者的写作量不小，为什么第一次出集子，收录的篇目却不多？为什么收的是这些篇章？为什么取了这样一个书名？读毕掩卷，从篇名到辑名到书名细细品味，我似乎找到了答案，这些文章，不是为了出书而临时凑合，相反，它们是奔着一个目标有备而来的：它们相互之间藕断丝连，共同围绕着一条主线或者说一个大主题，从作者的故乡"麦菜岭"这个即使在瑞金恐怕也是名不见经传的小地方启程，一步一步地演绎着生活的某些真相，追寻着人生的某些真谛。

在赣南众多散文作者当中，朝颜的作品，属于比较专业的"文人散文"，打开书卷，扑面而来的是醇厚的文学气息。从语言运用到谋篇布局，作者的匠心一览无遗。按我的理解，这种写作除了需要下苦功夫，多少还需要些先天性的元素。

然而，就这本集子而言，最令我动容的，倒不是作者的"文艺范"，而是渗透在众多细节之中的那一缕缕忧伤。它们汇成一股直击人心的力量，让读者情不自禁地随着这些文字同喜同悲，反思人生。看武侠片，江湖人物形容厉害的功夫是"拳拳到肉"，倘若换到文坛来说，深刻的文章当是字字触及灵魂。在朝颜这批作品中，我分明感受到了那股忧伤在心灵深处所带来的阵阵震撼。

仿佛在不经意的挥洒间，作者把隐藏在生活各个角落的艰辛与沉重以举重若轻的姿态揭开来。在外婆与母亲之间的悲欢往事与复杂情感中,一个特定时代的伤痛隐隐发作,它与下一轮母女之间的"对立"显然是有区别的,作者并没有直接说出什么,但正是这种含蓄的表达,也许更容易引起读者不尽的遐思(《钝痛》)。生育中(尤其农村)重男轻女的问题,尽管今天随着国家政策的调整、人们观念的更新,已不似二十年前那般压抑得让人窒息,然而,这注定了是一个历史无法回避的阴影,作者以女性的身份,毫不隐讳这个难堪的话题(《天空下的麦菜岭》)。普通物件自行车、缝纫机,分别是父母使用经年的"古董",它们也曾经是支撑众多家庭的重要载体,如今被作者唤醒的,又岂止是一个概念、一种回忆(《和旧物相濡以沫》)?

艰辛与沉重,当然不仅仅是用来怀旧的。在作者的笔下,苦难也是有价值的。给人留下较深印象的《被时光雕刻的学费》,跨度几十年叙说"学费"那些事,让人嗟叹不已。文章结尾尤其发人深省:"那些被阳光奢侈照耀着的孩子,他们还没有学会珍惜。我常常不得不停下课来,给他们讲从前的故事,那些被时光雕刻的关于学费的故事。他们也许会懂,也许永远不懂。"生活就是这么吊诡,或许,这也是另一层意义的公平?

作者还通过关注小人物的命运,对生活与社会发出无声的拷问。《你的世界是一把漏雨的伞》一文,作者写到了留守孩的泪水;《爱情是个什么物质》则分别写了几个乡间女人凄凉的情感故事;《药》的悲剧意味更重,几个农妇因为不同的原因喝农药自杀,这在当年的农村,也是一种普遍现象,但愿这种伤痛已随着人们生活的改善而成为历史。命运多舛的辛酸蔓延在诸多篇目中,其间当然也不乏人性之善的亮色。说到这里,值得一提的还有篇幅稍短的《你是我的中秋月》,读了"二奶奶"的那些事,那盒发霉的月饼,让人产生揪心的感动。通过不同篇章对这些不同对象的叙述,作者对人物的悲悯与关切跃然纸上,与读者同频共振。

向来以为女性散文容易陷入个人小情感小圈子,缺乏社会大视野大关注。而朝颜这些文章,显然不属此列。尽管我读到的"忧伤"未必是作品的主流,但可以肯定,这是一部直面现实、批判现实之作,介入生活的深度,在赣南作者尤其是年轻作者当中少见。朝着这个方向前行，相信作者将有更加丰厚沉甸的收成。

2017年3月17日之夜

文学是有准备的人干的事
——读简心散文集《被绑架的河流》随感

最早读到简心（郭玉芳）的散文，应该是十年前的事情了。那时博客流行，简心的许多文章，就是以博客的形式出现的，似乎还形成了规模不小的"粉丝团"。到后来，得知简心正式弃教从文，从学校调到了文联（文学院），把写作从业余爱好"玩"成了工作。再后来，收到简心的散文集《被绑架的河流》（光明日报出版社2015年3月第1版），那些曾经在网上看到的以及未曾读过的文章，终于以书籍的形式列队亮相了。

很抱歉，杂事太多，读书总是慢一拍，一年多以后，才从书架上取下这部《被绑架的河流》逐篇细读。全书收录作品50多篇，没有分卷分辑，但文章在排列上，还是把相近题材的放在一起，大致来说，包括乡土乡情、赣南人文、生活随想以及为朋友作的书序、若干篇文化人物纪实等。

我以为，全书的精华，多在关于乡土乡情的这部分作品中。从《寒露籽，霜降籽》到《端午记忆》这一溜十余篇文章，以醇厚的乡情、远去的乡土、勾人的乡愁，狠狠地拨动了读者的心弦，同时也落落地展现了作者的文学才华。读完这些篇章，我忍不住暗叹一句：文学的确是有准备的人干的事。

作者对生活的观察是如此的细致入微。正是因为这种坚持多年的"处处留心"式的积累，让这些文章在作者的匠心中自然而然厚重起来。高明的作者往往可以在滴水中折射世界，现在，一个叫"鹤堂"的小地方，就这样被作者不动声色地写出了不小的动静。如同一组被岁月浸染的黑白照，画面中的每个要素，都给人以久违的亲切感与沧桑感。我们可以把它当作某个时期整个赣南，甚至整个乡村大地的缩影。

反观自己，也是乡下人进城，可是，我的故土，留给我的印象都一直是模糊不清的。故土有些什么有个性的人、有意思的事、有讲究的风俗，我往往说不出个所以然。是故土没特色，让人无法言说？这应该不是理由。最重要的，还是从小没养成留意观察的习惯，日子就这样在庸常中逝去，如此，在一个地方居住再久也是竹篮打水的结果。同是这样的题材，为什么人家可以洋洋洒洒信笔万言仍意犹未尽？这就是肚里有货。天道酬勤，生活给了作者丰厚的回馈。说起来，简心从事文学写作的时间并不算早，说成"半路出家"也不为过。然而，文字是最有力的证明，它们告诉读者，文学的种子，早早地就潜入作者的心田了，只待春的时令一到，迅即破土而出，茁壮成长，势不可挡。有准备的人干起文学之事，就是这般水到渠成，挥洒自如。

城市化、工业化使固化了千百年的乡村生活仿佛一夜间分崩离析。所以，乡土成为写作的热门素材，不足为奇。但凡写现实生活，感触细腻、角度独特者往往更容易胜出。简心具备这些优点。她的语言灵动而富有乡土韵味，保留了大量的客家方言，在记录生活的同时，以文学的方式延续方言的生命。尤其是，她善于在一些细小的物事当中植入对现实的拷问。比如，写到家乡的水酒，作者最后说："我的家乡在水酒里，水酒的家乡去了哪呢？如今，那些村子已嫁到城市，水酒又嫁到哪去了？"（《一坛乡情煨酒》）诸多的事实提醒我们，当年的乡土，也许只能在记忆中存活了，再不用笔把它记录下来，若干年后，这方土地的后人将根本不知道先人们的事。这种事，想想也就让人惆怅不已了。

在作者别致的叙说中，还常常泛起一些触动人心的故事。《三色爱》写到母爱那些事，故事已近乎小说（特别是"金银花"那一节）。《乪篓》写到一个讨饭人，这类事情，实乃生活的深重创伤，一旦发生，就将留下永久的疤痕。所以，多少年后，作者写到这一幕时，还在想："天黑了，那条深不见底的山坑子应有一钩长月照着吧？……"读者的思绪也仿佛随之飘到了彼时彼处。

在这本集子中，乡土乡情之外的文章，亦不乏可圈可点者，其中一些篇什当中蕴藏的哲理意味，有效地提升了文章的品位。比如《一群水的舞蹈》，乍一看写的不过是寻常事，结尾却让人突然感到"柳暗花明又一村"；又如《带点春天回去》，写了一个别出心裁的药引，平凡中见真章。

当然，也有个别应时应景之作，受素材的制约，在质量上显得掉队。另有若干篇章则因题材差异偏大，如果能移出本集，另入作者其他文集，或许可以完善一下这本散文集的整体美。

2017年4月2日之夜

排比花枝满杏园
——读黄瑛随笔集《行吟》

赣州四中这几年声名鹊起，得益于校长刘爱平身体力行实施的"文化治校"若干措施。刘爱平坚持每天在校园里诵读国学经典，坚持每年撰写大量教育随笔并结集出版，成为赣南教育界的一位独特人物。更重要的是，刘爱平不是一个人在战斗。他不仅自己推出一本又一本著作，还用实际行动鼓励学校教师著书立说。近日刚刚读完的随笔集《行吟》（团结出版社2016年5月第1版），便是其中的成果之一。

《行吟》一书的作者黄瑛老师，此前我未曾听过其大名。所以，收到刘爱平校长的赠书时，并未十分在意，毕竟现在出书已算不得什么新鲜事。然而，读毕全书，回过头来再看刘爱平校长为该书所作的序，不禁深信其"黄瑛老师是一位睿智的才女"之评价。原来，作者是一位从教30多年的中学语文特级教师，观其作品可以推测，年轻时便是一位文学爱好者，所以，不管写哪种题材，都很见功力。

全书50余篇文章，作者把它们分为四辑。第一辑"细细碎碎的微光"，主要是些杂谈类随笔。第二辑"娓娓轻触"，是一组人物素描，写了某处别墅山庄的10位邻居。第三辑"行走的苇草"，收录的是国内外游记，多数是作者游历西欧的见闻趣事。第四辑"流水的声音"，内容相对较杂，有散文诗、散文、教育随笔等。

作者的文笔，给人留下清新凝练的印象。这也是一位优秀语文教师的基本功。我是个急性子兼直性子的人，在阅读中，很怕碰上语言拖泥带水、矫揉造作的情形，有时常常感叹：为什么在当下这种快节奏的生活环境中，我们的某些作家们仍然不习惯好好说话，非得颠三倒四给你兜圈子，以致让人对"文学"望而生畏？很好，这本《行吟》没有让我遇上此类阅读障碍。作者的表达干脆利落，既不乏文雅，又不缺实在，即使是书末那若干篇"国旗下讲话"之类的应用型教育随笔,也写得很"软"很"柔",具有较好的可读性,可供只顾在文章中大讲道理而忽略文字表达艺术的同行借鉴。

本书另一个值得称道之处,是作者视角的新颖。诚如刘爱平校长在序言中所言,作者是个"喜爱阅读、思考与写作的典范"。黄瑛老师既读万卷书又行万里路,见多识广,与时俱进,所以看问题自有其独到见解。比如书香与铜臭,一般人认为二者形同水火,而作者却"发现书香与铜臭常常缠成一团,乱麻似的难以分解","学习"被彻底功利化,彻底"铜臭"化(《书香与铜臭》)。在《怀想田园》一文中,作者说:"从某种意义上说,我们城二代、城三代是只有家而没有家园的人。"作者关于"家"和"家园"之区别的解读,撩拨自己的忧伤的同时,也把这种情绪自然而然地传染给了读者。同样的情怀还见于《最是人间留不住》一文:在市郊七里镇庙会看了一场寻常的采茶戏演出,便引发了作者对传统文化传承的忧思,其结尾处,余韵绕梁。又如《进餐这点事》关于筷子的观点,这也可以看作是对国人某些"盲目自信"表现的反思。这样的文章,即使随便翻翻,也会让人有所思,有所获。

文章贵在一个"真"字。我手写我心,突出真情实感,这并不是什么新话题,也不见得是多难的事,可是在实际运用中又往往容易被写作者忽略。从这个意义来说,好文章其实不是"做"出来的,而是从内心"流"出来的。黄瑛老师的作品便是这样,看不出多少"技巧"和"雕饰",仿佛水到渠成,瓜熟蒂落,一切顺其自然。也正是这样,它们能够很直接地和读者的心灵相通,就像老朋友之间平素聊天一样亲切而无拘束。

春风贺喜无言语,排比花枝满杏园。如今我们正在大力倡导全民阅读。阅读习惯应当从学生时代开始养成,所以,书香校园是关键阵地之一。对学生来说,遇上一位能说会写的语文老师是幸运的。对学校来说,多几位文化积淀深厚且能著书立说的教师,春色满园之景象也是可以期待的。

2017年4月19日之夜

操千曲而后晓声
——读李伯勇文学评论集《文海观澜沉思录》

李伯勇是文学上的多面手,而且总是出手不凡。最近读完他的文学评论集《文海观澜沉思录》(长江文艺出版社2016年1月第1版),深感这不仅是他个人的又一部力作,也是赣南文学评论领域的一部重要作品。

《文海观澜沉思录》收录了李伯勇20世纪80年代以来的文学评论48篇,写作时间跨度近30年。全书分为"赶海凌风"和"击鼓传花"两部分,前者为关于文学现象、文坛热点话题的思索,后者主要是针对具体作品的评析或感想。文学评论向来不是大众化文体,不以市场取胜,难以博"名"求"利",作为"非职业"评论家,坚持数十年干这种"吃力不讨好"的事,是很需要一种精神的。

通读全书,印象最深的是作者广博的阅读面与敏锐的洞察力。仅从文本来看,很难看出这么一部分量不轻的作品竟然出自一个偏僻小县城的基层作者之手。毫不客气地说,即使是大都市象牙塔的某些文学教授,也未必有这等专业造诣。李伯勇虽然生活在小地方,但一辈子专注文学这件事,既创作,也评论,而且耐得住寂寞博览群书,这就是他的优势所在。刘勰说:"操千曲而后晓声,观千剑而后识器。"李伯勇的深厚功力,正是基于"千曲""千剑"。

这些文章体现了很强的针对性。有的篇章即使时过境迁,今日反观仍不乏思想价值。如《理性的和文学的困惑》关于通俗文学的思考,虽然发表时间已过去20多年,但作者"当前通俗热的文化消极作用决不可等闲视之"的论断,至今依然有效。窃以为,近些年"网络文学"的兴起,就应当引发人们对新一轮通俗文学热的再次反思。又如写于前些年的《"乡土中国"的文学"形态"》,作者指出"一些作家笔下也极力放大已经式微的农民好品质,从而把已经衰变的乡土视为'净土'进行廉价讴歌",这对今天的乡土文学创作具有明显的警示意义。有的放矢，不尚空谈，不讲套话，这是李伯勇为人为文的一贯风格，在文学批评中自然也不例外。

这些文章还体现了很强的专业性。行家一伸手，便知有没有。李伯勇一落笔，我们就知道他是吃这碗饭的。《当"小说难度"成为一个问题》关于"小说难度"的论述，就是专业的；《国企"变法"的在场性推衍》《意识到的思想即艺术》等篇章提到的"在场主义"，以及知青小说的艺术嬗变、文学排行榜、大地写作等等，都是"业内话题"。这些文字证明了作者虽偏居一隅，但随时关注文坛动态，并为之把脉。当然，像我辈不事文学评论的局外人，读之有"消化不良"之感也是正常的。

最能体现作者风格的，当属这些文章强烈的批判性。坚持独立思考，不盲从，不随声附和，这是作者为文的原则。即使对自己素来尊敬的文学评论界权威如钱理群、雷达等，作者也是坚持己见，勇于发出不同声音（如《大作家·重要作家·文学史》对钱理群的辩驳，《评雷达〈蜕变与新潮〉及其近作》对雷达的批评）。对于第八届茅盾文学奖评选，作者认为只是"基本合格"（《一次基本合格的追认式文学评奖》）；关于乡土守望，他尖锐地指出"那些所谓的作家，要不就是受到利益驱使，要不就是认知水平所限，他们无视乡土的精神创伤，而做鹦鹉学舌的廉价讴歌""他们守望的是文章外的利禄实惠"（《乡土守望者独白》）。即使对西方作家所写的父亲的一个普通手提箱，作者也大胆地进行了关于中西方文化差异等深层次的思考（《帕慕克的父亲和我们的父亲》）。而诸如《误读的歧路》《谁的乌托邦？谁是新兴中产阶级？》《如此"绕文"不用也罢》等篇章，更是面对面与人"战斗"，开展学术争鸣。我以为，这就是我们所需要的文学批评，敢于质疑权威、表达己见，让文学事业在思想火花的多元碰撞中繁荣前进。

所不足者，还是老问题：作者的表述方式与大众不够亲近（这一点，我曾多次向作者当面提过）。长句子太多、语言通俗化形象化欠缺、有些内容的基本要素（信息）被忽略，这都是李伯勇的作品给读者带来"阅读障碍"的因素。对普通读者来说，"深入浅出"的风格永远是最受欢迎的。李伯勇的作品"深入"是没问题的，"浅出"则还有差距。这个差距并非不能解决，当代知名学者当中，梁衡能把严肃的政治理论话题写得那么通俗，王东京能把专业的经济理论问题说得那么易懂，由此可见，文学评论完全也是可以做到这一步的。

作者在《当"小说难度"成为一个问题》中说："作家应是一个学人，对学习人类文明和知识要始终保持一股浓厚的热情。关心民族和人类命运扎根于作家心灵深处。"作者本人就是按这个要求去做的。正是因为有了那股浓厚的热情和自觉的责任感，才有了作者坚持数十年的文海"观澜"与"弄潮"，才有了观出"大势"之后的创作与评论双丰收。

2017年6月9日之夜

放慢脚步，静心思索
——读黄瑛散文集《不再匆匆》

5月的一天下午，应刘爱平校长之邀，在赣州四中参观校园文化建设。一路上，不断有学生向校长问好。走到操场边，一个手提塑料袋的小伙子拦住刘校长，自我介绍是市区另一所中学毕业的学生，如今已经读完大学。小伙子说早就从媒体上熟悉了刘校长，然后从塑料袋中取出两本书，说本来是想请作者、赣州四中黄瑛老师签名的，但刚刚打听到黄老师已退休，希望刘校长能告知联系方式。

小伙子翻开书，我注意到，他在书上做了不少记号，可见读得很认真。这两本书，一本是我此前读过并写过书评的《行吟》，另一本则是黄老师的新著《不再匆匆》（团结出版社2016年12月第1版）。

很快，用了若干个夜晚，把这本"偶遇"中发现的散文集《不再匆匆》读完了。

从作者的自序以及每篇文章后面的写作时间得知，《不再匆匆》是作者第一部作品集《行吟》出版之后不到一年时间内写成的新作，也是赣州四中支持教师出版的又一部作品。全书共48篇文章，大致按题材分为四辑。作为一部作品集，涉及内容是多方面的，而给我留下最深印象的，也可以说笔墨聚焦最多的，是作者关于教育的反思。

黄瑛老师不是个仅仅满足于"教书"的老师。从这些随笔中可以看出，她对"教育"的理解，有着自己独特的视角。正是基于这些视角，她的反思便有了颇具现实意义的价值。

她写了不少生动甚至离奇的故事，当然离不开生动活泼的人物（尤其是第一辑）。这些发生在学生身上的故事，真实可感，在作者的叙述中，让人对所谓的"差生"以及考试分数之类重新思量并有了全新的认识。敢于在雪中独自攀登峰山的芸儿（《"热血积极向上"》），学习成绩也许不是特别好但很阳光很热忱很能干的庆儿（《放学路上》），都给人留下了深刻的印象，在"分数"之外，让人看到了作者更大的关注点，也体现了作者对各类学生的真切关爱。

　　作者突破传统观念，大胆反思教育，使多篇文章因此有了令人耳目一新的观点。《谁帮我打电话？》一文，从路遇一个小女孩求路人打电话这样的小事入手，告诉学生碰到困难时该如何求助，角度新颖，既是对学生的教育，也是对"不和陌生人说话"之类的流行观点的当头棒喝。《无法远离尘嚣》由一个读书多、爱插话的学生引发"什么样的孩子才是好孩子"的思考，并由此想到"如果一味鼓励孩子们阅读，老师和家长不跟上脚步也是不行的"。在这些文章中，作者没有过多的说教，平静从容地讲完了一件事，自己所持的观点也就水落石出了。

　　作者对教育的拷问，洋溢着鲜明的时代特质。关于"优秀"的话题，作者从李镇西和爱因斯坦的观点受到启发，联想到在频频使用"以制造个人抱负来使学生勤奋学习的简单方法"时，我们自以为在"培养一种建设的力量"，却不曾想过，如果我们不对"过度的利己的心理取向"高度警惕的话，我们也有可能恰恰在"培养一种破坏的力量"（《优秀·幸福·阅读》）。培养的是"建设"还是"破坏"？这个话题令人警醒。关于"吃苦"，作者的观点也是别出心裁——在《"吃苦"不是万能法宝》一文中，作者通过几个故事给出不希望传递"苦难崇拜"的观点，而且认为：过分的单一的"吃苦理论"会影响孩子的价值观、人生观，而我们希望中华民族是一个勤劳而快乐的民族。读至此处，不禁感叹：一个优秀的教师，正是需要不断地把思维触角深入到那些被人们"习惯"得近乎麻木的角落，这样才能把"教书"和"育人"完美结合起来。

　　思索教育问题，俨然成了作者的惯性思维。《暑假，蝉声中》本来是一篇写得很"散"的随笔，然而，在"东拉西扯"中，作者最后也情不自禁地想到教育，而且从"大地"出发，打出了精妙的比方："大地如此，教育也是如此，学校和家长把学生所有的时间都占用掉，用来灌输各种应试知识，往往会造成知识的洪灾、旱灾，会造成精神荒漠。""对学习阶段的孩子们来说，一定要留有大量的毛孔——空闲时间，让他们阅读和进行各种生活体验。这样他们的土地才能滋润富饶。"即使在工作之外，"教育"也时不时给作者的思路"打岔"，比如作者在法国里昂旅游，针对刚刚发生的19岁与17岁兄弟为了所谓的"圣战"而杀害人质的事，便职业病般地质问："他们在学校接受的是有效教育吗？"（《变幻中的永恒之美》）而在《我是教师，我矛盾》一文中，作者更是直白地说出工作中的种种无奈与困惑。我理解，这些文章之所以总是绕不开这个话题，只因为作者对教育"爱得深沉"。

黄瑛老师教了一辈子的书，硕果累累，在"功成名就"即将退休之际，主动"放慢脚步，不再匆匆"，对教育问题进行深层次的反思，这些闪光的心得体会成了她的另一个重大收获，也让读者再次看到了一个资深教师对教育的特殊情怀。本来，我觉得集子里的个别篇章叙述平淡，充斥了较多的生活琐事，欲就此批评一二，但想想书中已饱含了诸多精华，即使偶有平淡处，也不宜苛求，那就略过不提吧。

2017年6月26日之夜

行走·阅读·思索
——龚文瑞《南康笔记》印象

多年前,与龚文瑞先生在报社共事时,他便孜孜于地域文化研究与散文创作,并将二者很好地结合起来,推出了一大批成果。后来,我们先后离开报社,有那么几年,因为他在外地发展,基本没什么联系。待得他回到赣州,再次相见时,便收到了他的新著《南康笔记》(百花洲文艺出版社2015年11月第1版)。

《南康笔记》,顾名思义,是一本关于南康的地域文化随笔。对作者来说,他的笔触早已扫遍整个赣南。这一次,作者将笔墨深度聚焦,对准了一个县级行政区。全书以章节形式编排,共15章(也就是15个主题),每章分为若干节,涉及南康历史、地理、人文等内容,以及某些超越南康范围的话题。从受众的角度来说,这是一本"分众化"的读物,也正是因为"分众",它受到特定区域读者的热切欢迎。

远在南北朝时期,赣南最早的学者邓德明著有被誉为"此邦文献之冠"的《南康记》。这是一部综合介绍赣南自然人文的作品。当然,其时的"南康"是郡名,与今之县级政区"南康"为两码事。龚文瑞先生这本《南康笔记》,用作者"后记"里的话来说,乃"效学邓公德明先生",也就是从他的书名里受了启发;但作者笔下的南康,主要是指今天的赣州市南康区(先为县,再为县级市,2013年底因城市化而成为区)。

以县级行政区为单位出版专集,对作者来说,南康是第一例。为什么是南康?因为南康与作者向来有不解之缘。这本书是作者不断行走、阅读、思索的结晶,而这些,都与南康有关。

源于行走。十几年前,作者在银行工作时,曾在南康麻双乡扶贫。由此,作者开始了对南康本土文化的关注。再后来,他的视线越发开阔,频频行走于赣南大地(完全超出了南康范围),写出了一系列相关文章。在某种程度上，这种行走使作者的命运轨迹发生了有趣的变化——几年后，他从银行调入报社（当时我们戏称曰从"钱堆"转到了"纸堆"）。经济上损失了，文化上却丰收了。从南康出发后，作者一直"在路上"。正是不断地田野行走，走出了作者在赣南文坛的"地理标志"。就本书而言，唐江卢屋村、谭邦古城、邹家地这些篇章，都可以说是作者"走"出来的。这一走，也给当地提升了知名度，使之产生了较大影响。我在谭邦古城参观时，村里人还在提及作者当年前来采访的事。

成于阅读。作者在行走之际，阅读了明代以来的多部《南康县志》及当代的《南康年鉴》。由此，作者对自己多次行走过的这方土地有了更翔实、更深刻的了解。"遂结合我多年来在南康的乡村行走的体验与感受，便有了这一系列阅读笔记。"——作者在"后记"直言。认识一个地方，行走只是表面的、感性的，而这些也许令人产生错觉；配以阅读，才是深层次的。一个地方的前世今生，或许，只有大量的文字才能说得更清楚些。为了《南康笔记》这十几万字，作者少说也得查阅数百万字的资料。若非如此，怎能把小到一个村名的来历这样的琐事叙说清楚？至于其他如南康民风、历史上的人口数等，更需要详实的史料来佐证。离开了专注的阅读，行走再多，也只是"鸭子背上泼水"而已。这也是写作者与普通旅行者的区别。

立于思索。《南康笔记》不是简单的资料汇编，如果是这样，那么这本书只能说是"编"而谈不上"著"。实际上，这本书除了田野考察、引经据典，还烙上了作者大量的思索印记。作者所做的事，已由"文学"而"文化"。他其实是借助了文学的"亲民"形式在探究严肃的文化问题。正是作者注入的这些思考，使这本文化散文专著有了鲜明的立体感，也使它一下子在本地众多出版物中立起来了。其中一些观点，很是值得回味。如作者在《南康八景文化思考》的"城乡文化思考"一节说道："我坚持认为城市是一个既诱惑人又伤害人的处所，我认为乡村才是我们人类的出发点和归宿处。"在"适度的文明"一节，作者还说道："我个人崇尚适度的文明""文化可以不断丰富，科学带来的文明进步及工具产生则适可而止才好。"我认为，在"城市病"和"工具依赖症"泛滥的时代，这些观点还真不是杞人之忧，大有深究的价值。在开篇《关于修志》中，作者对方志的担当等所作的论述也是很有见地的。当然，作者质疑的"年鉴为什么要一年修一本"的问题，我倒认为，问题并不在于一年一编，而是史志工作者的素质要求应当提高。

行走、阅读、思索，既是读完《南康笔记》留下的印象，其实也是龚文瑞先生多年写作的"三部曲"。乡土是个大课题。就在读完此书不久，我也刚好走遍了南康所辖的乡镇（赣南的乡镇也走过了近九成），更加感觉到每个地方值得深挖的东西太多。《南康笔记》可以当作一本了解南康的普及读物，但它不是句号。挖掘乡土还需要更多人参与，相信龚文瑞先生的创作成果，当给有志于此者良多启迪。

2017年9月12日之夜

不为空言期有用
——读谢帆云《一个人的易堂史》有感

认识谢帆云先生刚好20年了。他的"身份"有点复杂。你可以介绍他是一位公务员——长期担任局长、县政协副主席等职务,在一个县域,一般人看其头衔首先想到的当然是领导、官员之类的称呼。你也可以介绍他是一位诗人、作家——身为中国作协会员,作品也许不算太丰,成书的也就那么几部,但是,认真读过之后就会知道,这是一位以质取胜的作家,不管是诗还是文,人家走的是精品之路,一部抵别人几部。

——这些都是以前的印象。现在,读了他的新著《一个人的易堂史》,我发现自己更愿意把他看成文化学者了。

《一个人的易堂史》,江西人民出版社2017年5月出版。顾名思义,这是一部关于宁都"易堂九子"的史学著作。"易堂九子"是明清之际的一个遗民文人团体,包括"宁都三魏"(魏禧与其兄魏际瑞、弟魏礼)和宁都本土人士邱维屏、李腾蛟、彭任、曾灿,客居宁都县的南昌人彭士望、林时益。其中,魏禧因曾有文章《大铁椎传》入选高中语文教材,很早就在我们心中烙下了深深的印记。

研究易堂的学者不少,学术成果也颇多。《一个人的易堂史》当然是学术著作,但又不完全是学术著作。从表现形式来说,你也可以把它看成一部文学作品,一部专题性的文化散文(我留意了一下版权页,出版社在图书分类时,也是把它当作散文集处理的)。它既是史学的,也是文学的。文学与史学的结合体,历来不鲜见,著名的《史记》便是"史家之绝唱,无韵之《离骚》"。《一个人的易堂史》既不厌其详地讲清了"易堂九子"的生平大略,又毫不含糊地运用文学手法注入了作者的历史观、文学观。文史不分家,这本书又是一个例证。

每每读书,我习惯读完主体再倒回来读序。关于这本书的特点,读过序之后，觉得无须多言了。序是中国艺术研究院原常务副院长王能宪博士写的，他开门见山指出"这是一部独特的史学著作"，并在文中概括其独特之处：独特的史学眼光、独特的编撰体例、独特的语言风格，以及作者独特的身份（既不是从事历史研究的学者，也不是高等学府的教授，而是一位基层公务员）。由此，王能宪先生评价：作者轻而易举地超越了一般性介绍地域文化的著作，成了一部极具学术价值和文学意味的力作。

完全赞同王能宪先生的评价。谢帆云先生的见识不仅体现在对易堂诸人诸事的评说之中。他对许多历史事件，都有自己的认识，字里行间体现了深邃的历史思维。举例说吧，关于史可法，作者指出，其舍生取义的气节和廉洁自律的操守确实不愧为千古楷模，但是，其在战略失误的同时，还有更为严重的政治上的失误（见《魏礼的悲伤和愤怒》）。这种评价让人耳目一新。对南明几个政权的评析，作者也颇有见地。可以说，这本书，说的不仅是易堂史，其实也是明史、大历史。它因此有了不一样的厚度。这也是我宁愿把作者的"学者"头衔列于"作家""诗人"之前的原因。

讲历史，因其与现实生活的时空距离太大，容易让人感到枯燥。这时，讲述者的表达方式就很重要了。谢帆云先生的语言生动有趣，一如其人幽默睿智，加上深厚的文学功底，这种学术类著作便有了很好的可读性。它时常让你在冷峻的阅读中会心一笑，轻松一刻。比如，《易堂读书法》一节，作者模拟魏禧与邱维屏的对话情景，写得煞有介事，让人忍俊不禁；作者有时还插科打诨，如引用北洋军阀张宗昌的咏雪打油诗来说南昌的雪（《辞举——易堂九子最后的姿态》），虽是闲来之笔，却是平添谐趣。

当然，读毕掩卷，留下最深印象的则是"经世致用"几个字。这是易堂的思想精髓，也是这本书的灵魂。以前，我们也许只知道魏禧是散文家、文人、隐士，而现在，作者还原了一个战士面貌的魏禧。原来，魏禧他们根本不是概念中的文人书生，他们的"文以经世"思想，站在历史的前沿，至今犹有积极意义。文章该怎么做？魏禧认为，要写好文章，首先要多读古人书，广泛吸取营养；其次要积理练识，养成自己的见识；最后要抓住根本，作有益之文（见《易堂家法》）。魏禧等易堂先贤的本意并不是做文学家，他们的所思所为，是希望解决社会问题。了解了这一点，我们不由得对易堂先贤们致以更高的敬意，也不妨对当今文学圈或学术界的某些现象做些反思。

北宋文坛领袖欧阳修说："文章不为空言而期于有用。"（《荐布衣苏洵状》）其同时代另一位大宗师苏轼也说："文章以华采为末，而以体用为本。"（《答乔舍人启》）高明的文章是用来解决问题的。脱离实际、沉湎于玩弄文字的做法，什么时候都是不足取的。"易堂九子"偏居宁都县翠微峰，却能几百年来声名不减，持续受到后人关注，不就是因为其思想之贴近现实，其文章之"有用"吗？

2017年11月13日之夜

实现"财富"的放大效应
——读张卫民散文集《人似秋鸿》

2015年12月，《犹记当年》，二十一世纪出版集团出版；
2016年9月，《诗意人生》，二十一世纪出版集团出版；
2017年8月，《人似秋鸿》，文汇出版社出版。

连续三年，每年一部散文集，作为一名公务繁忙的业余作者，张卫民这速度，简直要让专业作家都感到"压力山大"了。

"人似秋鸿"，取自苏东坡诗句"人似秋鸿来有信，事如春梦了无痕"。苏东坡是作者的偶像。至今，作者已出版四部诗集、三部散文集，东坡先生的影子频现其间。这次又从这位大文豪的作品中寻觅书名，作为了解他的人，我觉得很正常。

《人似秋鸿》收录了作者的39篇散文，分为"闲情赋"和"出行记"两辑。文章写作时间集中在2015年至2017年，其中以2015年为主。作者在《自序》中说，2015年是他的写作高峰，前两部散文集的主要部分，也是写于该年。可见，写作激情一旦燃起，真是势不可挡，"后果"不堪设想。这也完全符合作者一向很"拼"的风格，作为熟悉他的人，我不感到意外。

短短几年间，为何有这么多东西可写？读完这本《人似秋鸿》，联系前两部散文集，我觉得，其中一个重要因素，就是作者积累了丰富的阅历，而他又能从这些深厚的积累中发现无穷的乐趣。

阅历是人生的一笔财富，信然。靠着这些，张卫民笔下便有了取之不尽的素材。更重要的是，因为刻骨铭心，他总是可以把生活中一些看似寻常的物事描绘得淋漓尽致，入木三分，让人几欲拍案。且看《蜂窝煤》一文，作者把制蜂窝煤、烧蜂窝煤诸过程一一道来，写得有条不紊，有滋有味，简直就是一位资深煤师傅的专业讲座嘛！生活的况味，在这些过程中倏地窜出来，把你卷入了一个消逝不久的年代。也许，你还由此想起了许多……如果不是亲历亲为，只是道听途说，哪能把这种生活叙述得如此生动细腻？回首往事，当年虽然艰辛，可还是得道一声"感谢生活"呵！

这类忠实记录生活的文章（包括《柴火》《听广播》《电视的记忆》《手机》等篇），不仅仅给读者带来阅读和回忆的愉悦，我想，它们更大的意义还在于，若干年后，说不定成了有价值的历史文献——以后的人们，或许通过发掘这些鲜活的文字，还原了一个时代的真实面貌呢。所以，这些写实类的文字，虽然行文质朴，没有太多的文学技巧，但它的价值，实不在某些"美文"之下。

阅历不仅丰富了作者的见识，还磨砺了作者的意志。这起码有两件事情可以证明。一是作者攀登赣南最高峰齐云山的经历（《当了一回驴友》），诚如作者所言，"是我迄今为止经历的最艰苦的旅程"，正是因其艰苦，光是经历过还不够，用文字记录下来才不遗憾。凡是经历了这种挑战，毅力一定得到提升。跟着作者在纸上回顾完这个过程，仿佛自己身上也平添了一股力量，竟然也想跃跃欲试。另一件事情是作者前往福建的假日自驾游（《第一回自驾远行》），对于此前尚未在高速公路上开过车的作者来说，这无疑也是一次挑战。一起分享了这次经历后，相信读者诸君的体会与作者一样："人的潜能是无限的，只要大胆实践，你就一定能收获到意外的惊喜。那些你曾经不敢尝试的，甚至有些恐惧的事情，到时候都会变得不值一提。"

风雨过后是彩虹。很多事情，当时觉得稀松平常甚至厌烦，事后回望方知弥足珍贵。这几年，作者的写作进入了一种自觉状态，有意识地回忆了许多往事，它们成文之后形成若干个小系列，颇有自成体系之势。比如烟、酒、坐车"三大怕"，吃饭、打牌之类的生活琐事，手机、眼镜、钥匙、钱等随身物品，信手拈来，皆成文章。其中几篇，还实在有趣得很，读来令人捧腹，比如《饭局》《牌趣》以及登五指峰的游记《只怪当时云雾中》。具体内容我就不说了，卖个关子，有兴趣的读原文去。

其实，有生活阅历的人一向不少，经历比作者曲折复杂的亦不计其数，可是能写成批量的文章、一本一本出书的寥寥无几。阅历是财富，但是，不用笔把它记下来，让文字传播开来，使之与更多的人分享，那么，这"财富"的价值就大打折扣了。张卫民善于观察、善于总结、勤于记录，努力把生活中有价值的东西展示出来，放在公共平台与人共享。在我看来，此举有效地使他的个人"财富"实现了最大效应。因为读着感觉不错，于是写下这些散乱的文字权充点赞。

2017年11月22日之夜

故纸堆里闻新韵
——读何志清散文集《江南风韵》

我曾经与人戏言，在赣州文坛，对赣南这方土地挖掘最深的，是三个来自赣东北的上饶人士。这三人是周建华、张少华、何志清。他们分别出生于20世纪50年代、60年代、80年代，在年龄上还形成了一个梯队。

——需要说明的是，这话并非学术观点，纯粹是为了说明以上三人关系之巧合，不涉及其他研究赣南本土文化的作家学者。

这里说说年轻的何志清。时间往前推十年，我们还是市报社的同事。那时他刚参加工作不久，是同事当中少有的业余还会写写情感散文的文艺青年。过了些年，他离开报社另谋高就，原以为就此离开了文化圈，没想到，恰恰相反，对投身文化事业来说，那只是个真正的开始——后来，便不断在有关媒体读到他关于赣州历史文化的系列文章，而且越写越老到，越写越成气势。

刚读完的《江南风韵》（百花洲文艺出版社2016年8月第1版），就是何志清写赣南历史人文的散文结集。据作者自述，这本书涵盖了其2005年以来在各级媒体刊发的全部关于赣南历史文化的文字。全书分为两卷，卷一"宋城遗韵"，27篇，主要说的是赣南历史上的那些留下或深或浅印记的人、事、景等；卷二"客家流芳"，7篇，主要说的是赣南部分文化习俗。二者在形式上有较大的差别，前者是纯粹的散文，后者则更接近论文模式，文学味稍弱。

重点在卷一。其实，不管是梅岭、赣江十八滩、"三山五岭八境台"之类历史遗存，还是西江四戴、杨廷麟、周敦颐等风云人物，都是市内外文人写烂了的题材。但是，这不妨碍何志清用自己的话语再写一遍。这27篇文章，作者首先在题目上就颇具匠心。它们各以一联五言诗为题，形成了一组章回体散文。诗化的题目，增强了文化散文的意境美，成了此书一大亮点。

这样取题目，偶尔为之倒也罢了，做成一大批，那是需要硬功夫的。以前读金庸大师的武侠，不仅被他跌宕诡异的故事情节所迷，还被他那些高明的回目所吸引。其中的《碧血剑》就是五言回目，有些内容至今还记得，如"山幽花寂寂，水秀草青青""挥椎师博浪，毁炮挫哥舒""朱颜罹宝剑，黑甲入名都""空负安邦志，遂吟去国行"等等，尽显文学的审美功能。何志清这些文章既写传统文化，则从形式上借用传统，推陈出新，让人一看就产生耳目一新之感。

当然不仅是文字问题。写文史类散文，更重要的是学问。何志清早在读大学时就初定了本土文化这个方向，成了"新赣州人"之后，这些想法就迅速成了坚定的行动。做文化研究，需要的是耐得住寂寞，需要的是长期的积累。从这批文章可以感知，何志清已经占有了大量的历史资料，而且不断地从中搜索发现。通过不懈努力，他正在让那些"老树"重发"新枝"，让更多的读者对那些已然跌入历史尘埃的物事有了新认识。对一个地方来说，这种传承与普及是很有必要的。

一头扎进故纸堆，何志清的文字并没沾染学究味迂腐气。他的文字清新鲜活，雅俗共赏，可以说是赣南文坛又一位把文史结合得很好的作家。作者很注意文史读物的时代感，为了增强文章的可读性，不时引入现代说法，使历史上的事既通俗易懂又充满趣味。比如他把历史上途经庾岭的官员称为"南下干部"（《古道梅影疏　塞上暗香浮》），将以右副都御史巡抚南赣的谢杰称为赣州领导班子里的"班长"（《章贡交流去　玉虹锁龙还》），将皂儿巷称为"赣州最早的公务员小区"（《赣南第一巷　乌衣皂儿巷》），颇为形象生动。

故纸堆里不愁新韵，本土文化研究大有可为，尤其需要年轻力量接续参与。出生于1984年的何志清，以这份热情、这份功底投入其中，朝着这个目标，假以时日，必有大成。当然，此书写作时间跨度上十年，作为作者的早期作品，不足之处也是明显的，如部分文字显得粗疏；个别地方不够严谨，没有明确把传说和历史区分开来（如《留取片刻心　定格文清路》关于卢光稠的传说，显然是不足为信的，窃以为，若在文中表明一下作者的态度会更好些）；卷一有几处题目下面还配了副标题，其实也是多余的，影响了整体效果。更严重的问题还在此书的编校质量。书中低级错误频现，如开篇将"十万户侯"错为"十万户候"，唐肃宗李亨的名字错为"李享"，陈毅诗《梅岭三章》重复出现一句"断头今日意如何"；第二、三篇把八境台错为"八镜台"；还有的篇章把周敦颐的职务"司理参军"错为"实理参军"，把"濂溪书院"错为"莲溪书院"等。这都是应该避免的。差错太多，让这类书籍的使用价值大打折扣。更有甚者，《溯源街巷名　隽永金字牌》一文根本没排完，《新区取街名　沧海变桑田》整篇排版错页，卷二附在《孙中山与赣州的不解之缘》一文后面的"小记"，分明是张冠李戴，应该是和后面两篇关于安远的文章相关联……读至此处，就不得不让人对某些出版者的工作态度一声叹息了！

2017年12月6日之夜

心之所至即风景
——读黄大军散文集《风景依然你最美》随感

收到一本散文集《风景依然你最美》（中国文联出版社2017年6月出版）。作者黄大军，本市上犹县纪委同仁，因无工作交集，此前并不认识。同行赠阅的作品，当然得认真拜读。虽然近日气温骤降，实在不适宜读书，但还是坚持用最短的时间把它读完了。

这是一部纪实散文，写的都是与作者有关的人与事。用文坛流行的话来说，叫"非虚构类作品"；或者套用余秋雨先生的说法，可以称之为"记忆文学"。非虚构，所叙事情便真实可感，何况作者和我又同处一个时空，这就有了"贴近性"。这么短的时间读完，同时也说明这又是一部无"阅读障碍"的作品，具有可读性，适合普通读者。

作者把全书分为三个部分。先是"亲情"，主要怀念已故的父母，同时也可以说是一部家族简史。作者在诸多家庭琐事中，还展现了不少风土人情，这无疑增强了文章的辐射力。说到这类题材，人们一般只对名人有兴趣，喜欢对名人的家事津津乐道，如余秋雨先生的《吾家小史》之类，那肯定是畅销书。其实，普通人的家族故事也自有其价值。事实上，任何人的写作，也不敢指望所有人都来阅读，不管是谁的读者群，说穿了都是"圈子"，不过"圈子"有大小而已。对于身边人来说，作者的文字只要书写真实、寄予真情，它便有存在的意义，哪怕只是"小众"的价值。黄大军这本集子，连我这等并不相关的"旁人"，都能将之通读，那么，那些"相关人士"的感受，当然更加不同一般了。他这些文章，首先应该是通过网络传播的，这从文末所附的跟帖就可以看出，作者的亲友们，还是很认可这些文字的。他们对写作技巧并不苛求。有些文章，本来就无需刻意追求技巧。

接着是作者的"术后记"。原来，作者前几年曾经在上海做了一次先天性心脏病室间隔缺损修补手术，术后在家休养，结果迸发了一个写作的高潮，陆续将治疗过程和自己的心境、感悟记录下来。作者以乐观的心态回顾痛苦，这种精神便让人肃然起敬。经历是财富，苦难的经历亦然。这一组文章，既让人开眼界长见识，也给人若干启示，其价值，早已超越文字本身。

第三部分"随笔"，包括若干篇游记和写人的散文，也就是前二部分之外的其他文章，写作时间跨度约十年。这一部分让人了解到，其实，作者心中早就埋藏了一个文学梦，早在中学任教的时候，就已初现端倪，后来虽然进了机关转了行，但梦想依旧在，只是在等待被某些经历一举催苏。因为那份文学情怀，不管走到哪里，内心深处都有对文字的一缕缕牵挂。可以说，作者出这本集子，并非偶然，它更像是一个必然。

从行文来说，黄大军的写作，不重雕饰，坦然地以业余姿态展现。当然，作者的文字功底是扎实的，只是在成书的过程中，部分内容精致化程度还不够。比如有些篇章，记叙过于简略，甚至直接把资料摘抄弄成一篇。这样虽然省事，但毕竟少了加工过程，"血肉"不够丰满，影响了作为一本集子的整体感。如果叙述能够再延伸些，思考能够再深入些，形式能够更圆浑些，我想，从"文学"标准来评价，它还可以再加分。

作者在书中还附录了家人或师友的若干诗文。印象较深的，是作者二姐所写的那一组文章，从文笔来说，功力当不在作者之下。而根据书中有关叙述，其二姐"第一学历"并不高，应该没有接受过高等教育。这就更显难得了。我想，这也从侧面印证了作者叙说的家风，看来，这的确是个崇文重教的大家庭！

总之，这本书虽稍显驳杂，但因其毕竟是一个整体（尤其是前二部分），所以在内容和形式上均有其特色。心之所至即风景，写什么不要紧，重要的是怎么写。作者显然是个有心人，对文学、对生活、对工作都是如此。以这份炽热情怀，如果在单篇构思布局上加以提升，精心耕作，相信今后定当在精神家园展现更加亮丽的风景。

2018年1月27日之夜

早作而夜思，勤力而劳心
——从刘爱平新著《教作于细》说起

该说一说刘爱平了。

前不久收到他的第六部教育随笔集《教作于细》（团结出版社2017年12月第1版）。从2012年以来，刘爱平以每年出版一部教育随笔集的速度，坚持着他的"教"字头系列写作计划，如今，品牌效应已日益显现。

六年了，弹指一挥间。面对书架上整齐摆放的这些书，再次感叹岁月逼人，时不我待。说起来，作者第一部集子的书名，还是我帮他取的；以"教"字头为系列形成一个品牌，当初也是我的建议。当然，六年前，我确实不敢肯定，他能坚持得这么久，坚持得这么好，一如他在另外几件事情上的坚持。尤其让我抱歉的是，每年白白收获作者的赠书，却还没用文字给人家写上一句话。

所以，这次，我觉得，再不写点读后感，那真是对不起老朋友了。

认真读完这本《教作于细》，我更加感到，是该说一说刘爱平了。

既然是"随笔"，我以为，在写法上应当挥洒自如，举重若轻，谈笑间其义自现；同时，也应尽力避免生硬说教以及公文化格式化的结构（哪怕是谈工作的随笔）。此前，我多次与刘爱平交流过这种观点。坦率地说，在他的前五本集子中，作者总是有意无意地使用"一二三"的方式进行表达，或者时不时留下讲话稿的痕迹，以及若干过于狭窄的小众化语境。"一二三"的模式虽然方便罗列，但呆板的表现形式也许在一定程度上影响了文章的形象美；而小众化的表达则可能让一本书走不了太远。刘爱平是虚心的，我相信他会努力修复早期经验不足而导致的瑕疵，让事情越做越好。

现在，我仔细留意这本新出炉的作品，发现作者已经很好地化解了上述问题，行文越来越洒脱，视野越来越开阔，思维越来越活跃。全书分为七辑，分别为"我和师生那些事""行为习惯那些事""学校阅读那些事""不能忽视的那些事""收获的那些事""校长素养那些事""理性面对那些事"。从这些题目就可以看出,作者越来越接地气,越来越亲近读者。事实也是如此,从形式上来说,这些文章已是名副其实的"随笔"。个人认为,本书的完成,意味着作者的写作上了一个新台阶。

随笔需要说真话打动读者。这些年来,作者一直在从教育的角度毫不掩饰地说真话。以这本集子为例,文章虽短,但能做到有的放矢、言之有物。当今教育界,有些问题是大家熟视无睹的,有些则可能是矫枉过正的,对此,作者不做"沉默的大多数",鲜明地亮出自己的观点。如对于赏识教育与惩罚教育,作者明确支持适度的惩罚教育(《学生检讨书与教育的适度惩罚》《溺爱与赏识》);关于校园文化与福利待遇等问题,作者能够从文化的角度找到更深层次的答案(《福利待遇与工作积极性》)。这类文章,读之让人颇受启示,充分体现了思考的效用,写作的价值。

这还不算厉害的。最让人佩服的,是作者勇于自我解剖的精神。作者现在虽然事业有成,但他毫不讳言自己曾经留下"失败"印记的过去,在多篇文章中坦言自己从前的种种不是。如在《发现之美》《成为党代表》《慎用表扬》《逆耳"忠言"四例》《容易犯的两个错误》以及《不胜其任》(后记)等文中,多次说到自己的失误甚至在人生道路上所栽的跟斗,反思之深刻,鞭笞之有力,简直让人暗暗惊心,这需要怎样的勇气!对现在的自己,作者也经常不留情面,如在《还是诚实些好》一文中,他坦言"假若我也是街上的行人之一,面对小男孩的提问,我肯定是第73位丢钱的人"(即不诚实的人);在《有朋自远方来》一文中,认为自己的文章质量都不高,很多还停留在记"流水账"的层面上;在《少些坏情绪》一文中,批评自己在情绪释放的问题上做得很不好,情绪化思想很重……这种大胆解剖自我的做法,对读者来说,也堪称一面镜子了。

不息地实践,不断地反思,使作者知不足而奋进;再加上锲而不舍的坚守,使作者历数年之功,逐渐成了其所在领域的"这一个"。赣州教育界都知道,赣州四中这几年异军突起,教学质量越来越高,名头越来越响亮;而刘爱平本人,更是成了赣南杏坛一位极具特色的名校长。不妨把话题稍稍延伸，且看这么多年来，刘爱平如何以身示范践行"坚持"两个字：坚持每天在校门口诵读经典，坚持每天清扫学校男厕所，坚持每天赤脚跑操……包括坚持每年写下大量的教育随笔，这对一名重点中学校长来说，需要怎样的意志，真可谓"早作而夜思，勤力而劳心"。作为一名教育工作者，言传身教是最好的教育方式。从这个角度来说，读刘爱平的文章，其意义已远远超出字里行间。

涓滴之流，可成江河。坚持下去，精益求精，相信刘爱平的"下一部"会更精彩。

2018年4月9日之夜

最是乡土写不厌
——读曾长生散文集《乡风长歌》

时隔数年，曾长生又推出一本乡土题材散文集《乡风长歌》（团结出版社2017年8月出版）。这是他第三次结集书写乡土了（前两本，分别是2008年出版的《那方水土》、2011年出版的《乡土芬芳》）。乡土，已成了曾长生最近十年来的主要写作方向。

曾长生在于都县贡江镇综合文化站做了多年的站长，是一名典型的基层写作者、乡村文化人。在赣南现任的乡镇综合文化站站长当中，他也是创作成绩突出的一位。文化站虽然级别低，但因为地气足，其实也是个不错的平台（如果用得好的话）。我在《文化不是哈哈镜》一书的自序中说过，自己早年的理想就是当一名乡镇文化站站长，主要就是受那些比较有作为、经常在乡间显身手的文化站站长们的影响。

书写乡土，符合曾长生的自我定位。他的第一本乡土散文集《那方水土》出版后，我便在书评中说过："作者的写作已经进入了自觉阶段。"作为一名基层作者，受各种因素的制约，最大的优势也许就是挖掘身边这方水土这些人文。从作者接二连三出书的情况来看，乡土是挖不尽的富矿、写不厌的话题，今后，坚持这个方向，他在这方面还会有很大的努力空间。

这本《乡风长歌》，在风格上延续了前面两本书的基调，用作者的话来说，算是他的乡土"三部曲"吧。书不厚，图文并茂，30余篇文章分为两部分："山水神韵"和"客家长歌"。前者是自然山水，后者是民俗人文。无论是山水还是人文，都没有超出作者所在的于都县范围。所以，这本书的乡土"纯度"更超前面两本。

作者笔下这些山水，都不算什么名山名水，顶多在当地小有名气。但是，山水并非名气不大就没有书写的价值，相反，正是因为它们名气不够大，关注的人不够多，作者的探究、描绘才显得更有其意义。大家都知道、都关注的地方，对某一个作者来说，写不写其实问题都不大，因为多你一篇不多，少你一篇不少；而无名小地方呢，也许你不关注，还真没人留意它的光彩，它也许就将一直身处偏远人未识。

作者笔下这些人文，也未必有多大的影响（多数只是"小众"的影响而已）。同样的道理，正是因为影响不够大、人们的关注不够深，此时的梳理才显得重要。尤其是，很多民间文化可能面临失传，这时所作的文字记录更为珍贵——你现在不整理记录，以后的人可能会因时间久远缺乏资料而更难了解真相。印象最深的是《话说于都"打铁佬"》一文。在赣南，很多人都知道"打铁佬不顾伙计"这句俗语。一般人的理解，这显然是贬义的，但作者却在文中还原其本来面目："不顾伙计"并非各顾各、缺乏协作精神，实乃因这个行当情况特殊，必须紧紧把握火候，所以体现的其实是"不等不靠、积极担当"等内涵。在人工"打铁"这个行当即将消失的时候，这种解读很有价值，让人们直观地感知了一个古老行当曾经的艰辛。

不客气地说，从"文学"的角度来衡量，这些文章谈不上多高的艺术水准，其写法是老套的，文风是朴素的，无法让人觉得新奇、高深。但是，这类文章，本来就不必以"文学"作为"第一标准"。对它们而言，更重要的，应该是"文化"标准。挖掘乡土，文化元素比文学元素更重要。对读者来说，未必需要多高明的写作技巧、多华丽的语言辞藻，你能把它们真实地、准确地、完整地反映出来，就算成功了。

所以，为了写这些东西，作者不停地实地考察采风，把所见所闻录以文字。对一些民间传说，作者还认真进行考究。比如《走进皇固觅帝踪》，对于是东汉光武帝还是南朝齐武帝在皇固庵避难的问题，作者查阅了不少资料，虽然没有给出权威结论，但这种写作态度是值得肯定的。挖掘地方文化，需要的就是行走与思考并重。

需要指出的是，作者的行文方式，还是有很大的改进空间。比如习惯用长句式表达，叠加一大串同质化词语等，这些都是老毛病了，其实完全可以改一改，让读者读得更轻松些。此外，某些篇章在"知其所以然"方面还是欠些火候，让人感到没有把事情说透，留了些许遗憾。比如于都县桥头乡中石村的"上刀山"等几项民俗，作者不遗余力写出了神秘感，但既然到了现场，为何不努力把这些疑团解开呢？就算有个猜测性的解释也好嘛。

2018年4月25日之夜

一片树叶的沉重
——钟世庆诗集《金梭银梭》印象

多年前，在本地报纸副刊读到一首短诗，大意是办公桌上放了一盆花，价格便宜，自己花钱买的……然后话锋一转，说自己也像那盆花，在等待阳光照过来。寥寥数行文字，一点也不高深华丽，却让人在不经意的一瞥之后，有意无意就把它的大致内容记住了。也许就在那会儿，我知道了本地有位叫钟世庆的诗人，诗风颇有些另类。

光阴似箭，日月如梭。如今，读到钟世庆的第一部诗集《金梭银梭》（光明日报出版社2015年3月出版），作者已然成了一名退休干部。凭着印象在书中寻找，没错，当年读到的那首诗题为《我的现在很好》，被作者编排在诗集的第五辑"穿梭之美"当中。

《金梭银梭》收录了作者近百首诗作（都是现代诗），分为八辑：乡祖之亲、红色之尊、热血之歌、军旅之恋、穿梭之美、昨日之风（这一辑在目录上因编校问题出现错误，诗题与正文不符）、花草之香、沙砾之情（这一辑与前七辑稍有不同，为散文诗体裁）。按我的理解，作为作者的第一部作品集，这个集子可以说来得晚了点——作者在诗坛"出道"颇早，从20世纪80年代初就开始写诗了，在出书早已不是什么难事的今天，完全有条件更早些推出自己的集子。因为出书晚，集子里所收的作品，在写作时间上的跨度就很大了，从1984年到2014年，达30年之久（作者在"后记"里说是1982年至2013年，应当是笔误）。时间这么久，众多作品之间，质量难免有高下，风格难免有差异，不过也好，方便我们了解作者的写作心路历程。

对于诗歌，我完全是外行，所以看不了"门道"，只能看看"热闹"。跟着感觉走，信手翻完这部诗集，它给我留下的最深印象，就是作者特别善于从生活中一些十分寻常的细节中，用诗的形式演绎出不一般的况味。事情也许都不大，甚至很微小，但顺着作者的视角看着看着，感觉就有点不一样了，有时甚至连作者笔下的一片树叶也似乎变得沉重起来。也就是说，在那不经意间（又是不经意），你的某个心事可能被作者的几个词汇击中了。

不妨看看这首《老家那棵枫树》："如今站在树下／再也找不到父亲的影子／再也听不到沙沙风声／抬头仰望／最后一枚忧伤的枫叶朝我飘落／恍惚觉得这片叶子就是自己／我将埋在故乡的风景里"。读至此处，这片飘然落下的枫叶，似乎也重重地砸在我的心头，砰然有声，心情突然为之一紧。在高度城市化的今天，我相信，许多背井离乡抛弃故土进城定居的人，都会有这种感受。在这部诗集当中，这类怀念乡土的作品，我认为算得上最有嚼头的之一了。

一件件司空见惯的琐事，就这样在钟世庆颇富个性的叙述中，变成了一段段韵味十足的分行文字。其中一些作品，别看文字明白如话，间或带上几分调侃，却每每让人在微微一笑之后，自然而然地领略了字里行间隐匿的某种滋味，正是"此中有深意"，不可简单一笑了之。比如，在《我的诗》《风与风筝》等作品中，使用的隐喻便让人回味。而《办公室记事》《打字室316室》等几首，则更以其特有的幽默风趣让人忍俊不禁。尽管读着轻松，但它们并非无厘头式的喜剧，或多或少，你还是可以感受到这些文字承载的重量。把诗写出这等味道，我想，这正是作者的高明之处。这样的作品多一些，作者就可以称得上独树一帜了。

好诗当有烟火味。这些年来，诗歌这种文体之所以与读者疏远，主要原因就在于某些写作者孤芳自赏，故作深沉，以诗坛的"衙门作风"把读者给吓跑了。钟世庆的诗之所以让人记得住，正是因为它们比较"好懂"而又不乏内涵。在钟世庆笔下，"诗"只是一种外在的表达形式，想表达什么，才是最重要的。由于他对这一形式运用娴熟，所以，所见所闻所感，只要有心情，随时可入诗。集子里有一首篇幅较长的《麻将》，说麻将"既是一种赌具，有时又是一种意味深长的工具"，还把某些官员曾经玩过的小把戏"暗杠"也信手拈进诗来，"'暗杠'是他的强项／都懂／他的所有部下都懂""可怕的'暗杠'／是一个谁也不敢翻动的牌"……诗，在这里已被写成杂文了！

作者的"后记",也是用诗的形式表现,算是将诗歌进行到底了。诚如作者在"后记"所言,这些作品,"带着一股泥巴腥的鲜活气味",对于我辈"业余读者"来说,虽然有时显出几分沉重,但因为面相和蔼,让人对着它们,怎么也不至于望而生畏、敬而远之。

2018年5月8日之夜

不尽诗情滚滚来
——读钟世庆诗集《年轮公园》

《年轮公园》（江西教育出版社2017年12月出版）是钟世庆的第二部诗集，也是作者两年多以后出版的又一部作品集。本书汇集诗歌220余首，多是作者第一部诗集《金梭银梭》出版之后的新作，也有少数在《金梭银梭》一书中已经收过，不知何故重复收录。另有个别作品，则是几十年前（1986年）的旧作。作者把全书分为七辑，其中最后一辑"人生大爱"却不是诗歌，而是7篇包括报告文学、散文、小小说在内的文章，它们写于不同的年代，文风也颇有区别。对于这一部分文字，我宁愿把它们当作"附录"，因其颇有影响该书整体感之嫌。

短短几年时间，作者新添诗作二百余首。从他所写的内容来看，素材庞杂，风格不一，似乎走到哪里都是诗，真是"不尽诗情滚滚来"。比如，故乡小山村的一草一木，一个普通村民，发生在村里的诸多琐事等等，都可能被作者轻松地拈入诗行。又如日常生活中，领导讲话时的掌声、去朋友家打一次扑克，甚至年关看到一位老婆婆排队灌肠，也被作者从中觅出了诗意。所见所闻所感，无所不可入诗，只有看不到，没有写不出。这份写作激情，首先就让人添了几分佩服。

仅仅把文字分行成诗，当然是远远不够的。更重要的是，作者笔下这些看似简单的分行文字，字里行间总似隐藏着某些玄机。就如我们在稻田里所见到的一行行生机勃勃排列整齐的禾苗，其间蕴含的，既有收获与喜悦，也有汗水与艰辛，甚至还可能有口角纷争、世态炎凉……而这些，需要你走近它，才能深切感受。这一页页诗行，就是一丘丘墨绿的稻田，左看右看，总能看出些别样的滋味。

"我会为一首好诗／去想像作者是否已经退休"（《退休后》），或许，这也可以成为我们读诗的心情。文字是有态度的，一首好诗，总是能在字面之外告诉你一点什么。钟世庆的许多作品，从字面上看似乎平淡无奇，但我常常觉得，作者的心思可没有那么简单。读《老鼠和猫的游戏》《我和我的同事》等篇，我在想，它们的背后有什么故事？挖掘一下，说不定有意外收获。读《时刻惊恐》，一行行看下来，似乎陷入一个可怕的"阴谋"之中，这个"阴谋"，让你的联想越来越丰富，直到最后一句"她又来了微信：我发错了"，方知原来只是一场虚惊。在这诙谐的叙说之中，我们却不得不陷入沉思：这就是现代人的生活，由于人与人之间失去了基本的信任，于是那些原本毫无悬念的误会也足以让人徒增烦恼。

每每读到此类风格的作品，我便觉得，可以将作者称为是在用杂文手法写诗。这些作品在形式上是诗，内容上却是杂文，解剖社会，发人深思。这类作品，往往如同拉家常般开题，让你觉得作者就是在唠叨些流水账而已，但最后一两句却峰回路转，让你突然遭遇"柳暗花明"。如《惮悟》这首诗，写三棵来源不同的青菜，外观都差不多（"应定性为三胞胎姐妹"），可是做卫生防疫工作的妻子说，只有"我"种的那棵才吃着放心。这什么世道了？食品安全与道德诚信，岂非又一则杂文素材？还有《乌鸦这玩意》，收尾时突然说不信邪的二棍子与乌鸦对着干，却活得好好的——短短几行，拆穿了迷信的外壳；《从马祖岩到我家神仙》最后冒出一句"我似懂非懂地觉得／神也是蛮难伺候的"，一下子让你明白了作者想表达什么。这种话里有话的写法，有意思！

这个集子的另一个亮点，是书写故乡的那部分作品。在作者的第一部诗集当中，故乡便是重要的抒发对象。而这几年，作者乡情未了，继续"梦回故土"，为那个叫"马料"的小村庄写下了数量不少的诗篇。这样的小山村，曾经在赣南大地比比皆是。然而，近些年的造城运动，彻底改变了人们的生存状态，大量的村庄已经消失或即将消失。在这里，我似乎依稀看到了自己老家那个村庄的模样。当前，我们唯有祝福背井离乡的人们过得越来越好，而"老家"却只能让它成为回不去的老家。这种情愫，也许，只有我们这一代人才有了，那么，就让文字来给"老家"留下些许存在的证据吧。

当然，毋庸讳言，也有些作品，也许是因为作者写得太快、写得太多，也许是因为我读得太快、领悟不足，实在未能琢磨出什么道道来，似乎是"为赋新词强说愁"，为写诗而写诗，为记录而记录，显得苍白而缺乏生气，在此且存疑罢。

2018年6月27日之夜

离生活再近一点
——读李乐明散文集《穿花寻路》随感

时隔一年多，读到李乐明的第四本散文集《穿花寻路》（九州出版社2018年4月第1版）。此书收了作者的百余篇新作。差不多每年的写作量都可以出一本集子，作为一名公务员（而且在一线岗位），这数量在业余写作者当中无疑是相当可观的。

也许是作者写得太多太密集，也许是同一种风格的文字读多了容易产生审美疲劳，读这本集子的感觉，和以前居然有不小的区别。这些文字，每一句、每一段似乎无可挑剔，然而，在整体上，总是很难形成一个立体的印记。

集子的内容较驳杂。写乡土，写草木，写风景，写人物，还品文论艺。写什么，当然不是问题。问题是怎么写。尽管作者在自序中说，这些年，自己的文风"终于调整过来……笔法上平实，冲淡""秾丽的文字不容易化开，不愿意多吃，怕噎着"，但我恰恰认为，作者的笔调，与"平实"还有一定的距离，底子里还是渗着一股"糯"味，让人多吃了感到腻。记得在读完他的第三部集子时，曾希望作者的文风能够变一变，以免导致这种结果。现在看来，这种担心在某种程度上成了事实。因为表述方式单一、内涵挖掘不足等原因，这些作品似乎离我们的生活还是远了点，以致读者难以把自己摆进去。

从文风来说，这本集子的文章，整体显得空幻。不知是信笔，还是刻意，字里行间，似乎让人感到"自吟自唱"的成分浓了些。许多篇章的主题是吸引人的，顺着主题读下去，很希望找到些许让人振奋有所触动的内容，然而，通篇读完，却发现整个文字偏"虚"，少了点实在的干货，没能给读者一个具体的感受或者明白的道理。

因为文风不够平实，不够"烟火"，内容便显得晦涩，让人费解了。窃以为，在当今这种快节奏生活氛围中，在"浅阅读"成为多数人阅读习惯的情况下，作品如果不能迅速抓人眼球，给人留下几分印象，那就很容易失去读者。作品不管篇幅大小，还是要有一个内在的"核"，能通过某个着力点让人读得进，而且读后有所获（要么得到某些信息，要么悟到某些道理）。从这个角度来说，光有华美的文字显然是不够的。一篇作品，如果读者看了没有感觉，作者或许应当反思：自己的生活空间，是否与大众的生活产生了隔阂？

散文写作很容易走进"自我"的怪圈。我觉得，写散文，小情调当然可以有，但不可泛滥，否则要么矫情，要么自闭，让旁观者疏远；大情怀当然不可少，但也要防止空洞，否则显得虚假，缺乏说服力，同样让人敬而远之。文学不是学术，学术可以仅供少数人交流，文学则应朝大众化的方向努力，让更多的人接受。自我封闭的文字，只能自娱自乐，既走不远也走不久。

在这本集子里，少数篇章还写得过于随意，甚至连基本的结构也不讲究。比如《东拉西扯》《紫荆花》，这不是作者应有的水准。这样随意记下的文字，可以成为写作素材，可以当作自己留存的日记，但单独成文，则不妨再酝酿再提升。作为一名成熟的作者，这个问题，按理可以处理得更好。文章之事，法而无法，但还是先"有法"再"无法"。不管怎么创新，基本的章法还是要考虑的。这章法，其实就是一种"公共标准"。而偏离大众生活的"标准"，只能称为"私人标准"，它将导致作品与读者存在接轨障碍。

写作到了一定程度，还是要有精品意识，让每一篇作品都经得起检验。以乐明的功底而论，出精品并不是问题。现在需要面对的，也许是更深层次地融入大众生活，增添大众情怀，视野再拓宽些，手法再创新些，尽可能用大家喜闻乐见的方式在心灵上拉近与读者的距离。

另外说个题外话。网络时代，写作越来越不是问题，"发表"的概念也被颠覆了。我是个跟不上时代的人，在这方面尤其落伍。在我陈旧的观念里，总觉得写得又多又快，不求媒体发表直接结集出书未必是理想状况。其实，传统的发表还是值得写作者怀念的。至少，在媒体发表，接受编辑筛选，这是一个门槛，一道关卡，让作者可以适当找一找作品是否还存在不足。所以，我的习惯是，短文在结集出版之前，先在有关媒体发一发，被媒体检阅过后再放进书里，心里才稍稍踏实些。——当然，这只是一己之见，谨供读者一哂，但这种方式对于检验作品质量，相信还是有所裨益的。

2018年9月27日之夜

一次极具价值的文化梳理
——关于"文化寻根——赣南书院研究丛书"

龚文瑞先生编著的"文化寻根——赣南书院研究丛书"（广东旅游出版社2018年8月第1版）与读者见面了。丛书分为四册，分别是《千年书乡》《阳明传习》《文光射斗》《书香赣南》（本册与郑紫苑共同编著），列入赣州市文联重点支持项目，也是作者近年来潜心钻研的重要成果。

文瑞是当年我在报社工作时的同事。记得十多年前，他因为一份文学情怀，弃商从文，从银行调入报社，我们常常戏称他是"从钱堆跑到了纸堆"。自然，也有人对他的选择很不理解，毕竟，到了报社后，物质上的损失越来越明显。我与他既有交织的工作，又有共同的兴趣，平时交流颇多，对他的志向算是比较了解的。时间可以做证。如今十几年过去，他的那份情怀不仅没丢，还不断升华，始终坚守精神家园，出版了一部又一部作品，对当初的选择可谓无怨无悔，这种执着令人敬佩。

很多年前，我就认为，文瑞最大的贡献就是对本土文化的挖掘。他前一个阶段的写作，主要是散文创作，取材广泛，尤以书写本土的那些篇章价值为高。记得十年前（2008年），参加他的散文集《秦淮河上寻桨声》首发式，当时认为他的散文写作在赣南文坛已有不可替代的一席之地，拿到了地方剧院的"门票"，期待他更进一步，早日拿到"国家大剧院"的"门票"。那时对他的认识，更多的还是定位于作家身份。

一晃十年过去，文瑞的身份已有了重大变化。特别是离开报社副刊编辑岗位后，从这些年的作品来看，文学性有所淡化，文化味逐渐浓郁。从地域散文创作到地域文化研究，作者从"文学"过渡到"文化"，从作家身份转型为学者身份（当然，二者是兼具的，只是为了对比说明而已，并非"非此即彼"的意思）。现在，我更希望把他称为"赣南文化界的地理标志"。

这些年，文瑞在文化领域不断开拓，勤奋笔耕，取得了不俗的成绩。就这套"文化寻根——赣南书院研究丛书"而言，我觉得具有以下几个特点。

一是选题有角度。"赣南书院研究"，这个课题非常好，对本土文化研究来说很有创意，是前人所未做过的（起码没有系统深入地做过），这本身就决定了其价值不一般。丛书各册的主题提炼也有特色：《千年书乡》重点概述赣南书院历史，《阳明传习》重点介绍王阳明与赣南及书院的关系，《文光射斗》是一部赣南历史进士名录大全，《书香赣南》则最大限度地辑录了与赣南书院相关的文献——相关的内容都来了，从不同的角度互为补充，既可自成单元，又形成有机整体。由于开发相对较晚，赣南历史人文在全省来说分量不是很重，与今天的大市地位不大相称。其中一个重要原因，是历史上本土著名人物，相对本省的抚州、吉安等地来说不是太多，所以当地历史文化容易被人忽略。时至今日，赣南的文化意识不断强化，尤其需要填补文化教育史方面的研究空白，文瑞此举，可谓来得及时。

二是探索有深度。丛书不是简单的就事论事。它们将赣南书院概况与历史上的教育方式、教育成果（近600名进士名录）结合起来，形成了一个内容丰富的大课题。在研究的过程中，作者阅读了大量的地方志和文史资料，当然还有无数次的考察行走。编撰成书时，不仅仅说赣南书院与教育，还普及了相关历史文化知识，外延和内涵都有相当的拓展。几大本下来，资料很系统，思索很深入，具有较强的思想性、启迪性、知识性、实用性，既可作为文史资料供后来研究者参阅，又可作为普通读物供寻常读者学习。

三是写作有温度。仔细读过文瑞的作品就知道，他是带着感情、带着责任、带着使命感在做文化这件事，坚持这么多年，而且还将继续坚持。哪怕是作为研究性质的著述，他的文字，也不是纯粹的客观记录。这里面，总是饱含着对"吾土赣南"的一份真挚之情，让文字温暖起来。他热爱这块土地，尤其热爱它的历史人文。他就这样满怀激情不断寻觅，不断求索。写作至此境地，已经无关名利。在丛书的后记里，作者还提到爱人对自己的支持，短短一小段话，读了让人感动。带着温度的文字最能感染人。我们特别需要这种热爱文化的写作者，支持文化的家人和读者。给文化应有的尊重和地位，这个社会才有希望，才能进步。

总之，这套丛书的出版，是一次极具价值的文化梳理，不仅是对赣南书院历史，也可以说是对赣南古代教育史的一次巡礼，功德不浅，意义不凡，值得庆贺。文瑞对文化的求索当然不会止步，借此机会，顺祝作者再出新作，再拓新天，再上层楼！

（本文为在"文化寻根——赣南书院研究丛书"首发式上的发言）

2018年10月15日之夜

故土：厚植与深耕
——李伯勇散文集《九十九曲长河》印象

　　李伯勇的书，每一部端出来都是沉甸甸的"大作"。这不，最近收到他的新书《九十九曲长河》（百花洲文艺出版社2018年10月第1版），300多个页码，洋洋数十万言，又是厚厚的一大本，"块头"和他此前出版的十几部作品差不多。

　　这是一部散文集，内容分为"星汉灿烂"和"百草丰茂"两辑。两部分共收录25篇作品（其中一些篇章在作者前几年出版的另一部文集《昨天的地平线》曾收录过，有的收进此书时做了修订），篇数不算多，但分量不轻。部分文章作为散文来说，篇幅相当长，得耐着性子读，所以要从头到尾看完这本书，还真得花些功夫。

　　在我看来，这部集子，最大的特点是聚焦。这20多篇文章，无一例外，全和作者一直生活的上犹县相关，是对故土的一次纯粹的凝望，深情的注视。"星汉灿烂"重在发掘上犹时空，"百草丰茂"重在展现上犹人物（包括本土人物和在上犹生活过的相关知名人士）。作者在自序中提到了"在地"写作的概念，并坦言"在地性"贯穿自己的创作历程。这是恰如其分的概括。李伯勇的写作始终立足于上犹这个偏僻小县（虽然从空间上来说，上犹离赣州市区并不远，但因其地域上以山区为主，所以在人们的意识中还是觉得其"偏僻"），上犹给了他充沛的精神营养。离开了故土，或许就没有他今天的丰硕成果。李伯勇还说："任何一个人的写作，都具有在地性，都是从他生活环境和经历即从'在地'体验中汲取素材，爆发灵感，推进写作。即使他日后离开家乡，以非家乡素材进行写作，但'在地性'依然是其底色，会有或显或隐的流露。"有过写作经历的人，应该都有这种体会。作品不就是要写自己熟悉的生活么，所以外部环境和自身遭遇就是写作者的宝贵财富。就如一个人不可能揪着头发让自己的身体离开地面，每个写作者都应踩上一块"实地"。这部散文集正是李伯勇"在地写作"的直接体现,它深度聚焦作者所在之"地",毫无掩饰,毫无杂色。

厚重,则是李伯勇这部集子的另一个特点,也是李伯勇写作的一贯追求。这尤其体现在篇幅较长的《苏东坡1094年到上犹》(这一篇,其实并非只写苏东坡与上犹,准确地说,更像是对上犹历史文化的一次简要梳理)与《世纪之交的上犹客家魂》《艾雯与上犹和赣南的旷世乡愁》《无言的家教》《隐没的风景》等篇中。这些作品,有的是文史札记,有的则是当代纪实。不管属于哪一种,李伯勇都不是简单地整理、记录,他以作家的使命感,借助自身修炼已久的学养,随时把自己的思想渗透进去。这些素材因此血肉丰满,生命灵动。作家就应比普通读者站得更高,看得更远,想得更深,才不致辜负了写作的意义。李伯勇以偏居一个小县城的状态而在赣南文坛占有一席重地,正是得益于此。

在内容上,这部集子还有一个特点就是丰富。作者写历史,写文化,写人物,选材广泛;既有长论,又有短文,不拘一格。所涉及的人物既有古代的历史名人,又有近现代的成名人物,还有生活在当代的上犹平民。既有宏大的题材如客家精神、客家重要民俗,也有不怎么起眼的小物件如上犹玳瑁石之类。看这架势,只要和上犹有关,只要进入作者视线,只要具备一定的书写价值,作者都愿意述诸笔下,为之留存一份档案。这批散文,浓墨重彩地展示了李伯勇的文史兼修,也再次体现了他写作的多样性。早些年,李伯勇主要是因为长篇小说而受到市内外文坛关注,其实,他在散文随笔、文艺理论评论、文史研究等方面均有不俗的水平,可以说是身负多种武艺的文坛"多面手"。

"九十九曲长河"在这里是上犹的代称。作为土生土长的上犹人,李伯勇一直扎根在故土,不管写到什么程度,写出什么影响,都甘心"偏安"于小邑上犹,专心构筑自己独特的精神世界。几十年来,他把自己的创作之根厚植于这方土地,用如椽大笔在这里勤奋地深耕,取得了不菲的成绩。在这个时代,李伯勇就是故土的一张重要的文化名片。他在这块土地上找到了自信,也让这块土地更加自信。值得一提的是,近年来,赣州越来越多的作家把笔触对准本土,以各具特色的方式努力挖"矿",地域写作呈百花齐放之势。这是一种可喜的现象。合众人之力,相信赣南大地的文化长河将流淌得更远更美。

2018年12月7日之夜

吃出人间百般味
——读李晓润《山风吹来薯芋香：吃货觅食记》

从微信朋友圈看到李晓润先生又出新作了，书名《山风吹来薯芋香：吃货觅食记》。原以为这是一本实用主义的所谓"美食"图书，重在介绍某个地方的特色菜肴、某个餐馆酒店的主要菜单或者某种菜的具体做法之类，当时也没往心上去。及至收到作者赠书，仔细读过，方知有所误会。这完全是一本保持"中立"的食客心情记录，并非枯燥的广告"软文"，而是生动活泼的随笔，正宗的文学作品。

《山风吹来薯芋香：吃货觅食记》，北京联合出版社2018年11月第1版。作者李晓润，江西宁都人，博士出身（正儿八经的），现"隐居"赣州。此前读他以别样风格演义的唐诗宋词，见识了其人的古典文学功底。而今再读这本专门写"吃"的随笔，又领略了其人的生活情趣，当然也进一步印证了其文学水平。

全书58篇短文，都和"吃"有关。既有国内各地的吃法，也有国外的吃事；既有当代人的口腹之娱，也有古人与吃有关的诗文史话。读了这本书，秀才不出门，可知天下吃。

与李晓润对吃的东西如此钟情相反，我这人对吃的东西向来找不到感觉，吃过就忘（所以朋友们不必费心请我吃饭，实在要请，随便点几个廉价的家常菜应付一下就行了），更别提用文字进行情景再现，深度品味了。可以想象，一般来说，对于写吃的文章，我是不怎么看得进的。但这一本不同。首先，这不是乏味的"说明文"，作者凭借行云流水的文字，有故事有真相，引人入胜，让人很快走进了他的吃货世界。

"家家户户都有桃李罗堂前，果子常常熟透落地腐烂，卖不出好价钱，只好吃得肚皮滚圆，亲邻之间互相馈赠。学童们的书包半边装书本，半边装瓜果，书本被果汁染得色彩斑斓，课堂上常有瓜果滚出来捣蛋。"这是作者

《食无鱼》一文中，描写家乡的一段话。读着这样的文字，一个立体的南国山村立即在我的记忆中清晰起来。拉近距离，看的就是文字怎么表达。特别是对于读惯了苍白乏力的应用文的人们，尤其需要这种清新可感的文字消解一下阅读疲劳。文字虽然只是工具，但它可能决定了你的作品能走多远。

李晓润的文笔不仅生动，而且风趣。读着读着，常有妙语让你忍俊不禁，阅读因此显得分外轻松。作者写自己在四川大吃猪蹄髈，"从此世上少了半头笨猪，多了一个饭桶"；在眉山换住宾馆，"叶公好龙的我生怕东坡半夜来访"；写眉山宾馆的东坡肘子做得好，"吃过这里的肘子之后你会默哀三分钟，为过去那些在笨厨手里枉死的猪弟猪兄。"（《四川美食印象》）作者还有一些"不正经"的自我调侃，如《山风吹来薯芋香》一文，为了表达对家乡无名小菜的喜爱，他这样说道："本人意志薄弱，在革命战争年代很可能成为可耻的叛徒。你用美人计我能坚持一两天，你对我严刑拷打我能坚持半小时，假如你端上一碗青菜芋头糊，旁边摆一碟新开封的鲜辣豆腐乳，我立马献出地下交通图，还免费赠送几个曾经得罪我的家伙。"说自己喜欢冬瓜，则有这样的神来之笔："从此以后我和冬瓜相看两不厌，就像长相厮守的夫妻，连相貌都越来越相似。"（《冬瓜食话》）关于美食家的三种境界，作者更有妙论：第一种"昨夜西风凋碧树。独上酒楼，吃遍天下菜"，第二种"衣带渐宽终不悔，为伊消得人'颓废'"，第三种"众里寻他千百度，蓦然回首，那菜却在故乡妈妈处"。如此活学活用，简直可以把王国维逗得活转过来。

当然，作者显然不是纯粹卖弄文字。在嬉笑中，我觉得，更不能忽略作者字里行间隐隐约约的反思。《食无鱼》堪称本书写得最好的一篇，题为"无鱼"，前面写的其实都是"有鱼"，到文末，才图穷匕见，落脚到生态问题，"有一天我们的餐桌也会无鱼，不是因为吃不上鱼，而是因为鱼不好吃"，寥寥数语，发人深思。其他如："现在的很多瓜果都不按时序，多了一份想吃就吃的随意，但也失去了尝新的期盼和惊喜。"（《夜雨剪春韭》）"现在的瓜果越来越大，瓜果的清香和甘甜却越来越差，这是文明的结果，还是文明的代价？"（《瓜棚闲话》）"我怀念故乡酒席的另一个重要原因是喜欢那种热闹气氛。城里人举行婚庆的时候，宾客之间往往比较陌生，所以匆匆吃完饭即作鸟兽散。"（《故乡的酒席》）这些话语，尽管只是三言两语，但相信在很多读者心里能激起强烈的共鸣。

对于我来说，还增了一份对乡情的共同记忆。印象最深的是《南瓜饼和辣椒饼》一文中提到的辣椒饼，放在全国范围内来说，知道的人估计不会太多，所以真是有钱买不到的好东西。这也是我最喜欢的来自家乡的简易食品，诚如作者所言："现在觉得难忘更加无关味道，其中掺杂了太多的感情因素，久违的亲友、远去的青春，甚至还有乡愁。"辣椒饼是"小众"物什，乡情乡愁则是共性的情感。所以，作品虽然写到了某个小地方，其主题却其实无关地域。

走到哪吃到哪，这个容易；吃到哪写到哪，这个就难了。同样是吃，相对于我这种毫不知味的人来说，李晓润吃出了人间百般滋味，简直是神一样的存在。牛吃下去的是草，挤出来的是奶；李晓润吃下去的是美食，写出来的是美文，妙哉妙哉，值得一品。

2018年12月18日之夜

首要的是讲好故事
——读温谈升小说《电视台那些事》有感

近日读完宁都作者温谈升赠阅的长篇小说新作《电视台那些事》（广东旅游出版社2018年11月出版）。写作是件辛苦事，而写长篇更是苦中之苦。一个业余作者能够一口气码出十几万甚至几十万字，其精神无论如何是让人佩服的。从这个角度来说，认真阅读，就是对写作的一种最好的尊重。

温谈升的本职工作是做新闻，而且是在县一级的基层电视台。这本《电视台那些事》，写的正是围绕一家县级电视台发生的那些大大小小的故事。这当然是作者最熟悉的生活了。面对这一题材，作者是占有天然优势的。的确，这部小说最大的优点，就是向读者全方位地展示了基层电视台的有关特征。电视台的工作方式与流程，各内设部门之间的苦乐差别，都在作者的笔下有着生动、形象、精准的描绘。对电视媒体不大了解的读者，看了这些，相信很快会对这个行业增强不少感性认识。

作品的另一个特点是现实感比较强。这应当和作者的记者身份有关。记者对社会热点问题有着职业性的敏感。所以，作者的笔触随时都与现实紧密相连。小说开头便由一起事故拉开帷幕。刘公村这起山体滑坡事件，相信关注新闻的读者不会对类似事情感到陌生。此后的非法集资事件等，在生活中也很容易找到它们的影子，让人"似曾相识"之余消除了距离感。还有一些情节则是从现实中信手拈来，真实可感。如第二十一章写到的水泥厂摆拍新闻这个片段，生动逼真，谐趣横生，读来让人忍俊不禁。这些从生活中采撷的故事，增强了作品的贴近性、可读性。

但是，作为一名普通读者，我认为，小说尤其是长篇小说，首要的事情还是把故事讲好，让人能够饶有兴味地读下去并感到余音绕梁。通读全书之后，我觉得作品的整体构架还是显得粗糙了些，作者在把故事讲得更精彩这方面还有不少提升的空间。

这部作品缺乏一个核心故事。开头还算能引人入胜，但往后读下去，便发现全书的主题不够鲜明，故事之间出现脱节现象，有些情节甚至明显游离于主题之外。整个作品因而显得有些碎片化。这直接影响了矛盾冲突，看到后面甚至出现阅读"卡壳"现象，期望值因此悄然降低。因为缺了一个有分量的"内核"，作品的厚重感由此大为削弱。

故事情节的缺憾，直接影响到人物形象的塑造。小说的人物形象，理想状态应当是"以事见人"，让读者通过各个情节、细节，自行归纳出人物的性格，并由此循出合理的故事走向。这就好比我们在生活中"识人"，讲究的是"听其言更要观其行"，用事实说话。而这部作品的人物，"脸谱化"表现是比较明显的，因为在很多时候我们看到的是"作者直接说了算"——作者在主观上认为某人是某种人，先就把这个框框给确定了，却忽略了以事实为依据。特别严重的是，作者未能摆脱某些时政记者的"职业病"，时常以老套的新闻报道手法或公文写作模式刻画人物，直接就来上一大串盖棺论定式的评语。如第三章写代理新源县委书记的李实："李实肩负的使命艰巨而光荣……总以一名共产党员的神圣职责忧患新源，心系人民。"第八章写罗心水："他脑子始终强化一种'知识恐慌、本领恐慌'的危机意识，自觉做到苦练本领、严谨治学，学以致用、以学养才，使自身的思想境界、政治觉悟、理论素养、业务技能和工作水平始终与时俱进。"第二十五章写崔晓亮："他坚持'走转改'……践行了一名电视记者发出好声音、传递正能量的职责。"第四十四章写石坚："记者就是用党和人民赋予的使命为社会为人民伸张正义的一个职业、一个群体，石坚用职业的忠诚操守捍卫着记者的正气、法治的公平、社会的正义。"类似这种官气十足的材料语言，放在文学作品里未免大煞风景。这样写，反而让读者感到人物形象苍白无力，不够真实。个别地方还把人物刻画得比较低俗，比如女宣传部部长对电视台部下石坚的那种情感，就写得莫名其妙，显得层次太低，在一定程度上也影响了人物形象的塑造。

认知是文学的基本功能之一。在某种意义上，文学作品主要是写给某些方面水平不如自己的人看的，这就要求作者比普通读者站得更高些，看得更准些，想得更深些，让作品能给读者带来一定的收获。作为现实题材的作品，虚构也要讲究生活真实、符合生活逻辑，尤其要注意避免常识性错误，以免干扰读者的认知。这一点，作者也没有完全把握好。比如，设置一名本地干部担任县委书记（还以市委常委会争论的形式出现），特别是由市委提名其担任副市长兼县委书记，这些干部任用的流程、规则，显然失真，而且找不出需要"失真"的理由。还有，对电视台在社会上的威信也写得过于夸张，同样有"脸谱化"之嫌。这些硬伤，直接影响了故事的质量。须知，"虚构"与"瞎编"是两码事，如果让读者认为你的行为是后者，那就算下了再大的功夫也将与"成功"失之交臂。

  把故事讲好，实在不是一件容易的事。众多业余作者的长篇小说为什么打不响、出不去？我想，温谈升这部作品存在的问题，并非个案，实乃通病。也许，我们还是有必要回归本源，从普通读者的基本需求出发，踏踏实实着手解决那些基础性的问题。

2019年3月15日之夜

真实·真切·真率
——罗荣散文集《烟云故土》印象

一直以为，罗荣先生的散文，最大的特点就是突出了一个"真"字。最近读完他的散文集《烟云故土》（广东旅游出版社2018年11月出版），这个印象就更深了。

《烟云故土》共收录作者长长短短的各类散文40篇，分为四卷，既无"前言"亦无"后记"，不交代任何写作背景或心得体会，全凭读者从各篇文章的字里行间去感悟作者的所思所想所指。也许，作者习惯以作品说话，该表达的都在作品中表达了，无须其他枝枝丫丫的题外话。

罗荣作为宁都乃至全市、全省文坛的一员老将，其作品早已为同行高度认可。很多年前，我就觉得他是一位非常"纯粹"的作家（当然，从职业角度来说，人家也不是专业作家，退休前，和多数写作者一样，写作只是工作之"余事"而已），作品大气深邃，不夹杂某些"非文学因素"，全然不像出自小地方作者之手。文学归文学，仕途归仕途，商业归商业，在权、钱面前保持文学的独立性，这话说来轻巧，做起来却并不容易，毕竟追求功利也算是人的天性，很多人在现实的权、钱面前，总是自觉不自觉地将文学做成了它们的附庸，使之成为谋求职位或财富的敲门砖。而在罗荣这本集子里，你看不到一丝这样的动机——假若作者存了那样的动机，这些文章就没办法做得这么"真"了。

在这里，故事是真实的。这些作品所写的事，有的是作者亲身采访得来的，有的则完全是自己或亲朋的经历。不管是采写先烈事迹，还是记录发生在自己身边的那些事，除了文学叙述特有的风味，本质上没有任何拔高、夸大，让人觉得真实可感。

在这里，情感是真切的。没有泛滥的抒情，没有空洞的口号，更没有苍白的说教。作者的喜怒哀乐发自内心，虚情假意在这里没有立足之地。在

"润物无声"的阅读中，让人随着他的文字，跟着他的叹息，或悲伤，或遗憾，或愉悦。

在这里，叙述是真率的。不仅没有假话，没有美化，作者还不避"丑"，将"一般人我不告诉他"的心思甚至有损自己"光辉形象"的往事不作保留地呈现在你面前，让你通过某些细节，霎那间感知生活的真谛，或者接受一次灵魂的洗涤。

罗荣的笔调是冷峻的，虽然时不时迸出一些幽默，让你读着读着瞬间减负。他这种冷眼旁观的姿态，使他的文学世界更显客观，更富立体感，更容易让人信服。

为文首在"真"。离开了"真"，文字再华丽、语言再动听，都是行不远、传不久的。可惜很多写作者不理解这一点，费尽功夫玩技巧，甚至趴下身子献媚讨好，结果却只能取悦一时，最终也许白白浪费一手好文笔。

唯其"真"，才能从内心深处打动读者。真话未必最动听，但真话总是更管用。作者真诚地向我们袒露心声，这是对读者最大的尊重。罗荣笔下的人物，没有脸谱化，都是血肉丰满、性格多元，让你感到作者描绘的生活离我们很近，"的确是这么回事"，心里情不自禁地与作者同频共振。

唯其"真"，才能让人读着有趣。文学当然得有文学的样子，罗荣笔下的文字，讲真话，但讲得生动有趣，毫不拘谨呆板。小举一例：作者在《老师》一文中，说到老师布置一道题为《我的理想》的作文（诚如作者所言，估计全国的小学生都做过这个题目），作者标新立异，因为自己从小嘴馋，写自己的理想是当南杂店营业员，结果被老师批评、同学嘲笑。被批评后，作者"重拾以前的文风，主题思想越发高、深、远"。但是，"长大后，我当南杂店店员的理想没有实现，却娶了南杂店店员的女儿为妻"（算是"曲线"实现了，呵呵），"那些长大后想当科学家、医学家、政治家、军事家的同学，没有一人实现了愿望"。这样的小片段，让你会心一笑之余，也许还能把思绪拉得更远。这种"罗氏风格"之趣，在书中可谓俯拾皆是。而这些"有趣"，断然不止让你一笑了之，你尽可从中寻觅一些"不可言传"的题外意、画外音。

唯其"真",才能将这些文字当作未来的史料参考。文学的功用之一,当为后世存史(起码成为一种佐证),而某些文字浮华、内容"变形"的作品,则可能起反作用,成为后人认识前事的一种干扰。罗荣的散文最大的价值,我觉得一是真实地表达了自己的思想,二是真实地记录了一个时代的面貌。和许多作家一样,作者有一股浓浓的怀旧情愫,也正是因为怀旧,他如实地把那个时代的某些特征摄录下来了。先辈的生存状况,小城的前世今生,生活的本来面目,作者笔触所及,总是尽可能地真实还原。社会变化大,某个特殊时期的生活(比如长篇散文《杀猪》所叙),若无这种深刻细腻的记录,真担心后人无从知起,甚至望文生义,盲目推崇曾经的做法。所以,从历史的视角出发,我觉得其实我们特别需要这种用心而负责的写作。

读完这本散文集,前后颇花了些时间。它装帧印制简单,外表朴素无华,但是,它值得细细读,慢慢品,真的。

2019年9月11日之夜

小处说说，微观世相
——读廖安生小小说集《品悟》

《品悟》（中国文联出版社2015年1月出版）是廖安生的一本小小说集。说是小小说，其实也可以当作大散文范畴的小品文看待。因为，严格地说，集子里的多数作品，从结构角度而言，与小说还是颇有区别，而且文中的纪实意味浓于虚构意味，所以看起来更像是一种世相笔记类的小随笔。

廖安生写过不少小小说，在宁都文学圈，他以小小说写作占有一席之地。这本集子，在形式上有几个特点。一是标题整齐，101篇文章，均以成语为题，有些题目概括精准，一语中的，甚为传神。二是篇幅短小，多数只是寥寥数百字，长的也不过一两千字，一事一记，言简意赅，适合忙碌的读者见缝插针阅读。三是叙述直白，几乎不见什么"技巧"，直截了当把事情说完了，不需要读者另行解读、猜测。

在内容上，廖安生这些作品体现了强烈的现实性。如果不以"文学"的名义，你简直可以把这些故事直接当成生活实录。它们都可能在我们的身边鲜活地存在着，让你一眼就觉得"面熟"。你可以把它当作是"无巧不成书"，也可以认为它就是生活本身。如《移花接木》一文所说的县委潘副书记为谋升迁，想尽办法，最后从族谱找到了灵感，通过移花接木的手段与上级搭上了关系，携带家谱找到了这名领导，终于如愿获得提拔……这样的故事，在现实生活中还真是不少见。在作者写作此文之后，当地便有一名领导与"潘副书记""不谋而合"，利用族谱做文章，由此成了上司的铁杆"圈内人"，直至二人同日落马，这些事情曝光，一时成为坊间笑谈。似这般仿佛从现实中信手拈来的作品，在这本集子里比比皆是，基本上都可以找到原型，有此行为者不妨对号入座，引以为戒。

作品里表现的戏剧性，则显得荒唐又有趣。如《乐善好施》写一个小包工头刘福因为要不到镇里所欠的修路工程款，无奈之下只好做个顺水人情，当作此举是捐款修路。不料，此事后来被记者一报道，刘福因此当上了县政协委员，"如今的他事事做表率、乐善好施，每年都要拿出点钱做些慈善事业"。这种歪打正着的事，不经意间揭开了某些"典型"的"内幕"，让人五味杂陈。又如《弃旧换新》写公安系统换发新式警服，干警们将旧警服捐给灾区群众，结果引发一系列令人捧腹的故事，最后，甚至"这个警察村再没有发生盗窃事件了"。看似荒诞不经，却又饶有趣味，让人哑然失笑。再如《将计就计》，写跑官者因为被领导夫人认错人而发生阴差阳错的故事，管窥某些地方官场曾经存在的顽症恶习，让人嗟叹不已。这些戏剧效果，活灵活现地组成了一幅"浮世绘"，讽刺意味深长，突出了作品的可读性，耐人寻味。

最让我看好的，则是某些篇章展现的深刻的批判性。我以为，全书最精彩的当数《老生常谈》一文。县工商局局长每次下乡都对工商所的同志说"有困难尽管提，能解决的我们一定想办法解决"，其实却从没把自己说的话放在心上，忽悠了基层职工一年又一年。最后，得知偏远工商所职工刘发生几年前的家庭困难"父亲年逾古稀，妻子又得了癌症"终于解决了，局长很满意地说："有困难就要解决在基层！"回城时，局长好奇地问随行的办公室主任他们这个困难是怎么解决的。主任说："那个刘发生的父亲今年年初过世了，妻子前几个月也病死了。"丑陋的官僚主义嘴脸，在轻描淡写般的叙述中被作者刻画得入木三分，让人不禁拍案叫好。这篇作品从选材、构思、语言运用等方面来说，都堪称上乘之作，而其批判性尤其值得称道。如果这个水准的作品能多些，作者的作品整体质量就立马要上一个大台阶！

廖安生能够多年来坚持留心生活，观察生活，从细微处入手，以这种短小精悍的形式忠实记录世相百态，可谓在文学创作上找到了一个很好的"抓手"。对写作者而言，坚持某个方向，不断深挖细究，提质增量，假以时日，便可能形成自己的风格。小小说虽然体量小，能量却并不小。"小处说说"，亦可成就大方家；微观世相，也能展现大乾坤。在快餐式阅读盛行的当下，小小说这种体裁更容易深入生活，亲近读者。希望今后能够读到作者更多的佳作。

需要改进的地方当然也不少。在构思上，不少篇章应该再花些心思，在"起承转合"上多下点功夫，通过设置悬念等做法，处理好情节，改变结构过于扁平化的现状，尤其是让作品的结局巧妙些，使读者或恍然大悟，或浮想联翩，从而增强作品的冲击力。在叙述上，语言还应再生动活泼些，避免过于简单直白，让作品增添可读性、趣味性。在立意上，应当对源于生活的素材进行提炼、加工、升华，使其真正高于生活，给人启迪，而不能像某些篇章那样纯粹是个事件记录，读完之后无法留下回响。

2019年9月24日之夜

奇思妙想构筑的独特世界
——读金朵儿短篇小说集《雪莲山的狐狸》

近年来，不时听闻金朵儿新书出版的消息。金朵儿的创作以儿童文学为主，虽然是个年轻的"85后"作家，却已出版几十本作品，而且市场业绩都不俗，在赣南文学圈，那是不折不扣的实力派了。

江西教育出版社推出的《雪莲山的狐狸》（2019年12月第1版），是金朵儿的最新作品。这是一部儿童文学题材的短篇小说集，书不厚，由9个独立的短篇组成。和作者此前的诸多作品一样，这些短篇小说既展现了作者瑰丽奇特的想象力，还化零为整，形成合力，聚焦于一个共同的主题。

金朵儿是个童心不泯、思绪不拘的写作者。读她的作品，时时可以看到作者的奇思妙想。在金朵儿的眼里，一切生灵皆通人性，处处都是人的世界。于是，只要视线所及，万事万物都可以转换成为创作素材。这时，我们便不禁惊讶于作者笔下的神秘世界是如此的丰富、立体、多彩。以本书所收的这些短篇为例，在《小人儿茶茶》中，会昌县洞头乡的原始森林里居然有那么一个神奇的小人部落；在《雪莲山的狐狸》中，狐狸们的遭遇出人意料，令人痛心震撼；还有《蓝眼泪》的海豚人，《恐龙外传》的各式恐龙，《阳台上的童话》的小花精、小比熊、蚂蚁、蟋蟀等精灵与小动物，《天井》的老龟，以及构思别开生面、内容充满寓意的《药》，故事深沉而凄婉的《青花》……通过作者的叙说，恍惚间你会发现这些生灵的命运与人类是何其相似，关心它们的世界其实就是关心人类自身。这种讲述的方式，特别符合少年儿童的阅读心理。作者放飞想象，推出了那些富有创意的故事，情节曲折，引人入胜，使作品具有了较好的可读性，让人读后常常有所回味。

金朵儿用她的个性化方式告诉读者，生灵万物皆有悲欢，只是我们人类习惯了以自我为中心。好的童话，为万物代言，某种意义上来说，它是真的。就如一位摄影师所拍的森林里三只小熊在跳舞的图片，发现小熊会说话，会跳舞；小蚂蚁躺在丝瓜花上晒太阳觉得很惬意，雨滴落下来它会觉得恐惧……这些其实都是真的情感，只是站在动物的立场而已。

喜欢故事是人的天性。我们知道，一个娃娃刚刚懂得以语言交流的时候，便喜欢听父母讲故事。其实，儿童如此，成人又何尝不是如此？故事总是比纯粹的说理更容易让人接受。所以，对小说这种体裁来说，在普通读者眼里，讲好故事才是第一位的。如果没有一个好故事，却想吸引读者把作品看完，那对读者来说是很辛苦的事。如果不是职业评论家或"友情阅读"者，我想是很难做到的。金朵儿的作品建立在一个清新奇特的故事基础上，我想这是她的作品受到少儿读者欢迎的坚实基础。

对成功的小说来说，仅有故事当然是不够的。儿童文学也不例外，如果只有故事，作品还未必走得远、传得久。因为少儿读者一切尚未定型，兴趣和想法很容易发生变化，故事过于简单肤浅的话，没过两年就会被他们淘汰或忘却。正是基于这一点，我认为，在金朵儿的作品中，更具有价值的是她致力表现的深刻甚至沉重的主题。

印象中，对人与自然的关注是金朵儿儿童文学创作的一个总基调。作者似乎从来没有停止对这些问题的思考。这部集子也不例外。这9个短篇看似互不关联，其实是在从不同的角度关注人类生存的现实环境与未来世界。在《小人儿茶茶》中，作者从儿童的视角出发，让读者真切地领会到对生态环境的反思是一个深沉的现实问题。《雪莲山的狐狸》乍一看波澜不惊，读到后面却发现作者借动物的诉说批判人类的某些野蛮行为，发人深思，让人警醒。《蓝眼泪》让读者在貌似平淡的叙述中走进一个拟人的世界，表达的也是人与自然、生物与生物之间如何和谐共处的主题，作者说到"出现在我眼前的却是大海的悲歌"时，这样直接地写道："有些海域因为被工厂排放的废水污染，变得臭气熏天；海面上到处漂浮着塑料垃圾，海豚吞下塑料得了病，奄奄一息；有个小女孩从游轮上扔下一个塑料许愿瓶，正好卡住了海龟的脖子，海龟发出痛苦的呻吟；海底最深处，美人鱼得了不知名的癌症，海豚人和鲸人没完没了地仇杀……"拯救大海、化解仇恨这样的大主题在一个小短篇中呼之欲出。《恐龙外传》以恐龙的故事反思地球的命运，对人类的无度行为提出批评，还带上了浓重的科幻色彩，故事虽是戛然而止，却让人觉得余音未了。《阳台上的童话》篇幅相对较长，主题相对而言也没那么集中，但字里行间，依然可以看出作者所表达的希望生活如童话世界般和美的愿望。《沙窝窝》《天井》这两篇，虽然在写法上有散文化的表现，情节被有意无意淡化，但内容展现的乡村风景，相信可以引起众多有过农村生活经历的读者共鸣。

关注人类命运，唤醒家园意识，应当成为文学的重要使命。这里，不禁要说一下眼前这场席卷全国的新冠疫情。出现这样的人间惨剧，说到底不正是因为人们长期不敬畏自然，不关心自我生存环境结下的恶果吗？人类如果不痛定思痛，深刻反思，类似的悲剧只怕还会重演。文学作品当有教化功能，儿童文学尤其如此。关爱地球，改善生态，只有"从娃娃抓起"，让这一代人正确认识人与万物的关系，未来世界方可期。从这个角度来说，金朵儿的作品是下了功夫的，也是具备这种"养分"的。

此外值得一提的是，金朵儿的作品虽然思维活泛，天马行空般构筑了一个个独特的虚幻世界，但她在作品中同时有意识地回归到现实，回归到"身边"，不失时机融入了本土元素。她以前所写的羊角水堡（《羊角水堡的耳朵》一书）是这样的，这本作品集也有这种表现。如作者故乡会昌县的雪莲山（《小人儿茶茶》《雪莲山的狐狸》）、增丰村（《沙窝窝》）等，都被作者信手植入作品中，对家乡起到了较好的宣传作用，体现了作品的实用价值。对于一个地方作者来说，扎根故土，以这种方式推介家乡，无疑是值得肯定的。

2020年2月22日之夜

文字见证不变的情怀
——序谢瑞山《时间的印记》

　　1998年的一个春日，刚参加工作不久的我去定南县教育局采访。乘火车从赣州到定南，到达时已近下班时分。在教育局，遇上刚从该局调到县委宣传部工作的谢瑞山。他听说我是报社记者，便主动向我介绍有关情况，还一起陪同吃晚饭。饭后，谢瑞山问我有没有在宾馆住下。我告诉他，因为次日是周末，此行刚好可以看望几名分配在定南任教的同学，他们在教师新村的住房相当宽敞，已联系在他们那里借住。谢瑞山一听，提醒我，教师新村的住房刚交付使用不久，住户还没有安装热水器，而现在天气尚冷，不如到他家先洗个热水澡再去。

　　那时的城市化远远没到今天这个程度，乡村模式的人际关系在县里依然是主流。我听谢瑞山说得热忱，也就不多客套，欣然前往他家。

　　记得谢瑞山那时住的还是单位的平房，一家人都很淳朴热情。洗完热水澡，稍坐片刻，谢瑞山取出一包香烟，对我说："你那么多同学住在教师新村，其中可能有人会抽烟。你初次上门找他们，身上还是带包烟更方便些。"涉世不深且从不抽烟的我哪知这个道理，经他一再相劝，便按他说的，平生第一次在口袋里放了一包烟，随后在他的陪同下找到了教师新村的同学们。

　　这就是我和谢瑞山首次见面的情景。他待人接物的那份真诚与细致，许多年后想起来，还让人记忆犹新，时时感动。

　　不用说，因为这良好的第一印象，从此以后，我与这位瑞山兄保持了密切的联系。这么多年来，我们都多次换了工作岗位，可以说，早就没有什么工作关系了，但那份友情，并不因此改变（我一直认为，工作上认识的人，只有那些没有工作关系了仍能保持联系的，才算得上是朋友）。

　　现在，瑞山兄托人送来一堆打印的文稿，说这是他即将出版的个人作品集,书名《时间的印记》,要我抽空作个小序。对此,我首先为他感到高兴。我们的友情之所以延续至今,和彼此对文字的那份特殊感情是不无关系的。尤其是瑞山兄离开县委宣传部之后,仍然没有放下手中的笔,还经常看到他有文章见报,我觉得,这是一种难得的情怀。为此,前些年,我便劝过他,有机会可以把自己写的东西整理出一个集子正式出版,他也表示正有此意。现在,他的这个想法正在变成现实,作为老朋友,没有理由不对他表示祝贺。

抽空翻阅这一大叠书稿,对瑞山兄的写作有了更全面的了解。在报纸上看到他的名字,是认识他以后的事。现在才知道,其实,早在我们相识之前,瑞山兄已在报刊发表过一些文章,他从教育局调到宣传部,并不是没有缘由的。由此可见,瑞山兄对写作是真热爱,他和那些把写作当成"敲门砖"的人有着本质区别。

瑞山兄把集子分为"乡韵岁月""乡情岁月""他乡岁月""战'疫'岁月""红色岁月"五个部分。通读之后,感到他的写作其实也挺"杂"的:体裁不一,包括散文、随笔、通讯、诗歌等;题材广泛,不仅写个人世界、家长里短,也写风景名胜、历史文化等。作者在没有"写作任务"的情况下,除了记录生活点滴、抒发个人情感,还能投入精力去关注、挖掘、宣传虎形围、柱石桥、定南瑞狮等本土文化,还能坚持走到哪写到哪,不辞辛劳,把足迹所到之处的漓江、庐山、河西走廊、三亚、大理等他乡风景录于笔下,还能经常关注时政,及时将笔触对准新冠疫情等大事,这份乐此不疲的勤奋与执着,让人佩服。诚如作者书中一篇文章的题目所言,他是在让"诗文与岁月同歌",让文字见证自己那份经年不变的情怀。

文如其人。瑞山兄为人朴实,文字也以质朴为基调,没有太多的华丽词汇,也不讲究所谓的玩弄技巧。我始终认为,文贵真情,只要感情能打动人,文采其实并不是那么重要。比如《老屋》这样的散文,文字平实,情感真挚,每一个从农村进城的人读后可能都会由此打开尘封的思绪,将记忆拉回到未必久远的从前……此文虽然写于15年前的2005年,但至今仍能动人心弦,引发共鸣,尤其让人感慨今天的农村,更是老屋不知何处寻。这样的文字，是不会因为时间的推移而失去意义的。又如《大姐，天上的一颗星》一文，也是在看似平淡之中，蕴含饱满的深情，让人读了不知不觉跟随作者的叙述，去领悟那份无以替代的亲情。庄子说："不精不诚，不能动人。"好的文章，正是靠一份真诚让人发自内心接受，为文如此，做人亦如此。不求"巧"，但求"真"，作为一个业余写作者，能做到这些就足够了。

其实，很多人在年轻时或多或少都有一缕"作家"情结，希望通过文字让自己的人生更精彩。只不过，在生活的磨砺下，人们渐渐改变初衷，离写作越来越远，甚至离阅读也有不小的距离了。专业写作，当然不是谁都能干的事，所以，我们不必奢求成为著作等身、闻名遐迩的"作家"，但坚持写作的"初心"，不轻易抛弃记录的权利，这是完全可以做到的。文字是生命力最强的一种见证，当这些用心倾吐的文字汇集成一本册子，这份收获，这份愉快，是无以言表的。我的书架上，整齐摆放着不少身边朋友们的作品集，这也是我对写作者的尊重方式之一。而瑞山兄这种"文章不为稻粱谋"的写作，更应当获得礼遇。我期待他以这本集子的出版为新的起点，笔耕不辍，捧出更多的精品。

按理说，凭着20多年的交情，对瑞山兄这些文字，理应认真细读才是。但很不巧的是，他这次嘱我作序，很不是时候，正是我在工作上"弃文从武"之时——从干了多年的宣传战线转到监督检查一线，每天适应新岗位的繁杂公务，让人颇有身心疲惫之感。好在瑞山兄对我一向宽容，对我说只要写上几百字表示友情支持就行了。为了回报他的这份友谊与信任，我只好勉为其难，抽空挤出了上述文字，硬着头皮滥竽充数一回，但愿读者诸君能够如瑞山兄一般海涵则个。是为序。

2020年5月15日之夜

做时代的忠实记录者
——读朝颜散文集《赣地风流》

瑞金的文学创作在赣南已居第一方阵，而朝颜（钟秀华）的散文，则在赣南乃至江西也是第一方阵的。从她所获的那些奖项以及发表的那些刊物就足见其实力，而其作品本身更是最有力的证明。当年她出版第一本散文集《天空下的麦菜岭》，可以说起点就比较高。后来的一些作品（包括已成书的《陪审员手记》以及尚未成书的非遗系列），更是在不断超越自我，冲刺新的高度。

手上这本散文集《赣地风流》（百花洲文艺出版社2021年7月出版），从书名可以看出，所收的作品，写的都是江西的人和事。题材集中，形成合力，这是朝颜出书的一个特点，也是很大的优点。很多人出书，一个集子里，什么题材甚至各种体裁都有，五花八门，包罗万象，其实就是大杂烩，最是影响品位，让人产生东拼西凑之感，甚至认为作者可能一辈子就写了这么一点东西。这种书，文集不像文集，全集不像全集，不伦不类，应尽量避免。

这本书共39篇文章，分为三个部分。按我的理解，第一部分"曙色苍茫"是红色叙事（主要是苏区时期的人和事），第二部分"弦歌嘹亮"是生活印记（作者本人的亲历体验），第三部分"风光无限"是时代掠影（行走各地的采风稿）。三个部分素材有别，各有特色。

先说第一部分。红色题材是赣南文学创作的一股主流，以至有些人一提到写作，就想到红色。客观地说，这种题材，写的人虽不少，写得好的却不算太多。很多作者写这类作品主题先行，流于表面，满足于简单叙事。朝颜的作品则有意识地规避那些通病。她注入了感悟，注入了思索。尤其是，"小人物"比"大人物"写得生动，"小角度"比"大视野"展现得深刻。写小人物的那些篇章，作者捕捉了大量鲜为人知的细节，不时动人心弦。比如《你的光荣时间会懂》一文写的"二爷",与开篇《喊一声泽覃》的主角相比,我觉得明显更让人动容。也许是因为知名人物被写得多了,读者耳熟能详,往往先入为主,所以更难出彩。其他如《奔跑的小脚》所写的杨厚珍,《一个村姑的革命史》所写的奶奶刘香娣,都很有深沉感,可以说是另类的红色叙事。苏区岁月虽已远去,但这类写作仍有现实价值,我们需要以多种风格展现那一段历史,尤其是从人性的角度进行挖掘。历史常常是属于大人物的,但历史的细节却可能隐藏在众多小人物身上。作者寻访了一些名不见经传,甚至从没被人提过的寻常人士,这对红色写作是重要的补充,可以让红色文学更加完整。

第二部分,可以说是全书的精华所在。优秀的文学作品应该深刻地展现一个特定时期的社会生活风貌。巴尔扎克被恩格斯称为"整个法国最全面的记录者",他的《人间喜剧》被誉为"资本主义社会的百科全书"。他的成功便在于此。其实,每个时代都需要这样的百科全书式的写作者。一代人要有一代人的书写,人类的记忆才不会中断。对一个具有历史感的写作者来说,他的记录,尤其应当关注那些目前尚能见到听到,但不知还能延续多久的事物。如果这一代人不记录,很多珍贵的东西也许就这样在历史长河中流逝了。作者的第一本集子,就很好地体现了这方面的价值。在这本书的第二部分,我很高兴又看到了这一类作品。

在这里,再次看到了作者厚重的笔力。优秀的作家,应该做一个时代的忠实记录者,而且所记越详尽越好。我们对历史上的事情知之甚少,就是因为古人没有留下足够多的文字记录。很多事情,当时觉得很寻常,后人却会觉得前人留下的记录哪怕是只言片语都非常珍贵。朝颜的许多文章,就有了这种意义。她对生活洞察深邃,特别善于从一些琐碎的表象当中,精准迅捷地捕获其背后的本质。像《衣袂记》一文,主线是自己不同年龄段穿衣服的经历,穿插外婆因为几尺布闹出的婆媳矛盾,阿尔茨海默病的百岁老人招娣奶奶突然痛陈别人偷了她的布(其实是臆想)等细节,字里行间,满是贫穷带给人们的辛酸与无奈,直击读者心灵。这些文字汇聚在一起,力透纸背,因为沉重而厚重。我记得以前读她的第一本书,印象最深的就是厚重得直抵心灵深处。所以，我个人还是非常看好这一类作品，从历史的角度、时代的角度，都是这样。还有像《嬗变》写到的学校的灯盏、钟声，《咫尺相闻天地间》通过信使、网海反映通信的演变，等等，都是一个时代的记忆。读这样的作品就让人感到，好素材是不会过时的，留得下来的文字，都是因为经得起时间的检验。而那些轻飘飘只有"形"而无"意"的东西，则可能转眼间便被一阵风给吹没了。

在这里，再次看到了作者真实的笔触。我们经常说作品要体现真善美。其中，"真"是第一位的，"善"与"美"必须建立在真的基础上，否则便立不起来。作品最能打动人的，莫过于真实。因为真实，这些作品有相当一部分让人产生强烈的"代入感"。比如《十四岁出远门》这样的篇章，农村少女的真实生活场景，真实的心理反映，读来极具立体感，凝固成了一段特殊的历史。又如《信封里的十元钱》，让人特别感动，可以说是一个年代的记忆。此文把我拉回到20世纪八九十年代。那是一个充满梦想的年代，尤其对农村少年来说，那份感情也是最真挚的。而那些外出务工的人，其实有很多的故事值得大书特书。我曾经认为20世纪70年代出生的人（当然也可能包括农村的"85前"）是"苦难的终结者"（因为很多苦难到了这一代人身上，就戛然而止了），可惜体现他们经历的作品不算太多。

在这里，再次看到了作者细腻的笔致。作者是个非常有耐心的人，对人间烟火的描绘不厌其烦，笔下的文字似乎经历了重重打磨，显得晶莹剔透而意蕴深远。文字悠游自如倒也罢了，让人感受更深的是，在一些很微小的、看似不经意的字句中，经常让人受到触动，共情共鸣，甚至让人产生好像偶遇一位多年不见的老友般的意外欣喜。比如《苦是对幸福最深的向往》一文，祖母说的那句"踩了饭粒会被雷公打死"，以及"小孩子不能开蛋碗"，等等，就蓦然勾起了我对某些事情的遐想。当年，这样的禁忌在农村何其多，可现在还有几人记得？城市使农村逐渐瓦解之后，下一代人连乡村记忆都恐怕没了。尤其是新世纪的年轻人，几乎都出生在城里的妇保院，连"故乡"的概念都未必有了，哪能感知当年的乡村是怎么回事？而我们的乡村文明，其实就是靠那些东西传承的。千百年来的道德约束，主要就仰仗那些口口相传、土得掉渣的清规戒律。作者记录时代变迁，还特别善于从日常生活中那些大家视而不见的事物当中提取素材，比如《盛夏云影》写厕所的变迁，构思巧妙，由此也可看出作者平时对生活观察之用心。

第三部分是一些采风稿，反映的是当代生活。这类文章受素材的制约，从深度来说，与前两部分恐怕没法比，特色不算很鲜明，可能还需要继续沉淀。这种题材不是说不能写，但要防止平庸叙述，否则很容易像普通的新闻通讯或所谓的报告文学那样苍白乏力，失之肤浅。这类作品如何突破，还值得不断探索，这里就不展开说了。

总的来说，这本散文集主题鲜明、架构清晰、时代感强，整体质量较高，无论是在选题还是谋篇布局上，对同行都有借鉴作用。作者创作量不小，但成书的数量不多，体现的是精品意识。尤其这些年，作者瞄准方向有计划地创作，取得了良好效果。相信这种自觉意识，将使作者呈现更多的精彩，成为一名优秀的时代记录者。

（本文系为次日瑞金市作协举办的该作品座谈会而准备的发言提纲）

2022年11月11日之夜于瑞金

该繁则繁，当简则简
——李学文长篇小说《青春岁月》得失谈

李学文先生托人送来他新近出版的长篇小说《青春岁月》。这些年，时常在宁都县有关微信群看到他在各地报刊发表小说的消息，可知学文先生在这方面下了不少功夫。但我虽然久闻其大名，而且知道他很多年前曾在我老家乡镇担任党委书记，却从没有直接打过交道。承蒙作者看得起，收到书后，我用最快的速度，在数日之内一口气把它看完，并趁热打铁谈点读后感。

《青春岁月》，中国文史出版社出版（版权页显示出版时间为2023年1月，"早产"了一点，这是出版社喜欢用的招数，不必计较）。这是一部农村题材的长篇小说，故事说的是：20世纪90年代，林校毕业生齐明远在一个偏远的山乡做干部，立志用自己所学带领群众发展脐橙产业。由于母亲病重，齐明远根据家乡风俗，"借"了刚参加工作的女同事刘诗仪为"女友"回去为母亲送终，由此引发了他的爱情传奇，也让他备尝了生活艰辛。就在齐明远即将走出困境时，患上精神病的刘诗仪却选择了悄然出走，直到18年后以失忆者的身份再次出现……

根据阅读体验，我想从三个阶段说说对这部作品的印象。

第一个阶段：导入有效。

收到书的时候，正值中招"新冠"病毒，头昏脑胀，精神不振。在这等情形之下，我开始阅读这本书，几章看下去，觉得是一种轻松的享受。也就是说，作品的导入效果还是不错的，让人有看下去的意愿。单就开头几章而言，起码体现了以下几个特点。

一是时代印记鲜明。从20世纪80年代的校园写到90年代的乡村，生活场景比较逼真。写自己熟悉的生活，是作品走向成功的基础。作者曾经在乡镇工作，还做过几个乡镇的主要领导，对基层生活当然是熟悉的。所以，开头就显得驾轻就熟，挥洒自如。我也是那个时代的农村中人，对作品展现的那些画面，有一种天然的亲切感。所以，我觉得，这类题材，特别容易在同时代有共同经历的人当中引起强烈共鸣，激发深度共情。它让我们对某个特定的时代记忆清晰，浮想联翩。

二是民俗风情浓郁。齐明远"借"女友骗家人，以及其母临终之际的各种"规矩"，让人看到了一幅颇具地域特色的传统风俗画面正在徐徐展开。加上作者运用娴熟的方言表达，相信对宁都读者来说，读了定然时常会心一笑。正是这种先天的贴近性，将人迅速引入胜境。这时，我甚至想，按这个风格走下去，或许这部小说可以成为本土长篇创作中的一个精品，实现某种突破。宁都风情，这是重点，作者千万要把握住。

三是人物形象初显。主人公齐明远、刘诗仪不用多说，齐明远的家人（父亲、兄姐），乡干部胡明生，刘诗仪的母亲张桂蓉等次要角色的形象也呼之欲出，有血有肉。我甚至边读边猜测，按作者的思路，某个人应该会塑造成什么样子；按故事的走向，全书应该可以塑造一个丰富的人物群像，体现基层各式人物的生存状态。

这些就是初步的感觉。因为有了这几点，我认为小说走向成功已打下了较好的底子。于是，我情不自禁对整部书充满了期待。

第二阶段：推进无序。

很抱歉，这里要提出批评了。随着情节的推进，我很无奈地发现，自己的失望却越来越多。不知不觉中，忽然感觉小说的发展进程出现问题了。直接原因是张桂蓉闹事闹得太多，闹得让人怀疑作者的思路有点混乱。读着读着，故事似乎已经偏离了自己的期望，走进了一个误区。说得不好听，由于节奏安排失策，作者自己把自己绕进去了，结果一头扎进去，没办法及时抽身而退。小说的主干部分，有这么几个突出问题，我认为作者没有把握好。

一是情节拖沓琐碎。原以为要渐入佳境，不料张桂蓉无头苍蝇一般，让闹剧持续上演，演得让人产生审美疲劳。在这里，作者把一些没必要展开的细节充分展开、反复折腾。这些叙述，看不出什么技术含量、思想含量、文化含量，只有一地鸡毛，只有絮絮叨叨，让人觉得怎么看也就是那么回事。

二是主题游离涣散。张桂蓉在吴家闹事的情节着墨太多，已经在一定程度上稀释了主题。好不容易过了这一段，接下来又是乡长王流水整出的一幕闹剧。在这里，乡长一手遮天，乡党委书记虽然正直却无可奈何，其他人更是对此毫无办法，气氛压抑得近乎失真。更糟糕的是，它几乎构成了全书的下半部分。等到这个戏份结束时，小说也差不多要收尾了。这样一来，主人公的奋斗历程与人格呈现，在书里就被冲淡得面目全非了。

三是内涵苍白乏力。由于故事推进杂乱无章，使作品在结构上出了问题，导致主题偏离，直接影响全书的内涵深度。"青青岁月"这个书名也因此显得黯淡模糊，缺乏张力。一个妇女干部为女儿的终身大事而耍泼闹事，一个流氓乡长为发泄私欲而胡作非为，占据了全书的重头篇幅。而齐明远何德何能，为家庭、为乡亲做了什么，都没有笔墨来体现了。刚刚立起来的人物形象，顿时变得扁平化、概念化。全书的立意因此大打折扣，思想性也因此难以厚重起来。

因为主要内容处理不当，使作品流于平庸，甚至呈现庸俗化的趋势，让人感到非常遗憾。在这个部分，如果作者能够痛下决心，跳出自己布的那个局，重新唱一出更精妙的戏，我想，效果也许会大不一样。

第三阶段：收尾有戏。

按我看小说开头时的理解，齐明远虽然身处困境，但不应该混得太差。虽然在生活中，正直的人遇到的麻烦事往往会多些，经历的磨难也要超过普通人，但从社会发展的大方向来说，一个正直而有才能的人，是不至于沦落到最底层而不能自拔的。否则，这既不符合生活真实，也不能起到激励作用。所以，我猜测，齐明远起码应该做到乡领导，这样才有条件更好地服务群众，带领群众致富，实现他在事业上的成功。这一点果然与作者"所见略同"，正当看得叹息时，作者画风大变，突然用概述的语言把结局扭转过来，虽然来得生硬了些，不像小说的笔法，但起码回归到了出发点。作者安排齐明远做到了副乡长、乡长，写道他把脐橙产业做成了富民产业，重新呼应了小说的主题。这一部分，从内容上来说，还是颇有可取之处的。

一是构思别出心裁。王流水小人得志时，情节峰回路转。他的恶行传到了地区，包庇他的县委书记等一干人统统下台，王流水本人也被绳之以法。正直的乡党委书记方明亮官复原职。刘诗仪因为精神病突然离家出走。这些矛盾冲突的设置，使情节很有戏剧性，增强了小说的可读性，在构思上值得肯定。

二是结局耐人寻味。小说即将结束时，失踪的刘诗仪意外出现了，而且成了高考状元的母亲。母子俩一起在电视台亮相，揭开了失踪之谜。最后，齐明远立即拨通了省电视台的热线电话。故事戛然而止，给读者留下无数想象空间。这个结尾设计得不错，有余音缭绕之感。

但是，这一部分也有个明显的缺陷，那就是在写法上平铺直叙，没有充分运用各种手法，将故事展现得更加跌宕起伏、扣人心弦。尤其是王流水下台后，每个章节之间，完全可以写得更洒脱、更大气、更有悬念，把故事讲得更加荡气回肠，让人物形象因此更加立体饱满。

按我的理解，在农村问题日益受到社会关注的当下，作者选这么一个切合时宜的题材，取这么一个颇为大气的书名，应该是做了宏大叙事的思想准备的，至少可以在某个切面将之铸造成一个时代的缩影。但由于对其中两件并非特别重大的事情过度渲染，致使作品因小失大，没能用更多的情节去实现该书封底内容简介所说的"颂扬了个人的奋斗、事业的忠诚、纯真的爱情、人性的光辉"这个目的。一部长篇小说，容量虽大，字数虽多，但也该珍惜着使用。该繁则繁，当简则简，需要展开的应该不吝篇幅浓墨重彩铺张，需要简略的则毫不含糊一笔带过，如此，方能达到形式与内容的和谐统一。而这，正是全书没处理好的一个重要问题。

总之，这部小说选题有价值，初衷很美好，起步有看点，落脚有亮点，但在执行的过程当中出现了一些偏差，特别是在架构上存在不足，使一些价值性不大的细枝末节喧宾夺主，直接削弱了它的最终效果。这也再次表明，长篇小说的结构至关重要，驾驭长篇，首先要把框架打结实，不能让它偏了歪了影响整体质量。

2022年12月26日之夜于瑞金

第三辑 自家书

割不断那缕文化情结
——《文化不是哈哈镜》代序

  我较早的一个理想，是当上乡文化站站长。那时候，在农村读书，学校里通过考试出去改变农民身份的学生是百里选一，而我这人自信心一向不咋地，在参加高考之前，从来就没想过读大学的事。那时乡里的文化站站长，当然也不是大学生，他是"泥腿子文化人"转正过来的。那年代，靠着半耕半读而最终甩掉"牛粮"吃"马粮"的人，基本上在每个乡里都有，他们多数干的是文化活。这诱惑力，对于课余也喜欢舞文弄墨的"农N代"来说，该有多大！

  说起来，老家所在的乡镇，还是有些文化味的。全地区第一家农民文化宫在我们乡建成；时任文化站站长是小有名气的农民诗人；连续两任乡党委书记都是作家型官员，一个出版了几部长篇小说，一个是功底深厚的诗人。每逢元旦、国庆等节日，乡里还经常举办征文比赛，农民文化宫墙上的宣传栏，也专门开辟了"文学副刊"，发表本乡作者的作品，而这些事，主要是文化站站长具体操办。所以，在我看来，做个文化站站长，坐拥图书室几百册藏书，筹办各种主题的文化活动，还主持着宣传栏这个重要阵地，定然是件幸福的事。

  没想到，后来自己还是挤过高考"独木桥"进城读大学了。读的是当时最没地位的师范学院，估计以后要回归到农村中学当个语文老师。如果是这样，在教学之余写点东西甚至中长篇小说，也挺有意思的，说不定在某些方面会有些收获呢！——那时，我已开始陆续在报刊发表些小豆腐块，这个想法，并非全无现实基础。

  没想到，命运轨迹再次出现意外，当了一个多月的实习老师后，毕业了居然没有成为真正的教师，倒是满怀欣喜进了市里的报社。其实，我并不想当新闻记者，只希望做一名副刊编辑。入职不久，总编派我参加一个活动的报道，我不情愿以记者身份写这种稿件，把一位同事拉上，写稿任务也转让给了他。稿子交上后，总编说是两个人同去的，应当一起署名（看来这个行业挺讲究协作），同事补上我的名字，其中一个字写错了，我看在眼里却不吭声，因为我正希望通过这个错误的名字表明那不是我。

多干了几年就知道了，报社是新闻单位，在这里上班，不可能回避写报道之事，尤其是年轻编辑，本身就兼有记者身份，说不定哪天就安排你做专职记者了。果然，后来便离开了副刊编辑岗位，日报记者、晚报记者、新闻编辑，采编口的什么活几乎都干过了。我的职业，本来就叫"新闻人"嘛。

还好，不管是干哪个岗位，每年都能坚持读点自己想读的书，写点自己想写的文字，业余生活始终不会和"文化"离得太远。从读中学以来，没有哪一年中断过自发地写点小东西，尽管收成少的年份只写了寥寥数篇，但毕竟是坚持下来了。尤其是2007年以后，从零星发表"升格"为结集出书，对文化的兴趣不减反增。以致到了2011年，当一位市领导找我谈话，说到准备把我调入机关，把身份转换为"公务员"时，尽管他表示"只参与一些特殊文稿的起草，可以留一部分时间搞文化研究"，但我还是当即谢绝了，因为在我看来，机关显然不适合干这事。

然而，一年以后，市委一纸任命，我还是离开了工作15年的报社，到一个机关单位任职。近两年后，又调到了另一个机关。工作性质变化后，真正检验出了自己的所思所想所追求，体会到了失去"归属感"的滋味。尤其是最近一年来，苦闷的工作让人觉得生活空前的乏味。若非面对上有老下有小、第一要务是养家糊口的现实，说不定哪天就辞职了。

看看自己的处境，愈发感到自己的"境界"还是太低了，就像吃惯了乡下土菜，总觉得城里大宾馆的菜肴太没味。那是一种味觉记忆使然。而我呢，囿于眼界、格局，显然不是雄心壮志的人，也不是希望叱咤风云的人，我只适合做一些具体的小事，而且是自己有兴趣的事，最好当然是和文化有关的事。因为在我的职业"味觉"中，留下最深印象的正是文化的味道，因此总是割不断那缕文化情结。

当然，充当业余写手至今，我也逐渐清醒地认识到，文化之于我，也只是"情结"而已，也可以说只是一种"单相思"。这么多年来的坚持，收获的仍不过是些价值不大的小文章，现实和理想的距离太遥远了。特别是最近这些年，我做的事和"文化"越来越远，跳出圈子细思量，自己根本不是个文化人，也可以说本来就没多少文化。只不过因为那缕情结，我潜意识里喜欢和文化人打交道，喜欢做和文化有关的事情，甚至，多年来还陆续写下了一些和"文化"沾点边的随想文字。

今年，赣州市文联在评选"文艺精品工程资助项目"时，给了我一个机会，让我得以将若干年来写的这些和"文化"带点关系的文字结集出版（借这个机会，对多年来关心鼓励我写作的各位领导、师友深表谢忱）。盘点这一百多篇小文章，写作时间跨度太大，内容东拉西扯，并无一个集中的主题。一本无主题的集子出版，没个序言作交代似乎更为不妥，思来想去，有感而发，信马由缰，写下了上述这段同样无主题的文字，权充为序。

2015年6月29日之夜

文化浸润心灵
——《清风悟语》自序

蓦然回首,市纪委宣传部成立四年了。换句话说,我已在这里干了整整四周年。

工作二十多年,这是我最忙碌的一个岗位。还好,这种忙碌,虽辛苦但充实,一年到头不得闲的工作状态,让我经常忘了时光的流逝。略感遗憾的是,由于要做的事似乎总是没完没了,业余写作的数量不得不降下来。想当年,运气好的时候,一年出过三本书,而如今呢,三年也难得出一本书了。

现在,咬咬牙,结合本职工作(有点"职业病"了),还是凑了这么一个随笔集子出版。这百余篇小感悟,分为两部分,一是现实题材,一是历史题材。不管是聊现实还是谈历史,都或多或少和"廉"字沾了点边,所以命名《清风悟语》,也算是"业余未敢忘工作"吧。

宣传、教育、廉政文化建设,这是纪委宣传部的基本职责。履行这些职责,少不了接触诸多公职人员的违纪违法案例。那些在不同岗位倒下的官员,可谓各有各的特点——

有的属于"围猎被俘"型,起初并没想过干那些见不得阳光的勾当,可是由于岗位重要、权力集中,总有一些心存非分之想的人,不断用银弹、肉弹、糖衣炮弹等厉害武器对其狂轰滥炸,使之最后放弃坚守,战败投降。有个主管工程项目的官员,年年考评都是优秀。得知他"出事",很多朋友感到惊讶。按他自己的说法,上任之初,也是有几分清醒几分警惕的,可没想到围猎者下手太重,最终还是"中招"了。这类官员的经历,常常让人叹息不已。

有的属于"牛栏关猫"型,由于制度的疏漏,让人在不当利益面前来去自如,忘乎所以,放心钻制度的空子,日积月累,不知不觉就弄出了大事铸成了大错。一些腐败高发行业,普遍存在这样的问题,有的单位甚至连普通职工都卷进去了，因为干那些事长期没人管啊！

还有的，则可以称为"源头污染"型。这类官员，他的"初心"就出现了问题，从政就是奔着发大财来的，所谓"当官不发财，请我也不来"，入职的第一步就走歪了，身败名裂只是迟早的事。这样的官员并非个别，在我阅读过的忏悔录中，有数名曾经仕途顺畅的官员就坦言自己便是这种人，剖析得很深刻，完全可以触动读者的灵魂。

几种不同的腐败类型当中，我觉得，问题最大也最不好解决的，就是"源头污染"型。"围猎被俘"也好，"牛栏关猫"也罢，都可以通过不断加大查处力度、完善制度笼子来控制，而一个人要是内心深处根植着一个"贪"字，那才是真正可怕的。对这种人来说，制度再严、查得再紧，也很难让他们在利益面前退缩，这道理和马克思所讲的"有300％的利润，资本就敢犯任何罪行，甚至冒绞首的危险"是相通的。

心病还得从"心"治。反腐的最高境界是实现"不想腐"的自觉。达到这个目标，需要依靠文化的力量。文化是软实力，正因为其"软"，它又是最过硬的实力。以文化浸润心灵，涵养"三观"，洁源清流，"心病"的问题便迎刃而解了。

赣州有一处古迹"廉泉"（位于赣州一中校园内），因为苏东坡在此与当地乡贤阳孝本夜话而闻名。苏氏还写下了题为《廉泉》的诗："水性故自清，不清或挠之。君看此廉泉，五色烂摩尼……"与此相映成趣的是，广州有个"贪泉"，据说饮用其水便会成为贪官，再廉洁的人也会变质。但东晋时期的广州刺史吴隐之偏不信，上任时特意喝此水，离任时依旧保持不贪不占的清廉本色。吴隐之用自己的行动点破一个道理：让你贪的是自己的内心，根本不关泉水的事。就是嘛，一个人最需要战胜的，正是自己内心的不当之念！

用文化治"心病"，说来轻巧，实践起来却颇不容易。对这事，我认为，急不得，需要有个过程。一个人，从追求物质的人到追求精神的人，是需要长期"修炼"的。这种"修炼"，就体现在生活的点点滴滴之中。我们首先要相信，只要有这种坚持、这份坚守，从自己做起，从小事做起，就一定会有理想的收获。这些年，我们连续举办"廉政文化月"活动（其实贯穿了全年），就是希望通过这种坚持，在潜移默化中悄然影响人们的内心，让"三观"行进在安全的轨道上。至少，看得多了，听得多了，相信越来越多的人会更加明白那些浅显的道理，认识到冒着偌大的风险去挣取那点"身外之物"，实在没意思、不值得。

附带说明一下，这个集子由于写作时间跨度较大，有些文章引用的事例，已经失去了"新闻性"。但因为文章重在说理，什么时候发生的事并不重要，只要道理还管用就行，所以，出于尊重文章原貌的考虑，对相关内容未做处理。

2018年6月2日之夜

"文旅+武侠"的一次尝试
——关于《祥瑞宝莲》

《祥瑞宝莲》是我出版的第15本书,也是第一部长篇小说。这部小说今年4月由广东旅游出版社出版,5月便进行了第2次印刷。小说刚到读者手中,便被一群年轻的武侠爱好者看中,目前正在用它拍摄微电影,按他们的设想,下一步还要拍成电视连续剧。作为一部通俗文艺作品,这个效果有点超出预期,在此首先要感谢各路读者的关心与支持。

这部小说可以说来得很偶然,也可以说是"逼"出来的。

前几年,我把赣南280多个乡镇走遍后,又想着把各县的最高峰登一遍。2018年11月底,与瑞和兄、远征兄去登赣县最高峰水鸡崠(位于现在的宝莲山风景区),联系了宝莲山风景区管委会主任曾绍均给我们带路。绍均主任在山上干了十几年,对宝莲山有着无以言表的深情。一路上,他对我们诉说,曾经多次请人写文章宣传宝莲山,可是都不见结果,言下之意,希望我能给宝莲山写点东西。我看他言辞恳切,于是一时冲动,对他说,写一个短文有啥意思,要写就写一个大的——对一个景区来说,要以文学的方式来宣传的话,比较理想的选择还是走通俗化、大众化的路子,比如运用我们传统的通俗文学如武侠小说的形式,而且最好可以拍成电影、电视剧。当然,它还需要结合历史大背景,将历史融于武侠之中,寓教于乐,既讲述传奇故事,又普及文史常识,让远近的读者都感兴趣。

在登山的过程中,我说,赣州历史上的著名人物、著名事件其实并不少,比如文天祥在赣州抗元,又比如岳飞、王阳明在赣州平乱。其中,文天祥与赣州的故事,尤其值得大书特书。文天祥是真正符合我们现在对干部所提的"忠诚、干净、担当"要求的历史人物,而且,他与赣州有两段不解之缘:一是担任赣州知州,二是南宋在事实上灭亡之后,从福建、广东进入赣南,战斗在抗元前线。那么,我们的故事就可以从这里展开。为了增加传奇色彩，可以在文天祥身上设计"祥瑞三宝"（因为文天祥字宋瑞）：福寿沟军事秘图、巨额军费、各门派武功精要。故事从南宋灭亡近十年以后展开，摆在台面上的主角是以陈子敬为代表的文天祥余部，隐藏的主角其实是文天祥。通过各级官府、武林人士、江湖帮派、南方义军等各种力量围绕"祥瑞三宝"展开的角逐，讲述一段可能鲜为人知的赣州历史，那就是元世祖至元二十六年（公元1289年）正月，赣州曾经被起义军短暂占领过，当时元朝廷在这里是打过大仗的。这样一来，就把一些本来并不相关的事件，通过宝莲山给串起来了。

把这个思路说完后，同行诸人都认为值得一写，怂恿我把它从构想变成作品。我那时信口开河，根本不计后果，说完就了事，并没往心里放。没想到，下山后，绍均主任一脸认真地对我说："这本小说的事，我们还是先签个协议吧？要不然你不写怎么办？"我不禁愕然，说道："我只是来这里登一次山而已，怎么还要给你签个'卖身契'？"绍均主任见我不答应签协议，面露难色："没有协议，那我凭什么让你交稿？"我看他一脸急切，哑然失笑，便对他说，咱们不用法律解决问题，用道德解决问题吧。当时通往山上的旅游公路正在扩建中，上一次山很不方便。据绍均主任介绍，公路一年之内便可修好，到时交通状况将大大改善。我便与他约定，以公路竣工为限，路修通了，我就把书稿完成。

回来以后，正是岁末年初，工作忙碌得紧。其间，绍均主任也打电话问过小说有没动笔。当然没有。这个时候，各种事情多得要命，哪顾得上写什么小说？

一晃就到了2019年3月。看看时间一天天过去，承诺的事还没动手，心里有点紧张了：如果到时小说没完成，大家就可以把我当作一个失信的小人。事关名节，我不得不把宝莲山的事放在心上。3月1日，咬咬牙，开始动手写了。从此，工作之余，只要有时间，便努力挤出一点文字。有时一天几千字，有时几天顾不上一个字。如此过了将近9个月，2019年11月27日这天，我问绍均主任，公路修得怎么样了？他说，可以开车上山了。我长舒一口气，告诉他，小说刚刚画上句号，周末便可以送上山来。待得把书稿交给绍均主任后，他也长舒了一口气，笑着说道："现在总算可以放心了！在没看到书稿之前，我一直不大相信你真的在写，因为我认为你是没时间干这件事的。"

为了这个承诺，我见缝插针般利用零碎的时间写了9个月，接着又修改了1个月，终于有了这部将近28万字的长篇小说。此前虽说什么文体都尝试过，但还真没正儿八经写过长篇。写完之后，更加体会到写作的艰辛，和朋友开玩笑说，今后不再批评写长篇的作者了，人家能把这几十万字敲出来就不容易了！

说是"偶然"，其实也是"必然"。以武侠加历史的形式宣传赣州文化旅游资源，可以说是我由来已久的想法。但一直以来，总是以工作忙，没时间为由，迟迟没有付诸行动。这一次，如果不是被绍均主任这样一"逼"，显然也没这个作品。时间不就是这样挤出来的吗？人的惰性也是天性，要是没有外力逼一逼，那将少干多少事？

为了让读者尽可能更多地了解赣州历史人文，在书中，我把辛弃疾、宋慈等与赣州有关的历史名人，以及赣南本土的萧立之、曾原一等文化人物也放进去了，而正面出现的陈子敬、刘六十、蔡五九、钟明亮等人，也是历史上真实存在的（当然故事是虚构的）。这些虚虚实实的内容，相信大家自能分辨。如果对那个时期的赣州历史甚至中国历史有兴趣，不妨根据有关线索到故纸堆里寻觅真相。

当然，写这个故事，我也没有满足就事论事，还是试图加入些让人思考的东西，比如文天祥在赣州留下的精神财富对后来者的影响，又比如权力、物欲很容易让人变质（也许和自己的工作有关）之类。所以，小说的结尾，可能让人感到突然，也可能让人感到失望。小说看起来没有写完，事实上也是没完，因为如果有可能，我还将写续集，而且不止一部。我的设想，就是以这种娱乐的方式推一推赣州文化旅游业，让读者通过这种轻松的阅读，更直观地了解赣南历史人文、风景特产等等。所以，我将它定位为"文旅＋武侠"类型小说。

赣州历史上值得书写的传奇还有很多，赣州值得一去的地方也有不少，让故事为当代旅游助力，为当地土产吆喝，对一名业余写作者来说，也算是尽了一份绵薄之力吧。如果此举能得到读者认可，我将按这个模式，继续为"文旅＋"做一些尝试。

2020年5月28日之夜

故纸堆里挖出意外收获
——关于长篇小说《风云宝石》

（一）

我的第一部长篇小说《祥瑞宝莲》出版之后，不少读者关切地问我是否还有续集。答案当然是肯定的。在写《祥瑞宝莲》之时，我就已经谋划了它的下一部，而且书名也取好了，就叫《风云宝石》。

我曾经说过，《祥瑞宝莲》是"文旅+武侠"的一次尝试。写这样的东西，纯粹是为了发掘本土历史文化资源，为当地今后开发旅游起一点助力作用。文学创作虽然不能奉行实用主义，但文学还是可以体现一些实用功能的。我辈业余写手的文字离文学的标准或许相距天远，不过，这并不影响我以写作的方式来为文旅事业吆喝一两声。尤其是，2020年4月《祥瑞宝莲》出版后，市场反响居然超出预期，至今已印刷七次，还被外地的佛山电台改编成有声书（包括普通话和广东话两个版本），且先后改编成微电影、院线电影（筹拍中）。这些小小的成绩，更加增强了我在这条路走下去的信心。

《风云宝石》是《祥瑞宝莲》的姊妹篇，也是我的第二部长篇小说，故事在《祥瑞宝莲》一书其实已经埋下了伏笔。根据设想，我的这类作品，都是以赣南的某个历史事件为背景，借助若干真实的历史人物，架构一个通俗的故事，重点宣传赣南有开发价值的风景。《祥瑞宝莲》的具体事件是元世祖至元二十六年（公元1289年），钟明亮在赣州起兵反元。宣传的重点是赣县宝莲山。而《风云宝石》的历史事件，则是七年之后的元成宗元贞二年（公元1296年），刘六十在兴国县聚众起义，重点想推一推兴国县的宝石山，同时兼顾赣县寨九坳和瑞金铜钵山、罗汉岩等景区。历史上的刘六十与赣县宝莲山本来毫无关系，但为了让两部小说联系得更紧密些，在《祥瑞宝莲》中，我已安排他在宝莲山提前亮相。既然是"小说"嘛，只要情节合理便无大碍，在这个前提下，故事越曲折越有趣。

现在很少有人知道，刘六十起义在当时的赣南绝对是件大事，也是江西行省的大事，在全国亦有一定的影响。刘六十的具体情况，已没有更多的资料可考，只知道他不久即失败被杀了。关于这场起义，《元史·列传第四十三·董文炳（士元士选）》记载：

成宗即位，佥行枢密院于建康。未几，拜江西行省左丞。赣州盗刘六十伪立名号，聚众至万余。朝廷遣兵讨之，主将观望退缩不肯战，守吏又因以扰良民，贼势益盛。士选请自往，众欣然托之。即日就道，不求益兵，但率掾史李霆镇、元明善二人，持文书以去，众莫测其所为。至赣境，捕官吏害民者治之，民相告语曰："不知有官法如此。"进至兴国县，去贼巢不百里，命择将校分兵守地待命。察知激乱之人，悉置于法，复诛奸民之为囊橐者。于是民争出请自效，不数日遂擒贼魁，散余众归农。军中获贼所为文书，旁近郡县富人姓名具在。霆镇、明善请焚之，民心益安。遣使以事平报于朝。中书平章政事不忽木召其使谓之曰："董公上功簿邪？"使者曰："某且行，左丞授之言曰：朝廷若以军功为问，但言镇抚无状，得免罪幸甚，何功之可言！"因出其书，但请黜赃吏数人而已，不言破贼事。廷议深叹其知体而不伐。

根据《元史》的这段记载，刘六十在赣州（兴国）起兵反元，建立国号。朝廷遣兵镇压，主将观望退缩不敢出战，而地方官吏又扰害良民，于是刘六十的势力更加壮大。正当省里的领导都不肯去赣州惹这个麻烦事之际，身为行省左丞的董士选主动请缨前往赣州（注意：左丞并不是省里的"一把手"，上面还有平章政事），而且即日启程，不带兵将，只带了两名随从李霆镇、元明善，大家都不知道他葫芦里卖的什么药。董士选到了赣州境内，不急着率兵去前线打仗，却先来个"正风肃纪"，将那些祸害百姓的官吏逮捕治罪，让老百姓感到这世道原来还有王法。到了兴国县，离刘六十盘踞之地不到百里，董士选让有关将校领兵分别驻守待命，对煽动造反的人进行惩处，并诛杀窝藏反叛分子的人。于是，百姓争相出来为官府效力。结果，董士选没过多久便抓获了刘六十,对其手下则遣散回去种田。这期间,官兵还查获了一批附近州县的富人与刘六十之间的通信。董士选采纳两名随从的意见,一把火将这些信件烧了,让那些富人吃下了定心丸,从此不再想东想西。随后,董士选派人向朝廷汇报工作。中书平章政事不忽木问使者:"董公是叫你来送呈功劳簿的吗?"使者回答说:"我启程时,左丞嘱咐说:'朝廷若问起军功,只说工作没做好,能免罪就谢天谢地了,还谈得上什么功劳!'"取出董士选所打的报告,果然,只提出处理赃官数人而已,不提镇压反叛者的事。朝臣们都为他的高风亮节而感动。

就在这寥寥数百字之中,我们可以发现,董士选是个不简单的人物。刘六十在历史上众多起义者当中,并不扎眼,倒是董士选,不仅仅是个会带兵打仗的人,而且是个做政治工作的高手。他对付刘六十的这一招,善于抓住矛盾的根本,大有不战而屈人之兵的高明,简直是王阳明的师父(他比王阳明早了二百多年来赣南平乱)。再深入了解,更知其人是元朝一代名臣,他的成功果然并非偶然。史称,董士选平生以忠义自命,特别讲究廉洁,无论门生部属,无人敢以一丝一毫敬献给他。他还非常重视家风家教,家人也以廉而名,"子孙不异布衣之士,仕者往往称廉吏云"。因其德高望重,当时的皇帝元成宗尊称他为"董二哥"(因为元世祖忽必烈曾经称他父亲董文炳为"董大哥"。由此亦可见董氏家族在当时之显赫)。

不仅董士选本人,连他带来的"秘书"元明善,也不是一个简单的人物。此人来赣州时虽然只是个小跟班,但后来在历史上的影响不在董士选之下,不仅是位德才兼备的高官,而且是元朝的文学大家,与张养浩、曹元用被并称为元朝"三俊"。元仁宗延祐二年(公元1315年),元朝恢复科举考试,"明善首充考试官。及廷试,又为读卷官,所取士后多为名臣"。延祐二年,全国发生了一文一武两件大事。"文"即恢复科举考试,读书人又有了出路;"武"即因为朝廷实行"土地经理"而引发了宁都的蔡五九起义。没想到,年轻时到过赣州的元明善,居然是恢复科举之后的首批考官,而且阅卷成效还相当不错。而蔡五九这个人,因为剧情需要,我已让他提前在《祥瑞宝莲》和《风云宝石》与读者见面(今后若有可能,我还想重点写写他)。

顺着刘六十起义这根"藤",没想到摸出了这样的"瓜"。这些知名的历史人物和历史事件,让我更加兴奋。还没动笔,已经涌现了几个小说中的人物形象。正是在这样的背景下,写作《风云宝石》的冲动越来越强烈。我想,董士选、元明善在赣南的故事,如今知之者甚少,一定得借这个机会把他们从故纸堆里打捞出来,传播开去,让更多的人知道赣南历史上曾经的震撼与精彩。

很多人认为,通俗作品尤其是武侠小说,无非是打打杀杀的消遣品而已,上不了大雅之堂,也谈不上什么"深刻意义"。这显然是一种"傲慢与偏见"。无论哪种文学形式,都有条件也有责任体现思想价值,关键看作者是否具备处理好这个问题的能力。很多通俗文学,思想性深刻得很,比如金庸,同时期的作家有几个可与之比肩?而也有一些所谓的高雅文学,其实只是文字游戏而已,只能自娱自乐,读者根本不感兴趣。

当收获的历史背景超出意料,我的写作无疑可以往深处多走一走了。于是,我除了尽力展现赣南风土人情、历史人文、景观物产,更在刀光剑影的背后,想到了为政之道、为官之道、为人之道。如果只是写一场农民起义,写官兵与义军之间的斗争,简单划分谁代表正义谁代表邪恶,故事情节未免落入俗套。如果只是致力把这个历史事件还原,则可能枯燥无趣。小说与史实毕竟是两码事,我笔下的刘六十与董士选纯粹是文学形象,所谓的"武侠"也只是一种表现方式。按我真正的想法,是希望通过他们的所作所为说说某些至今还未必过时的道理,希望以这种轻松的形式注入若干思考,虽然这些道理、这些思考也许是肤浅的,但我本人至少为此颇感充实。

(二)

写作过程可以分为两个阶段。

2021年3月,《祥瑞宝莲》出版已快一年了,想想计划中的续集还没影子,心里不禁焦急。于是,3月1日晚上,终于下定决心,启动了《风云宝石》的写作。由于上班事情多,只能依靠晚上,而且还不能保证每天都有这样的时间。所以，动笔时我也不知道什么时候能写完，只能走一步算一步，实在写不完就当作没这回事。

不巧的是，一个多月后的清明节，身体莫名其妙不适，浑身没劲，平生第一次健康困惑不期而至。此后大半年，身体不是这个情况就是那个问题，总是不消停，而且找不到原因。在这种状态下，勉强支撑到6月底，写了前6章约10万字，觉得难以为继，而且地方党政班子换届在即，手上的工作量骤然增大，甚至自己的工作岗位可能会有较大的调整，于是暂时停笔。

到了8月，我的工作果然变动了，从赣州市直单位交流到下辖的瑞金市任职。我这人向来反应迟钝，一种全新的生活，往往需要一个时期努力适应它，何况换了地方、转了角色。写作长篇这样的事最是劳心费神，此时只好不去考虑它了。

到了2022年3月1日，距离动笔写作《风云宝石》已经一年，新的生活也适应得差不多了，我想，有必要抓紧时间把这部停笔8个月的长篇完成了。要么不写，写了就该写完。我是个急性子，没有耐心为一个所谓的作品磨上多少年，希望2022年之内把这件事完成。于是，当天晚上，在交流楼的书房又回到了灯下走笔的日子。

2022年，新冠疫情时不时捣乱。疫情带来的是无尽的麻烦事，也限制了人们的出行。还有一个问题是，也许长期徒步之故，我的膝关节劳损，行走变得吃力。在这个时候，我唯有化危为机，抓住那些难得的安静时刻，努力赶进度。晚上无事时，有时一口气写四五千字。遇到双休日足不出户，一天下来，最多的时候写过1.3万字。这个速度，在咱这种业余写手层面，大概不算慢了。

就这样，一夜复一夜，到了8月上旬，刚好被要求统一休公休假，于是关在书房连续奋战了几天，8月10日那天，竟然比计划提前几个月，把小说的初稿完成了！当在电脑上敲完最后一行文字，我长长地舒了一口气。全书20章30多万字，质量比预料中的似乎要好些，估计出版不成问题，总算可以放下大半的心了！次日，利用尚未休完的假期，专门去兴国县方山岭，从山顶往下看了看那一片绵绵的宝石山（因为腿不利索，没法再次深入宝石山探胜了），这种轻松感、愉悦感，只有经过一番苦战的人才能体会。

短期休息之后，当年9月，我利用一个月的业余时间（其实是前29天），把初稿"顺"了一遍，适当做了些润色，订正了若干错别字。按理说，这样显得还是太不够认真了，作为一个长篇，至少应该再改上几遍才是。但心里还是希望它早日与读者见面，再说也没那么多时间琢磨这事，便将就着交稿了。当时，有三家出版社想要这部书稿，最后我选择了首次合作的江西人民出版社。

在写作期间，为了增强感性认识，让小说场景更真实些，除了踏访兴国县宝石山、蜈蚣山、莲花山等地，还专门去吉安市永丰县君埠乡空坑村实地考察过一次。空坑之战是文天祥在江西打的最后一仗，也是最惨烈的一仗。我这两部小说反映的都是"后文天祥时代"的故事，《风云宝石》更是直接写到这个地方，所以有机会当去现场看看。让我高兴的是，这个地方，地名一直没变过，很容易便找到了。当地也确实流传着文天祥的传说。史料记载的"相石"遗址，虽然已看不出巨石模样，但至少还有人在说这个故事。村干部对我们的造访很热情，他们也热切期盼把文天祥的故事挖掘出来。700多年过去，这里的人们对文天祥依然有着深厚的感情。

（三）

2023年1月，经过几个月的出版流程，小说总算在江西人民出版社出版了。在图书市场不景气的今天，出版社为了防止亏本，不敢多印。结果，不到一个月，便没有库存了。

于是，2月份，出版社启动加印。2个月后，据反馈，基本上又没库存了，编辑表示还要再印。作为无名之辈，我不敢奢望这种无名之作能有多大的市场，没有让出版社亏本，我心里就感到满足和踏实了。

感谢读者的阅读，这是对写作者最大的支持。作为一名上班族，我写作不怎么考虑"为稻粱谋"，从"经济效益"的角度来说，也许只能博人一哂。为什么要不辞辛劳干这种吃力未必讨好的事？"知我者谓我心忧，不知我者谓我何求。"只能说，此事不足为外人道也。但是，对每一名读者，我都很重视。要签名的，无一例外都答应了。他们组织的读书活动，哪怕规模再小，我都尽量抽空参加，以绵薄之力做一名传播本土文化的义工。

我是个期望值不高的人。因为期望值不高，所以失望率颇低，甚至经常有意外之喜。就拿这本书来说吧，2023年3月1日，一个叫"百道网"的媒体发布了2月好书榜，《风云宝石》入选文学类好书榜单（每个门类20种）。据说这是一个致力推书的网站，不管效果怎么样，有人主动推，总是让人高兴的事。

一个多月之后，2023年4月14日，《中国出版传媒商报》发布"2023年第一季度影响力书单"，《风云宝石》入选文学类（共20种）。这种行业报的评选，对我们圈外人来说，可以说是一个极大的鼓励。作品能得到市场认可，无论如何，让我感到欣慰，这也是我继续写作的强大动力。

延伸产品方面也有动静。改编《祥瑞宝莲》电影的团队，继续看上了这部小说。目前，关于罗汉岩的内容，已完成剧本改编，正在筹拍网络电影。这部电影将全部取景于瑞金。自从成了"新瑞金人"，我便期待有机会对这里的文旅事业表达一点心意。

我知道这样的作品当然谈不上"成熟"，它依然只是个尝试。作为一个小地方的写作者，我也没有高大上的理想，只希望用一种大众喜闻乐见的方式，把本土历史上曾经有意思的事情挖掘出来，让今人知道我们脚下这块看似平常的土地，其实也是大有故事的。当然，这些故事，也许不仅是饭后茶余的谈资，它可能对我们今天做人做事依然有所启示，甚至对经济社会发展不乏价值……

一个地方的历史，可能蕴藏着许多闪光点。只要用心去读它，总是会有收获的。赣南历史上还有许多价值丰富的矿藏在等待我们探寻采掘。如果精力和时间允许，我想，就像《祥瑞宝莲》只是个开端，《风云宝石》依然没有画上句号。

2023年5月10日之夜于瑞金

《风云宝石》的历史背景

我的第二部长篇小说《风云宝石》于2023年初出版后，当年被本土的赣州问江湖电影院线有限公司选取其中关于罗汉岩的片段拍摄院线电影《风云宝石罗汉岩》。一年多以后的今年9月，这部武侠题材的电影获得了国家电影局的公映许可证（龙标），并于9月28日在赣州文化馆群星剧场举行首映式。这是赣南首部历史武侠题材的院线电影，虽然存在许多遗憾之处（电影本来就是遗憾的艺术），但在这种条件下能以民间的力量完成这么一部"文旅+武侠"影视作品，还是令人欣慰的。

《风云宝石》的故事是虚构的，但历史背景却是有依据的。小说出版后，我曾经写过一篇文章《故纸堆里挖出意外收获》谈过有关内容，这里再作些补充。

按照目前的构想，《风云宝石》将制作成三部电影，按时间顺序和地域来说，"罗汉岩"（瑞金）是第一部，后面还有"寨九坳"（赣县）和"宝石山"（兴国）。"寨九坳"这一部分的故事纯属虚构，也就谈不上多少历史背景；"罗汉岩"和"宝石山"则分别有一定的真实历史。

（一）

"罗汉岩"讲的是南北朝时期南陈开国皇帝陈武帝陈霸先的故事。陈霸先在今天瑞金市境内的罗汉岩留下传说，并非近些年才有的事。手头有一部清同治甲戌年《瑞金县志》，卷一《舆地志》"山川"部分载："瑞金，山县也……惟陈石、皇恩二山，则以陈武帝之所驻师，宋天圣之赐额存焉耳。"而在"陈石山"这一条则是这样说的："《通志》云：'陈武帝微时常居此。'"对于这个说法，接着还有专门一段："按旧志谓，陈石山故老相传，陈武帝微时居此，故名。通志因之。帝，吴兴长城下若里人，去瑞金数千余里。微时居此之说，荒诞而不可信。不知武帝为开创之主，不特居下若里为微时，即为始兴太守以至为都督，皆可谓之微时……《通鉴考异》引《太清纪》云：'迁仕追霸先于雩都县，连营相拒百余日'，则帝固常至雩都矣。瑞金固雩都地，是帝即在瑞金百日也。故曰：'微时常居此云'。（本《州志》）"——可见，关于陈霸先在罗汉岩之事，在古人当中，有一种观点认为陈霸先老家吴兴离瑞金太远，不可能来过这里；而另一种观点则根据陈霸先的事迹，认为他在瑞金活动是有依据的。

陈霸先在赣州境内当然是打过仗的。二十四史中的《陈书》卷一《本纪第一·高祖上》明确记载："大宝元年正月，高祖发自始兴，次大庾岭……高州刺史李迁仕据大皋，遣主帅杜平虏率千人入赣石、鱼梁，高祖命周文育将兵击走之，迁仕奔宁都……时宁都人刘蔼等资迁仕舟舰兵仗，将袭南康……二年三月，僧明等攻拔其城，生擒迁仕送南康，高祖斩之。"同为二十四史之一的《南史》卷九《陈本纪上第九》亦有相关记载，只不过比《陈书》要简略些。大量的史料表明，陈霸先与李迁仕之间的斗争，就发生在赣南一带。当时的瑞金尚未建县，属雩都县（今于都县），赣南则为南康郡。如此，陈霸先到过罗汉岩之说，如何谈得上"荒诞"？

这部《瑞金县志》卷十三《艺文志》还收有清代邑人谢溥的一首诗《陈石山怀古》，其中写道："梁陈鼎革龙蛇斗，鱼梁败没梅川定，扼吭拊背蹑其踪，连营百日此屯守。"说的便是陈霸先与李迁仕之间的战事。卷十四《艺文志》（新增文）则有邑人刘忠爱《游陈石山记》："……石势嶙峋，壁立如削，即旧志所谓试剑石，相传陈武帝试剑于此。"同一卷还分别有邑人廖其洋的诗《陈石山观陈武帝驻军处有感而作》："梁陈鼎革军严戒，锋刃交绥分胜败。"钟盛权的诗《陈石山怀古》："相传武帝驻旌旗，孤虚维侯参谋略……迎得江东一目王，扫除侯景诛元恶。"这些作品，也可从侧面反映陈霸先在罗汉岩的影响。正是基于这些文献，我认为，今日罗汉岩要进一步提升景区知名度，完全可以借助陈武帝这位历史上的"大人物"，讲好自己的故事。于是，我以陈霸先为"道具"，用文学的方式给罗汉岩上演了一段"武帝奇缘"。

要说起来，将罗汉岩的故事插入《风云宝石》这部小说中，纯属偶然。按我开笔时的设想，当然是没有这个考虑的。但作品写了前几章之后，适逢地方换届，我意外地交流到瑞金工作。当时的瑞金市委主要领导知道我此前给赣县写过一部"文旅小说"，多次要我给瑞金也写一个。我写作纯属业余（既是完全业余的水平，也是完全利用业余时间），基层工作千头万绪，新写一部长篇小说在近年内是不现实的，于是，只好对正在进行中的这一部调整剧情，将"退居二线"的上一部主角陈子敬等人的隐居地从云峰山狮子寨（今全南县）转移到铜钵山祥瑞谷（今瑞金市），由此引出一段关于陈武帝的插叙。

罗汉岩是瑞金的老牌景区，有山有水，尤其是相对而落的两条飞瀑，被誉为"天造奇观"。其风景之佳，在赣南也是有一席之地的，只不过近些年在周边各地纷纷加大旅游资源开发力度的情况下，聚焦度或许有所下降。铜钵山堪称瑞金"第一名山"，很多瑞金人甚至以为它是瑞金第一高峰。其实从海拔角度来说，它离"瑞金第一高峰"还大有差距，但它的知名度，确实是名列瑞金群山之首的。若论旅游开发价值，我认为，铜钵山或将成为瑞金绿色生态方面新的旅游胜地。近几年，它所在的九堡镇主动作为，改善了其交通条件，挖掘了历史文化元素，驱车前往铜钵山已经日益方便，慕名而来的游客也络绎不绝。历代吟咏铜钵山的作品不少（包括明代状元罗洪先也在这里留下过诗作），当地还可以将这些作品收集整理，设置于上山的各个节点，打造一条"诗词铜钵路"，让游客饱览自然风光之际，顺便接受一下文学的熏陶。

瑞金因其既有的知名度，发展文旅产业具有独特优势。做旅游不能满足于现状，止步不前，而应与时俱进，不断考虑游客的新需求。罗汉岩和铜钵山这两个地方，完全具备条件打造成瑞金乃至更大区域的重点景区，为瑞金吸引并留下更多的来自四方的游客。所以，在拍摄《风云宝石》第一部电影时，我向制片方提了个要求：务必全部在瑞金取景拍摄，不折不扣地展示瑞金风光。这次以罗汉岩为主打，拍摄另一部同名小说改编的《祥瑞宝莲》院线电影则以铜钵山为主推景区。影视宣传具有直观且传播面广的优势，而为一个景区量身定制一部电影，这样的事，起码在本地并不多见，从长远来看，性价比应当是可观的。

（二）

"宝石山"这一部分是《风云宝石》的主体内容，安排的历史人物有两个，一是赣南本土平民刘六十，一是"空降"下来的官员董士选。关于刘六十，史上记载不多。《元史》卷十九《本纪第十九·成宗二》载："（元贞二年）冬十月……赣州贼刘六十攻掠吉州，江西行省左丞董士选讨平之。"这是"本纪"的记载，只此一句。更详细的记载在"列传"当中。卷一百五十六《列传第四十三·董文炳（士元士选）》关于董士选这一节，有这么一段："赣州盗刘六十伪立名号，聚众至万余。朝廷遣兵讨之，主将观望退缩不肯战，守吏又因以扰良民，贼势益盛。士选请自往，众欣然托之。即日就道，不求益兵，但率掾史李霆镇、元明善二人，持文书以去，众莫测其所为。至赣境，捕官吏害民者治之，民相告语曰：'不知有官法如此。'进至兴国县，去贼巢不百里，命择将校分兵守地待命。察知激乱之人，悉置于法，复诛奸民之为囊橐者。于是民争出请自效，不数日遂擒贼魁，散余众归农。"

正是根据这一段内容，我虚构出了刘六十与董士选的对决。在小说中，我把刘六十写成一个前期艰苦创业、稍有成就即迅速变质的绿林头领。有一名私企老板读了之后对我说，感到自己以前的创业经历和刘六十太像了，教训深刻。可见小说中的刘六十，在现实生活中不乏其人。而对于董士选，我把他塑造成清官能吏形象，这并非胡编乱造，而是有史实依据的。《元史》在董士选的列传中，提到忽必烈曾经称呼董士选的父亲董文炳为"董大哥"，所以，忽必烈的孙子元成宗称呼董士选为"二哥"。由此可见董家的地位之高。列传还说："士选平生以忠义自许，尤号廉介，自门生部曲，无敢持一毫献者。治家甚严，而孝弟尤笃。时言世家有礼法者，必归之董氏。其礼敬贤士尤至……世称求贤荐士，亦必以董氏为首……每一之官，必卖先业田庐为行赍，故老而益贫，子孙不异布衣之士，仕者往往称廉吏云。"一个出身显赫、条件优越的官宦世家，门生部下没哪个敢向他送一丁点礼品礼金；每次外出做官，首先变卖田产筹路费，以致官越当越大家里反而越来越穷；讲礼法、重人才等方面都是当时的榜样，家教还这么严，子孙走出去和平民百姓没什么区别……面对这样的董士选，刘六十怎么可能是对手？了解这些历史背景之后，对小说所写的这个结果就不会感到意外了。

史籍中的许多细节，是很有价值的，可以帮我们更加真切地认识历史上的那些人。当我从史料中了解到董士选的为人之后，不禁对他肃然起敬。对百姓来说，这样的官员是值得尊重的。而这么一位名臣来到赣州，也可以说是历史给这个地方留下了一笔财富，就看你会不会挖掘出来使用。于是，作品表面上写的是刘六十起义，其实更多的笔墨却落到了刘六十他们的对手董士选身上。

刘六十起义的据点到底在哪，显然难以考证。这不是问题，因为我写的是小说，而不是文史论文。也正是因为无法考证，给了我们更大的想象空间。为什么小说要把他的大本营安排在宝石山？原因很简单，我觉得，兴国县的宝石山这一片丹霞地域，开发旅游的价值太大了。它范围很大，方圆几十平方公里；形态丰富，诸多山峦造型奇特。可惜当地尚未把它用起来，目前还是一片野山，游览还得在当地请向导带路。如果给它安排一些有影响的故事，它的开发利用或许可以提速。所以，去过几次宝石山之后，我便想着把赣南历史上这个曾经有一定影响的事件安排到这里来。反正，刘六十占山为王，总得有个地盘，而且是在兴国这一带。既然真实的地方不可考，那么借用一下宝石山又何妨。何况，去过宝石山就知道，在冷兵器时代，这样的地方，确实适合用来聚义。

文学作品是为现实服务的。我写这类作品，出发点很明确，就是服务于地方文旅事业。所以，地点，追求"实名制"；人物，虚实结合，合理设置（比如，刘六十阵营的蔡五九，就是实有其人。他是宁都人，未来的起义军头领，在历史上影响比刘六十还大，但在事实上，他未必与刘六十有过交集。董士选带来的三名随从当中，李霆镇、元明善实有其人，武功高手石清泉则是出于剧情需要而创造的）；事件，讲求依据，在这个基础上大胆虚构，充分体现故事性，在符合逻辑的前提下，展开想象的翅膀。相比于没有历史背景的"架空"类作品，我个人认为，有历史背景的作品，至少能够提供更大的信息量，让人读了之后有更多的收获。

也有作家认为写小说不应该考虑这些"实用主义"的东西，以免削弱文学性。或者认为，文学作品的地名、人名不宜实写。我却觉得，文学何必把自己弄得太清高，以致曲高和寡。其实，文学本来就是人学，让更多的人参与，让它更热闹一点，不是更好实现文学的价值吗？

2024年10月2日之夜于瑞金

历史没有时效性
——写在《领导干部读〈资治通鉴〉》再版之后

《领导干部读〈资治通鉴〉》是我出版的第三本书，2009年2月由华文出版社初版。这是一部读史随笔，全书由79篇文章（含《后记·读史的收获》）组成。书出版后，曾被江西省委组织部、上海交大医学院等部门、单位推荐为干部读物，还在《解放日报》连载，以及若干报刊转摘，算是有一点小影响吧。十几年后，还有读者拿着从网上淘来的书要我签名，可惜他们买的要么是旧书，要么是盗印书。更离谱的是，盗印的书虽然制作粗糙，售价竟然比原价还高不少。

时隔15年之后，有过几次合作的广东旅游出版社希望我把这本书授权给他们再版。一本书既然市场有需求，出版社愿意出，作者自然是高兴的，于是有了今年7月的再版（此后还有加印）。

这本书写于2007年至2008年。我读《资治通鉴》是从2006年底开始的。此前，心情一直比较浮躁，读书没有规划，也缺乏系统性，纯属消遣。《资治通鉴》原著约300万言，配上注释就远远超过这个字数了。读这样的大部头，当然是需要毅力的。还好，因为历史的味道醇厚绵长，我坚持读下去了。而且，在阅读的过程中，联系现实，有感而发，边读边写，积累下来，便有了这么一批文章。这是读书的直接收获。另一个收获是，将这部历史巨著读完之后，对很多事情有了新的认识，心情似乎平静了许多，"坐冷板凳"的功夫也提高了几十个百分点。

这些文章，大多数首发于我当时所供职单位出版的《赣南日报》，其他报刊也发过不少。在本地发表时，反响还是不错的，常有朋友来电和我交流某篇文章，有一篇甚至被时任市委主要领导批示推荐给全市干部阅读。直到很多年后，我去市里一家医院体检，一名医生看到我的名字后，还惊讶地问我是不是在报社工作，说当年几乎每周都能看到我写的读史文章。而此时，我早已调离报社，换了几次岗位了。

当年的出版过程却不是一帆风顺，记得曾经遭遇过至少两次忽悠。都是签了合同，但迟迟不见动作，后来一次更是对方突然直接毁约。作者是弱势群体，也不可能因为这样的事去打官司，何况他们的出版条件并不让人满意，也就懒得计较，无非是耽误时间而已。耐着性子继续投稿，不久，书稿终于被一家有实力的公司相中。签约几个月后，收到样书，拆开包装时看到《领导干部读〈资治通鉴〉》这个书名，还以为搞错了——因为我的原书名是《历史不会开玩笑——〈资治通鉴〉启示录》。未征得作者同意而把书名改了，这也是因为无名写手太弱势。

我对这个书名并不满意，因为它太功利化了。很多读者望文生义，以为这只是写给领导干部这个群体看的，甚至以为说的是放之四海而皆准的套话。还有些读者，没有读过《资治通鉴》原著，竟然想当然地把它定义为一部讲权谋术的工具书，莫名其妙便有了几分成见。其实不然。《资治通鉴》根本不是某些人理解的"厚黑学"，何止值得领导干部看，它适合全民阅读，不管你是从事什么职业的。当年我写这些杂谈随感时，就并非针对某个群体。而且，我自己只是一名普通读者，不至于这般毫无自知之明。我只希望和喜欢历史、喜欢思考的读者分享一下自己的肤浅体会而已。

这次再版，因为内容没有增删，为了避免表述混乱，所以没打算改书名。篇目的编排上则做了调整。初版被编辑分为"治人篇""治事篇""治世篇"三部分，我认为这个分类并不怎么准确，再版时便恢复原貌，按写作时间顺序排列，不再分辑。

以前在报社从事新闻工作，写了1200多个所谓的新闻稿件。这些稿子，可以说是"当日作废"，谈不上什么价值。虽然说新闻是历史的底稿，但它首先要符合学界关于"新闻"的定义。我当年写的那些报道，未必都具备价值性。即使有些真有新闻性，时间一过也不会再有人提起。而15年后再读这本书，我感觉它和自己的其他文字不同，基本没有过时，引用的史料依然读着有趣，抒发的观点也与现实生活并不脱节。这并非自我标榜文章写得如何，而是说明，历史没有时效性，不管什么时候品读，它都是有价值的。

历史是经过时间沉淀的，经得起岁月检验的。历史题材的写作占了这个优势，不必担心"失效"的问题，这是应时应景之作无法类比的。应时应景的文字就像敲门砖一样，门一开，它就失去了作用。历史本身不是专为谁而存在的，它的养分可以提供给所有后来者，只要你愿意汲取。它的胸怀足够博大宽广，它的内涵足够深厚隽永。

读史要有耐心。历史就像一位睿智的老人家，平静淡泊，不骄不躁。就算你地位再高，工作再忙，学识再渊博，也不妨时时听听这位老人家唠叨唠叨，大有好处。对待历史要有足够的定力，不受干扰，细细品读，慢慢领会。古人的智慧也许是含蓄的，它们像珍珠一样散落在大地，太粗心的人未必能够发现。而细心搜寻捡拾，便会有相应的收获。

历史观照现实。读史不会让你吃亏。它可以让你时刻保持清醒，懂得谦逊之道。它可以让你少走一些弯路，避免误入歧途。它尤其可以让你把很多事情参悟得更透彻，从而活得更明白。

不读历史，难以走向深刻。最近有位知名专业作家闲聊时说起，自己写到后来，越发感到历史的重要性，为了让自己的作品更厚实，花了大量的时间系统读史。何止作家，不管哪个行业，都应读点历史，让自己多几分见识，少几分自以为是。尤其是史籍中的精华，更是富含营养，历久弥新。

2024年10月8日之夜于瑞金

也算一个新起点
——关于我的第一本书《我想我说》

　　我的第一本书是2007年3月由大众文艺出版社出版的《我想我说》。这是一本杂文集，收录了70篇文章。无名小辈出版的无名小书，当然如一颗小石子落入大海，相当于啥也没有发生。如今事情已过了17年多，大概除了作者本人还记得这本书，已没谁知道它了。有一次在网上查资料，甚至发现连这家出版社也不存在了（至少不再使用这个社名）。

　　出书总是留遗憾，第一次出书留下的遗憾就更多了。初次出书没经验，不论是选稿还是篇幅方面，都没考虑周全。尤其是，连一篇交代背景的前言或后记都没有，书里只有光秃秃的70篇文章而已。如今，眼看着要出版第20本书，而且这本是与书有关的书，便想借着这个机会补记一下《我想我说》一书的前因后果。

　　第一次出书为什么选择杂文题材？这还得从第一次发表文章说起。早在读初中时，就喜欢阅读各类报刊（不管与学习有无关系），也喜欢在课余信笔写点东西。那时在乡下，从没看到谁发表过作品，对文章变成印刷体这样的事觉得十分神秘，便希望有朝一日自己写的文字也能变成这个模样。在悄悄投了十几次稿之后，1991年4月，已经读高二的我总算收到了人生的第一笔稿费。此前并未收到样报，事后经查证方知，一篇短文《桃李与蒺藜》在《河北日报》发表了。稿子是一年前写的，一篇几百字的小言论，但我后来却把它当作"杂文"投给《杂文报》（《河北日报》的子报），没想到阴差阳错发到《河北日报》了。那个年纪无知无畏，兴之所至，什么文体都写，也不管像不像。因为第一篇发的是自认的"杂文"，于是，后来便有意识地往这种文体多靠一靠了。

　　这篇文章因为太肤浅，第一次出书时，也就没考虑把它选进去。倒是过了两年后，为了更方便地保存以前发表的那些幼稚的文字，专门出了一本

《那时心情》（也是在大众文艺出版社出版的），把这篇短文收录其中。这本书因为有一篇自序，在这里就不多说了。

1990年以后写的东西，我都努力让它们在报刊正式发表。坚持了十多年之后，写作与发表的数量虽然年年有增长，但并没有什么实质性的长进。尤其是言论写作，一直处于很低的层次。直到2006年，业余读中国历史，有感而发写了些小随笔，自我感觉稍稍有点进步了。到了年底，作为业余写手发表的文字达到了400篇（首），恰好看到同办公室的前辈张青云老师出版了她的散文集，原本就有的出书冲动，因此更加强烈。在向张老师请教之后，于是，决定鼓足勇气尝试出书。

由于写作内容很杂，涉及多种文体，第一本书选哪些文章便得斟酌一下。将不同体裁的作品混在一起的"大杂烩"式出书，我向来不喜欢。多数情况下，那纯属写得少、凑合着出的书，层次太低。在条件允许的情况下，一本书还是尽量选一种大的体裁。经过比较，还是杂文胜出。下定决心之后，我开始编选自己的第一本集子。因为都是些篇幅不长的文章，说的也是自己想说的大实话，书名便定为《我想我说》。这样的书名，符合我们农村人取名的风格——我们的老一辈给小孩取名都是就地取材，省事得很，我这书名也是偷懒的这一种。

全书分"谈古论今""说东道西"二辑。前一辑26篇是读史随笔，写于2006年（其中最后一篇《从"头"护法》是读《资治通鉴》的感悟，因为收进了这本书，便没有和2007年以后写的系列随笔放进《领导干部读〈资治通鉴〉》一书）。后一辑则从1997年至2006年（也就是参加工作以来10年，此前的学生时代所写的东西一概不考虑）所写的现实题材杂文当中选了44篇，凑了个整数之后便匆匆交稿了，也没考虑一本书的分量是否足够。现在回过头来看，它还是太单薄了，大32开，178个页码，放在书架上很不起眼。如今的书，在外形上，开本越来越大，页码越来越厚，装帧越来越精美，仿佛非如此不足以体现分量。回首鲁迅他们当年出版的著作，那真是简朴得不成样子，几乎没有一部称得上大部头的。我也是因为看着鲁迅的书才几万字一本，便没想到出书这事也要与时俱进，否则不进则退，所以忽略了把它弄得更厚一点（虽然当时同类文章尚有"存货"，非要增加一些也未尝不可）。如今既然成了事实，也就只好拿前辈大师们的薄书来自我安慰了。

出书的过程并不是特别愉快，因为有些文章在编辑的"斧头"下没能全身而"进"。我自己也是做编辑的，深知这些表述并无不妥，更何况这些文章此前都在公开发行的报刊发表过。然而，此时"斧头"在别人手里，你别无他法。几十年来，我少说也在500种报刊发过文章，喜欢砍稿的编辑没少遇过。限于报刊篇幅而砍削尚可理解，有的编辑则纯属"躺平"思维作怪，多一事不如少一事，自己搞不清楚的就一律拦下，根本不管作者的心情，也不管是否因此害了文意。

书出版后，也曾怀着几分激动，送了若干本出去。原指望真听到几句"指教"的话，但结果如你所料，送上门的书基本没人看，别说"指教"，乐意"惠存"者也可能找不到几个。这也没什么奇怪的，现在出书方便，每年都以海量计，若非有缘，谁愿意保存无名小辈的书籍？一本大众读物没人愿意看，从根本上来说，还是因为它的价值性不够。

话说回来，这本书之所以败笔多多，还是因为写得不多，可供选择的内容太少。说到底，写作之事，数量和质量当并重。没有一定的数量无以成书，没有一定的质量，勉强成书也只能自娱自乐。年轻时，还是要不问收获，只问耕耘，先别管那么多，埋头写下去再说。对于业余写手来说，目标不要定那么大，心情不要太急切，把写作视为生活的一大乐趣，把出书转化为写作的动力，待得水到渠成，或许多少会有些意外欣喜呢。

不管怎么样，从发表到出版，《我想我说》这本简陋的小册子对我来说，也算写作上的一个新起点，为我的业余生活增添了新内容。不积跬步，无以至千里。即使走不到千里，回首来时路，也别抹杀了这"跬步"的作用。所以，作为作者，我并不嫌弃它，依然记着它。

2024年10月21日之夜于瑞金

为自己保留一点回忆
——关于《平常人事》

《平常人事》是我出版的第二本书。2007年3月出版第一本小书《我想我说》之后,意犹未尽,出书的冲动还在继续着,真是"有了第一次就会有第二次",于是很快便谋划着第二本书。到了当年12月,《平常人事》就在同一家出版社大众文艺出版社正式出版了。

与杂文集《我想我说》不同,《平常人事》是一本写人记事的散文集。全书共收录52篇文章,分为"亲朋印记""岁月留痕""江湖纪事""生活幻影""学士列传"五辑。其中,前四辑写于1997年至2007年(也就是参加工作以来至该书出版那一年),"学士列传"则写于1993年至1995年(当时正读大学)。

这本书在容量上,比《我想我说》还要小,大32开,总共154个页码。文章篇幅都不长,每篇一两千字而已,加在一起还是显得太单薄了。而且,和第一本书一样,缺乏前言、后记之类的说明文字。正因为如此,觉得有必要为它补一篇文字,尽管它早就被人遗忘了,或者说从来就没有被人记起过。

从书名就可以看出,这些所谓的"散文",记录的都是些普通的人与事,写作手法也是传统的。我平时读散文不多,也没有琢磨过写作技巧之类,毕竟咱干的不是"文学"的事,文字能力离"文学"也相距太远。但这并不妨碍把自己的经历见闻记录下来。"亲朋印记""岁月留痕""江湖纪事"这三个部分32篇文章,可以说是写实的,不管是人还是事。"生活幻影""学士列传"则带上了一定的虚构色彩,本来是想把它们写成小小说的,但觉得情节还不达标,于是当作散文处理了。当然,也是因为要出这本集子,同类作品数量不够,所以将这种文体有点模糊的文章拉进了这个阵营。关于散文是否可以虚构的问题,曾经有过争论。我认为,散文当然是可以存在虚构成分的,如果完全纪实,那就可能归到新闻或文史系列去了。事实上，很多散文，无论是情节还是情绪，怎么可能完全真实？写作时，已是时过境迁，不可能百分百还原当时的情形。还有，散文家族又分为若干品种，有些原本就属于虚构的（比如寓言）。因此，对这个问题，也许不必过于拘泥。

出这本书时，本来不想考虑学生时代的稿件（觉得幼稚了），但为什么还是把写于大学时代的"学士列传"收进去了呢？说起来，我对这一批文章（共12篇）还是比较喜欢的，实在不忍心让它们遗失。这些文章源于身边的生活，写得也还算鲜活，在当时，一度引起不少同学和老师的共鸣，甚至还有黑龙江《新青年》、广西《三月三》等刊物的编辑在寄样刊时专门附信鼓励我。学校中文系写作教研室主任方春老师以前不认识我，在我毕业时，看了这批文章之后，说人物形象很鲜明，这篇让他想起教过的某学生，那篇又像是某一届的另一个学生，等等。为此，他很希望我留校当写作课教师，并郑重向有关领导推荐。但因为"你懂的"原因，他失望了。饶是如此，他仍不甘心，还积极将我推荐给市里一所中等师范学校。方老师这份热心，让我一直深深感动。我本人倒是不敢误人子弟，所以并无留意（那时学校的待遇也确实不够吸引人，曾有学业突出的师兄在留校后还是忍受不了清贫南下广东了）。读大学时，写的东西逾百篇，"学士列传"这个系列给我带来的稿费最可观。当时，最多的一篇达到120元（发在《粤港信息日报》），而那时一个月的伙食费不过四五十元。也就是说，这批稿件，随便哪一篇的稿费，都足够解决我一个月以上的生活费。虽说"文章不为稻粱谋"，但对于一个正宗的穷学生来说（我那时的部分学费还是借的，毕业后自己还），这样的稿费，还是颇让人高兴的。只是，其时并未觉得那些报刊有多么可贵，甚至还道是寻常。直到过了许多年之后，发现物价涨了多少倍，而很多报刊的稿费并没有发生什么实质性变化，这才知道，原来，还是早些年的文章更值钱。"事后诸葛"的事总是不可避免，现在回首，其实这个系列完全可以再写一些篇章，可是那时也许肚里没货，也许不够勤奋，竟然才写区区12篇就没有继续写下去了。

年轻时阅历不够，思考力不足，所以写东西思路打不开，基本上是简单的就事说事，不仅写得少，而且写得浅。把这批文章收集起来，也只是为了方便自己保存而已，纯属自娱自乐。文字是心路的见证，只要是出于自己的笔端，它就是真诚的，不会骗人。对我辈业余写作者而言，写作的意义可能也在于此，努力为自己保留一点回忆。就像更多的人喜欢以摄影摄像的方式记录自己的过去，你能说它们没有意义吗？只要自己觉得有意义，大概就值得去做吧。

当然，写得少，虽然和阅历简单有关，但根源还是动力不足，惰性太重。我常常感叹：出书方知写得少。平时听一些业余写点小文章的朋友自我感觉写了很多，我便对他们说，你先辑录一本集子试试，就知道到底写了多少。自然，他们把稿件一整理，就发现根本不够出一本小书，或者不够出一本同体裁的小书。我们一年写那么几十篇小文章，真是少得可怜。有人说，写作不以数量论英雄。但另一方面是，在数量有限的情况下，怎么可能保证出书的质量呢？起码要有个选择的空间吧。从这个意义上来说，时不时出一本书，还真可以倒逼自己多动动笔。所以，近些年，我力争每年出一本书，以这种方式迫使自己不敢过于偷懒。

《平常人事》出版以后，写人记事的文章写得极少。并非无事可记，而是觉得时候不到，而且这种事情没有时效性，让时间把它们沉淀沉淀以后再写也无妨。生活中的很多事，对经历者而言其实还是挺有价值的。我想，也许到时候，还得集中写一批这样的文章，为自己多保存一些有意思的回忆。

2024年11月4日之夜于瑞金

大帽子下的小个子
——关于《疑似梦境》

《疑似梦境》是我的一本小小说选集,也是我出版的第八本书,四川文艺出版社2012年2月出版。这是一本滥竽充数的书,也是一本名不副实的书。这样说,不是自谦,而是有自知之明,否则就要被人说成欺世盗名、狂妄自大了。

这本书的出版纯属偶然。十多年前,一位早年写小小说,同时经营文化企业的外地知名作家突然打电话联系我,说他正在组一个大型小小说丛书,向我要一本书稿。当然,他也很坦率地告诉我,这套书没有版税,将以100本书抵稿费;至于稿件,把以前发表的作品收集起来就行,已经出版过的也不要紧。对我辈无名作者来说,出书本来就是比较奢侈的事,这个年代的出版行情,我也是有所了解的。一般的书,只要不让作者垫钱,就不错了,何况还没提"原创""首发"之类的要求(有些报刊,发行有限,稿费低微,却动辄要求作者"专投""首发",不知哪来的底气),于是我爽快地答应了。

在这之前的2011年6月,我刚刚在大众文艺出版社出版了第一本小说集《吴村逸事》。现在再组一本小说集,当然没什么新作。组稿方对书稿的篇幅有个大致的要求,于是,按照约定,我索性将1990年至2011年期间所写的小说(绝大多数是小小说)全归纳进去。最后,书出版时,组稿方保留了84篇(因为某些原因删了一些,其中就包括我自己最喜欢的一个短篇《牛牯嫂》,好在这篇已收进《吴村逸事》一书)。

这本书是"选集"性质(也是继《历史不会开玩笑》之后的又一个"选集",此后还出过《向古人借智慧》《人生没有标准答案》《文化不是哈哈镜》《清风悟语》几种"选集"),与我自己组装的"文集"类的书有所不同,所以任由出版者处理,我并不在乎。这些稿件,多数选自《吴村逸事》

《平常人事》《那时心情》三本书。《平常人事》与《那时心情》其实是散文集，但里面有些写人记事的文章，文体其实有些模糊，如今为了凑数，我把它们拉出来冒充了一下小说。各种文体之间有时确实没有太严格的界限，小说散文化或散文小说化也是一种客观存在的现象，所以，这样做，大概不算犯了什么天条吧。

但是，稿件质量是让人脸红的。毕竟，写作时间跨度太大，学生时代的那些东西，事后看起来的确够幼稚了。而我又是个念旧的人，总不舍得抛弃这些曾经帮自己驱逐寂寞与苦闷的文字（尤其是在乡下上学的岁月，那是一点希望都看不到的日子，如果不是因为喜欢上了写作，能不能坚持把书读下去都是个问题）。正是由于这种心态，我硬着头皮将它们交出去"忽悠"组稿者了。很感谢他们竟然对这本书稿放行了。记得当时对方说要取其中一篇为书名，于是选了这么一个名字。倒不是《疑似梦境》这篇质量最好，而是觉得这个篇名比较适合做书名。

书稿交出去后，对于能否出版，我并不抱太大的希望。出书这样的事，随时可能遇到意外，以前便有过半途而废的经历。这种临时拉去凑角的事，不确定因素只会更多，所以还是别过于乐观为好。反正，对我来说，只是花费了时间整理稿件而已，就算最终出不成，也没有什么实质性的损失。

没想到，过了较长一段时间，果然收到了一大包书（版权页虽然标注的是2012年2月，但记忆中，实际收到书应该晚了几个月）。一看封面，这套丛书的名头还不小呢，叫"百年百部微型小说经典"。整个系列共四辑，每辑25本，我这本在第四辑。丛书号称王蒙作序，其实只是选了他一段关于小小说的简短言论。此外无其他前因后果的介绍。

这个书系的名头，看得我心里阵阵发虚。其他人的作品或许称得上经典，我这一本，能出版就给了天大的面子了，怎能冒用这样的名号？一方面，我感谢组稿者，在未曾谋面的情况下，给我一个无名小辈出书的机会。另一方面，我又不得不说，市场经济环境下，图书营销者为了发行量，什么口号都敢打。在这之前，年度"最"作品之类的图书我们也见过不少，其实何"最"之有，还不是从某个渠道随便选一些文章编辑成册的？我就不相信编选者真有那么多功夫去比选。所以，这本书，我给它的定位就是"大帽子下的小个子"——虽然别人给它戴上了一顶听着好大的帽子，但它其实就是一个发育不良的小个子。这帽子大得何止把脸遮下了，甚至把整个身子都给盖住了。

若是叫我操办这事，我是定然不敢也不愿取这么大的丛书名的。我觉得，做什么事都应当实事求是，夸大其词的做法，终将导致不良后果。当然，像我这样的思维，也决定了做不成像样的事，只能干点具体的小事，时刻保持草根本色，坚定地活在草丛中。

在这之后，我还专门写了一本小小说集《谁是吴小丁》。与《吴村逸事》相比，这本书在动笔时算是有点计划了，所以有一定的整体感（此前出书则完全是把某一时段的稿件简单汇编而已）。有一段时间，我觉得小小说和杂文可能是最受读者欢迎的文体，因为在街头遍布报刊亭的年代，几乎每个报刊亭都有《微型小说选刊》《小小说选刊》和《杂文月刊》《杂文选刊》这几种杂志。然而，如今报刊亭早已销踪匿迹了，《杂文选刊》也于2023年底停刊了，而两种曾经畅销的小小说杂志，据说销量与当年已有云泥之别。看到这个状况，《谁是吴小丁》出版之后，我便不敢再动念头写小小说了。杂文倒是还在继续写着，但也不知道能坚持多久。因为，如果没了阵地，写了也相当于没写。

弹指十几年，变化这么大。放在今天，我们这样的业余作者已几乎不可能遇上主动找你出小说集的好事了。有感于此，看看这本十几年前的旧书，趁着对它还有些记忆，赶紧写下这些文字做个纪念。

2024年11月15日之夜于瑞金

一本"捡"来的书
——关于《人生没有标准答案》

如今写作者越来越感到"出书难"。这还真不是矫情，对普通作者来说，要出一本书（不包括自费的方式），确实很不容易。而在十几年前，机会明显更多。那时，如果在网上留意的话，说不定哪天就遇到了一个征集书稿的人。

我的一本随笔选集《人生没有标准答案》就是在这种情况下出版的。该书于2014年9月出版（中国财富出版社），而从整理书稿到出版，时间拖得还有点久。

我也不知道怎么加上了一个出版人的联系方式（那时，应该是使用QQ，可惜后来出现微信，这东西用得少了，现在连登录密码都不记得了）。这位先生似乎是湖南的，说正在策划一套丛书，向我约了一本书稿，要求是随笔集，内容不限。当然，对方也明确说了，不给稿费，只提供100本书作为报酬。这种事并不新鲜，我此前出版的小小说集《疑似梦境》便是这个模式。作为一个无名作者，我觉得，应该理解组稿方的难处，也愿意接受这样的条件，于是就动手整理书稿了。

因为手上的稿子较充足，选稿速度也就快得很。书稿交了之后，出版日期却似乎遥遥无期。我甚至以为，对方大概就是心血来潮忽悠人的，以前也遇到过类似情况。虽然签了出版合同，但谁有精力为这样的事去较真？好在除了浪费时间与精力，谈不上更多的损失，也就没当回事了。

就在差不多要忘了这件事的时候，某天忽然收到一个包裹，拆开一看，居然是一包书，书名叫作《人生没有标准答案》，作者正是本人。为什么会觉得有几分意外？因为书名被改了一个字，原书名是《人性没有标准答案》，取自其中一篇文章的标题。

这是我出版的第11本书，也是至今出版的6本"选集"类作品之一。全书共收录了137篇感悟类短文（其中有少量其实是小小说），分为"少了一把椅子"（20篇）、"爱的细节"（20篇）、"收起你的保护伞"（20篇）、"你一定得立起来"（20篇）、"相隔一堵墙"（24篇）、"人一旦失去追求"（18篇）、"人生没有'标准答案'"（15篇）七辑。前六辑的题目，都是其中一篇文章的标题，而第七辑的《人性没有"标准答案"》一文，偏偏被删去了，不知何故。这些文章比较零散，写作时间从20世纪90年代到21世纪10年代，跨度十几年，有的还是大学时期写的，当然都在正规报刊发表过。多数篇目在此前已收进了自己出版的相关集子。少数还没有编入集子的，也是准备放在以后出版的某本书中的。

因为是早期的小文章，多数是幼稚肤浅的。若非存了"不悔少作"的心态，真是不好意思面对它们。好在，这些文字，是自己用以"立此存照"的，并不在乎有谁去看它们，也就不必太计较了。

今天之所以提起这本旧书，是因为除了这些文章，该书没有其他说明。封面倒是标了"传奇中国图书系列·美文卷"丛书名，但具体这个丛书出了多少本，是为什么而出，无从知道。那个联系书稿的书商，后来也失去了联系。如今回想，这事其实颇有几分莫名其妙。所以，对我来说，这纯属一本"捡"来的书，虽然谈不上特别的高兴，但也算多了一次出书的经历，聊胜于无。

这样的书能够出版，至少说明在那个年代，纸质图书还有较大的生存空间。再看现在，才过十年时间，这种出版信息已经非常稀缺了。虽然仍有面向普通作者组稿的现象，但不仅不给稿费，就算以书抵酬的方式也难得遇上，多数情况恐怕还要向作者收费。自费出版基本只能是自娱自乐，只要作者有需求，旁人倒也不好评论，毕竟出版也是一种权利。但市场书越来越没市场，读纸质书的成年人越来越少，怎么说也不是什么好事。我们倡导全民阅读，首先应该读的是传统意义上的书。如果只是网络上的"爽文"阅读，毫无逻辑的"霸道总裁"故事之类的阅读，那么，阅读之事，基本可以到此打住。当社会上不再流行阅读习惯，别说一般的图书了，再好的书又如何走近读者？

今年在华东某发达城市见了一位早年的同行，当然也是文化人。与他谈起读书的事，原以为话题将滔滔不绝，不料，他淡淡地说："现在谁还看书？我的朋友们都把书捐给社区图书室了，因为留着也没什么用。"家庭不留书？我一时心情黯然。也许，我是个"抱残守缺"的落伍者，但，我还是希望这位前同行所言，并不代表大家。一个人可以不要太多藏书，但家里总该有个放书的地方，有若干本自己喜欢的、不舍得送人的书才好吧？

更令我困惑的是，一方面，读书人比例不高，正版图书销量有限；另一方面，各类盗版却层出不穷。我早年出版的《领导干部读〈资治通鉴〉》，近些年不时有读者拿着网购的盗版书找我签名。这倒也罢了。最近，我专门从网上淘得两本《人生没有标准答案》，不料，到手后竟发现，其中一本开本明显更小，印制极其粗糙，不折不扣的盗版书。连这样的书也会出现假货，我彻底蒙了，一时真不知该如何评说这个问题。

2024年11月21日之夜于瑞金

文天祥与赣州以及《祥瑞宝莲》的虚虚实实

  一个月前，由我的长篇小说《祥瑞宝莲》改编的同名院线电影在瑞金市开机拍摄。这部小说写于2019年，2020年4月出版，当年即加印多次。2020年11月30日晚上，应赣州市图书馆之邀，我在一个小型文化场所做了一次网上直播的即兴讲座。事后，有朋友将讲座录音整理出来，作为资料留存。时隔四年多，在电影拍摄之际，翻出录音稿，往事历历在目，觉得弃之可惜，于是决定修订之后收进即将出版的《书之书》，以对作品的相关背景作一个交代。因为是即兴而讲，力求通俗，有些比方或调侃难免不当，有的观点则纯属一家之言，读者若不认同，付诸一笑即可。

——题记

  今天晚上的主题是"文天祥与赣州以及《祥瑞宝莲》的虚虚实实"。这个话题我想分三个段落来说。第一个段落我想从南宋灭亡的前奏说起。

一、南宋灭亡的前奏

  相信很多人看过金庸大侠的《神雕侠侣》。不知道大家有没有印象，在这本书即将结束的时候，有一段高潮——写到了襄阳大战。金庸在《射雕英雄传》和《神雕侠侣》两本书中都多次写到襄阳，襄阳因此知名度进一步扩大。所以襄阳这座城市的人对金庸感情很深厚，在他逝世时全城还举行了悼念活动。《神雕侠侣》中的襄阳大战，写到黄药师指挥五路人马跟蒙古大军展开了一场激烈的战斗。打到后面，《神雕侠侣》的主角杨过到了。他拿起一块拳头大小的石头，运用他的神功，把蒙古的大汗蒙哥给砸死了，襄阳之围暂时就解了。可能很多人看了小说之后，就记住了蒙哥是被石头打死的。当然，金庸在他的小说里面也专门做了个解释：根据史料记载，蒙哥是在合州打仗的时候死于飞石，但究竟是谁扔出的飞石无法考证，作为"小说家言"，历史学家不能证明他写错了，云云。也就是说，为了增加小说的可读性，金庸把蒙哥从合州移到襄阳来了。作为小说尤其是通俗小说，作者出于情节的需要，如此移花接木，当然是没什么问题的。

那么，历史上蒙哥是怎么死的？他确实是死于这种情形。当然，地点不在襄阳，是在现在重庆的合川区——南宋的时候叫合州，在合州的一个城池，叫钓鱼城。具体在钓鱼城的一座山——钓鱼山上，时间是公元1259年。所以，我们今天的话题要从1259年说起。

1259年，蒙哥在攻打钓鱼城时，被宋军的火炮飞石击中，不久就死在前线。当时钓鱼城守将名叫王坚，是个非常著名的将领。钓鱼城在南宋后期，从抗元的角度来讲是个最坚固的堡垒，一直坚守了将近40年。蒙哥在家里兄弟当中是老大。他在钓鱼城被飞石打死后，他的弟弟忽必烈当时正在攻打湖北的鄂州——不是现在的鄂州，是现在的武昌。忽必烈和蒙哥都是拖雷的儿子。看过《射雕英雄传》的读者就知道，拖雷是郭靖的安答（安答是蒙古语，指结拜兄弟）。忽必烈在打鄂州时，蒙哥在合州阵亡的消息传来。蒙古的体制是打仗时领导亲自上，皇帝在外征战，一般会指定一个人在后方留守。这时，在北方留守的是忽必烈的弟弟，排行老七的阿里不哥。得知蒙哥阵亡，大家开始有很多想法了。蒙古这时的体制和元朝建立后的世袭制不一样，不是指定接班人，谁当头要经过民主协商，大家推举。所以阿里不哥一听到蒙哥没了，就开始拉选票，和各个王公贵族搞好关系，谋求大汗的位子（当时蒙古统治者还不是称为皇帝）。

忽必烈听到了消息，心里就很不爽了：我在前线卖命，你在后方拉选票，那肯定不行。所以，忽必烈决定退兵。但他不好明说马上退。忽必烈是个有智慧的人，他假装说不打鄂州，往东边去打杭州（就是当时的临安），其实是虚晃一枪，准备撤退。结果他这么一说，吓坏了一个人。谁呢？就是当时南宋宰相——守黄州的贾似道。贾似道一听到这个消息，就瞒着皇帝写了份求和书，在没有经过朝廷批准的情况下送给忽必烈，说每年准备交纳岁币多少万两、布匹多少万匹，与蒙古以长江为界隔江分治等等，提出了诸多投降条件。

忽必烈急着回去争大汗的位子，匆忙之间就答应了，然后把贾似道写的这份求和书往公文包里一塞，带着部队回去了。贾似道不知道他为什么突然离去，第二天站在城墙上一看，蒙古兵怎么全部退却了。贾似道非常高兴。他是官场上常见的那种好大喜功、报喜不报忧，尤其喜欢虚报瞒报的官僚。所以，他一看到这情形，管他三七二十一，马上打了个报告到临安朝廷，说自己怎样率领全军上下奋勇杀敌，把蒙古大军杀得落荒而逃，大获全胜。忽必烈反正回去争夺大汗宝座了，不知道这些。消息传到南宋朝廷以后，当时的皇帝是宋理宗，他非常振奋，觉得贾似道确实是个人才，马上对他一而再再而三地进行加封，最后一直封到了太师，正宗的一人之下万人之上。

忽必烈呢，就这样回草原去了。到了1260年，忽必烈通过努力，当上大汗，和阿里不哥打了几年仗，直到把他打败。真正的元朝是从1271年才开始的。这一年，忽必烈把国号改为大元，历史上称他为元世祖。1271年以前，我们称蒙元为蒙古国。

忽必烈大汗当稳之后，就想到贾似道那封求和书，里面说了每年交多少钱过来，还要割多少个城池过来，就派了个使者——郝经去南宋按照合约接收东西。郝经一路南下，过了长江以后，到了南宋边境准备入关。使者入关要向朝廷通报。当时贾似道把持朝政，他吓了一跳：这个家伙还真的来要钱要地呀？这个协议可是我瞒着领导签的，要是传出去的话那是要灭九族的。贾似道想，这事万万搞不得。干脆一不做二不休，把郝经软禁起来了。对于郝经，贾似道杀不敢杀，放不敢放，就一直关着。郝经在南宋被关了整整15年，可怜忽必烈还在北方等着他搞到一大笔钱回来发奖金，结果等啊等，等了15年这个老兄都还没回来，也不知道怎么回事。

15年以后——1275年，历史上有多种说法，不知道是放掉的还是逃出去的，总之郝经跑回了他们的京城大都（今北京），见到忽必烈。忽必烈肯定不高兴：好小子，派你出趟差，你可能绕道火星旅游去了，走了15年才回！首先第一件事情，差旅费肯定是没报销的，如果100块钱一天，得给多少钱！当时蒙古很穷。我们都知道，古代中央有"吏户礼兵刑工"六部，忽必烈为了省钱,曾经搞中央机构改革,直接把六部变成两部:左三部、右三部。这样就可以省到很多职数,省到很多人员支出。所以忽必烈看到郝经,首先经济上会考虑——当然,这是开玩笑。

郝经把贾似道怎么对待自己,把自己关起来的事向忽必烈汇报了。忽必烈一听,火冒三丈,感到南宋这些人太不讲信用了:15年啊!我都以为这个人失踪或者不在了,哪能这样干!1275年,忽必烈正式下了灭掉南宋的决心。此前十多年,南宋跟蒙古虽然也打仗,但还是小规模的战役,边境冲突。下定决心之后,忽必烈派当时的前敌总指挥伯颜统率几十万大军直逼临安,准备一举把南宋灭掉。这时南宋朝廷慌了。此前一直把贾似道奉为神明,以为有他在就是真正的柱国,可以保佑江山万万年。贾似道穿帮了,后来也死得比较惨,这个就不展开来说了。蒙古大军很快就到了江浙,一路上宋军都打败仗,襄阳也在此之前投降了。南宋朝廷一看不行了,就下了勤王诏,号召全国各地保卫京师,保卫中央朝廷。这个国家真是风雨飘摇了。讲到勤王诏,就转到第二段,文天祥该出场了。

勤王诏下了之后,全国大多数将领都做好了两手准备:第一手准备是趁着乡下老宅还在,逃回乡下老家避难;第二手准备是"识时务者为俊杰"——投降。真正响应号召起来勤王的很少,比较有名的就两个人,一个是文天祥,还有一个是张世杰。

文天祥是什么人?他当时是赣州知州,即我们赣州的一把手。文天祥是中国一流的文化名人,他跟我们赣州起码有两段正儿八经的缘分。

二、文天祥与赣州的缘分

文天祥是公元1236年6月6日出生的。他这个生日非常好记,1236,1、2、3加起来是6,后面又是3个6。他老家就在赣州隔壁——今吉安市青原区富田镇,现在是个非常有名的古镇,留下了很多有名的老宅。这个地方我去参观过,确实人杰地灵。

1256年,20岁的文天祥高中状元。他中状元的年纪,从历史上来讲,算是少年得志，那是非常优秀的一个人。但是他考上状元没几天，父亲就去世了。按照古代规矩，他要回去守孝3年，即"丁忧"。守完3年孝后，1259年，文天祥刚出来参加工作，蒙古把大理灭了，那边把四川、重庆打下来，这边正在打武昌，形势非常危急。这时有个宦官叫董宋臣，觉得临安不安全，靠前线太近了，向朝廷建议赶快迁都，迁到海边去，说这样蒙古兵打过来就可以往海上逃。当时大家想的第一件事就是逃跑，根本不敢想什么抵抗的事。文天祥听说后，向朝廷上疏，要求斩掉董宋臣，因为他动摇军心。但文天祥当时只是个刚出道的小干部，说话没分量，而董宋臣是皇帝身边的工作人员，他哪有对方那样的势力？所以朝廷不但没有处理董宋臣，反而把文天祥处理了，对他进行了批评教育。文天祥觉得这样的政治环境不好，没什么意思。他也有个性，就提出辞职不干，又回老家去了。待了很久，才很不情愿地再出来参加工作。在几个地方辗转了几下，每次都当得不久，有时甚至接到任命文件刚出门，免职文件就到了。

1274年，农历三月初二这天，文天祥正式到赣州上任，就任知州。文天祥绝对是个好干部，他作风很亲民，能施仁政，待人宽厚。根据我们当地有关资料记载，他给祖母过生日，"老吾老以及人之老"，把70岁以上的老人全部请到城里，一起免费吃大餐。总之，他在赣州的官声非常好，只要是好人，都会觉得他非常好。但是好景不长，到了1275年，刚才讲了，国家的形势非常糟糕，朝廷岌岌可危，所以要求大家来勤王。文天祥是最积极响应勤王诏令的一个人，他立即加强宣传，广而告之，告诉大家要保家卫国。他还把自己的家财捐出来，因为要募集军费。这时朝廷不行了，财政拨款肯定是没有了，大家都自筹经费办公，变成自收自支单位了。然后，他到处去走访赣州市民，动员大家参军。在他的努力下，募集了三万左右江西义军，以赣南客家子弟兵为主，也包括当地少数民族和老家吉安一带的子弟兵。农历四月初一，他就带领这支江西义军出发去保卫朝廷。也就是说，文天祥在赣州主政的时间充其量也就一年多一点。这是他与赣州的第一段缘分。

文天祥到了临安以后，朝廷任命他为平江府（现在的苏州）知府。到了苏州以后，当时朝廷主和派声音占主流，文天祥势单力薄，很难有大的作为。最后蒙古大军把常州、苏州打下了，他只好退回来，做了临安府知府，到首都当一把手去了。

这时到了1276年初。伯颜的大军已经兵临城下，要求南宋朝廷打开城门投降。这时很多大臣开始逃跑，第一个逃跑的是宰相留梦炎。高官中，以留梦炎为首，走了一大批。中下级干部更是走了不计其数，可谓人心惶惶。另一个宰相陈宜中提出跟伯颜谈判。一开始讲好了，但伯颜提出，跟其他人谈没意思，必须宰相过去，即陈宜中亲自去。当时垂帘听政的太皇太后谢道清便跟陈宜中商议：明天拜托你去伯颜那里走一趟。陈宜中答应得好好的，结果到了第二天早上上班，等了那么久，人都没有来。一打听，这家伙连夜逃回温州乡下老家去了。这个时候没人去谈判，就很麻烦，蒙古军队很可能会攻城。他们要是攻下一个城市的话，后果很严重，那就是屠城。在这么危急的关头，文天祥挺身而出：那就我去吧。太皇太后非常高兴：大家都逃跑，文天祥竟然愿意去谈判。于是紧急任命文天祥为右丞相兼枢密使。他的丞相就是这样来的，在大家都不肯当的危急时刻当上的。当时还有一个左丞相，叫吴坚，人如其名，确实"无坚"，不够坚强。吴坚和文天祥二人跟伯颜谈判，谈判时吴坚不吭声，对方说什么都没意见。文天祥则跟伯颜据理力争，明确告诉对方，赔钱可以，要灭掉这个国家就不行。如果蒙古非要灭掉南宋，将跟他们死拼到底。这话也不是"嘴硬"，毕竟当时南宋还有一定的力量。

伯颜一看，觉得文天祥太硬了，如果放回去不好办，会影响大局，便把文天祥扣下来，叫吴坚回去，告诉太皇太后第二天早上必须开城投降。然后事情果然就这样了。

在1127年北宋灭亡的时候，我们知道有"靖康耻"，当时宋徽宗和宋钦宗二帝以及所有后宫、大臣都被押到东北去了。1276年，这一幕历史悲剧再次重演了。当时的宋恭帝和几千名后宫、大臣，全部被押解到大都去了。文天祥早就被扣留了，也被一起押送北上。但是文天祥在北上的时候，在镇江找了个机会逃出来。这里要提一下，投降之前，南宋朝廷也留了一点后路，叫一些大臣带着宗室两个小孩子——益王和广王，都不到10岁，往南边先逃走了。文天祥从镇江逃出来后，经温州等地一路南下，追到福建的时候，追上了流亡小朝廷。当时小朝廷立了其中一个小孩子当皇帝，即历史上的宋端宗。这些人还把逃跑的陈宜中请回来当宰相，加上大臣陆秀夫、张世杰，几个人会合在一起组了个班子。文天祥追上后，本来希望留在中央一起指挥全国（其实只剩沿海一点点地盘）抗元大局。但是张世杰看到文天祥影响力比自己大——张世杰也是个了不起的人物，他和陆秀夫、文天祥一起被称为"宋末三杰"，就是南宋最后三根顶梁柱——但张世杰这个人气量不够大，他看到文天祥知名度比自己高，不肯让文天祥留在中央，要把他派到前线去做前敌总指挥。一开始派到福建南平，文天祥以同都督军马的身份到南平开府，设立了前线指挥部。后来移到汀州（现在的福建长汀），靠近我们江西这边。他曾经试图打回江西，从长汀进入了瑞金，但很快退回去了。这是1276年底的事。

到了1277年农历五月，文天祥从梅州（他当时主要在福建、广东转来转去）通过寻乌（当时尚未设县，属安远）、会昌，一路打到于都，在于都取得了一个大捷。于都罗田岩还有文天祥当时留下的题刻。打下于都后，文天祥一路挺进，一直推到兴国。于是文天祥的抗元总指挥部，在1277年的时候设到了兴国。当时的形势非常好，整个赣州，除了赣州城没有打下来，其他县基本被收复了。此外还有抚州、吉安，包括江淮一带很多地方回到了宋军手里，大家感到很振奋，起义的人特别多。所以，文天祥在赣州的第二段缘分也是值得大书特书的。可惜的是，同样好景不长，大概两三个月后，元朝廷派了一员猛将——一个叫李恒的过来。关于李恒这个人，他虽然把文天祥打败了，但这人并不"反面"，身上还颇有闪光点。《元史》关于李恒的《列传》记载，文天祥从汀州出兵兴国县之后，"连破诸邑，围赣州尤急"。有人给李恒出主意，文天祥的祖坟在吉州，如果派兵把它挖了，他肯定要输。李恒说，我们要打的是不服之人，哪有挖人家祖坟的道理。你看，人家还是很讲武德的，靠实力取胜。这样的对手，同样值得尊重。

我们客观地讲，文天祥以前没有读过多少兵书，也没有打过仗，不像后世的王阳明那样是个军事天才。他的军事才能不算很杰出。所以那个时候，他对元军的估计非常不足。刚好过中秋节，李恒的大军到了以后，文天祥没有想到他这么迅猛，在没有做好防备的情况下，一下子被李恒打败了，从兴国一直退到永丰县的空坑村。空坑之战打得很惨烈。当时形势非常危急，文天祥身边的家属大多被抓到了，他自己也差点被抓。他手下有个参谋叫赵时赏，一看形势很危急，灵机一动，冲出来钻进文天祥的轿子里，叫轿夫抬着轿子就跑。元兵一看，这是首长的轿子啊，就赶快去追。他们把赵时赏围住了，问他："你是什么人？"赵时赏说："我姓文。"元兵们欣喜若狂：这下不得了，抓到了老大，那连升三级，搞个师长、旅长什么的干干，一点问题都没有啦！

文天祥在敌军注意力被分散的情况下，被身边的护卫保护着突围了。赵时赏后来被押到李恒那里。李恒一看，不对呀，我在新闻联播里看到的文天祥不是长这个样子嘛。就问："你到底是什么人？"赵时赏这时也不用隐瞒了，他说："我是他的参谋，叫赵时赏。"气得李恒将他凌迟处死，非常悲壮。

文天祥从空坑村逃出后，还进入过汀州、会昌、安远。到了年底，他到达广东循州（今龙川一带），此后一直在广东。战斗到1278年农历年底的一天，他正在海丰县的五坡岭吃饭，被元朝汉军总司令张弘范的弟弟张弘正的部队包围了。当时有人叛变告密，文天祥就这样被抓到了。他随身携带了毒药"龙脑"，马上掏出吃下。但这种毒药有个特点，必须和着酒吃下去才有效果。他那时可能没有条件随身带酒，结果没死成。

1279年初，南宋流亡朝廷剩下的最后一点兵马全部聚集在广东江门崖山。张弘范劝文天祥投降，文天祥不肯。后来，张弘范把文天祥押到崖山去观战，专门坐船从海上过去。起先，张弘范想让文天祥写封信劝降张世杰。文天祥回复他："我自己不能够保护好父母，怎么可能还叫别人去背叛父母？"还拿出他写的《过零丁洋》给张弘范看。张弘范看了深受感动，觉得文天祥一身傲骨和正气，是个大忠臣，确实不可能投降，所以不再起劝降的念头。后来崖山一战宋军全军覆灭。根据史料记载，当时海上起码捞起了十万具尸体，包括皇帝——小皇帝赵昺被陆秀夫背着一起跳海自杀了。

文天祥被一路押解到北京去了。到北京后，忽必烈很希望他归顺。《祥瑞宝莲》微电影开头那幕就是演的劝降情景。

忽必烈派去劝降的第一个人是谁呢？留梦炎。这个名字刚才提到了。留梦炎跟文天祥一样，也是状元出身。他比文天祥早12年考上状元，也当到了宰相。所以文天祥一看到留梦炎就说，同样是状元加宰相，咱们的差别怎么就这么大？留梦炎无地自容，只好回去了，从此不好意思再见文天祥。

忽必烈又派出1276年临安被攻陷时投降的皇帝——宋恭帝去劝降。文天祥一看到宋恭帝，马上行大礼："哎呀老领导来了！你永远是我的老领导，别的领导我都不认。"宋恭帝没办法，说不下去了，因为自己都是俘虏，"领导"之说实在不敢当。后来宋恭帝被送到西藏当和尚，过了30多年，元朝还是对他放心不下，把他毒死了，非常可惜。

忽必烈怎么劝，文天祥都不投降。到了1282年底，忽必烈还是不死心，他非常看重文天祥这个人才。有一次，他在召开班子会时叫大家评论评论，哪个宰相最优秀。当时很多人都讲，北方是耶律楚材，南方则是文天祥。有些人提出来，让文天祥去做道士，给他一条生路。忽必烈也有这个想法。而张弘范更是惋惜文天祥。张弘范比文天祥小两岁，但比文天祥早两年去世。张弘范去世时留下遗言，恳请忽必烈一定要善待文天祥，因为人才难得。但是文天祥最后还是被杀了。他被杀最大的原因是什么呢？其实文天祥不是死在忽必烈手上，他是死在留梦炎他们的手上。留梦炎一再劝说忽必烈，一定要把文天祥杀掉。留梦炎内心的想法是：留下文天祥，自己这个官就不好当了，大家看到了会指指点点，会拿他和文天祥比较，所以必须把文天祥杀掉才行。当然，留梦炎冠冕堂皇的说法不是这样，而是说文天祥的存在就是个不稳定因素，以后南方地区还会以他的名义号召大家来反抗。就在这时，河北中山府还真发生了一个事件，一个据说是精神有问题的人（也可能不是这么回事）号称是赵宋皇室后裔，聚集了几千人造反，声称要去大都把文天祥救出来。忽必烈想了想，文天祥不投降的话，留着确实比较麻烦，于是最终下定决心把他杀掉。这一天是公元1283年1月9日。这和另一个跟赣南有关的著名人物的忌日是一样的——王阳明。王阳明是1529年1月9日在赣南大余县去世的。历史有时候就是这么巧合。

文天祥虽然英勇就义了,但他的影响力是非常深远的。我们现在对干部提的要求是:忠诚、干净、担当。文天祥在古代的官员里面,就是这样的一个典范。他忠诚,元朝许以高官厚禄,他舍生取义永远不背叛宋朝;他干净,为了保家卫国,不但没有以权谋私,还带头把家里的田产、值钱的东西变卖了,充当军费;他担当,在国家大厦将倾时,挺身而出,哪里需要他就在哪里出现:没人当宰相他来当,没人愿意去前线他去,找不到几个比他更有担当精神的人。所以文天祥的价值不在乎讲他的成败,他的成败已经不重要了。虽然如果要以成败论英雄,他是失败了,他的努力是没有起到什么效果的,军事不是他的强项。在宋朝,他的军事能力比曹彬、岳飞、虞允文等人差。但他身上体现出的这种精神,几千年来能够与他比肩的都不会太多。我们要从这个角度来看文天祥的价值。

文天祥也是著名的诗人,留下了许多好诗。比如写我们赣州郁孤台的,有一句"风雨十年梦,江湖万里思",很具备武侠的气质。还有"从今别却江南路,化作啼鹃带血归"这样的诗句,也很悲壮感人。当然他最著名的当数《过零丁洋》这首诗。《正气歌》虽然是他的代表作,但太长了,可能很多人背不下来,而《过零丁洋》我相信在座很多人都背得出来,而且没有哪个不知道这首诗。这首诗确实是很有代表性。这是他在广东海丰五坡岭被俘后押送到崖山,坐船路过零丁洋时,有感而发写的,一共八句——

第一句是"辛苦遭逢起一经"。就是说,"我这辈子历经艰辛,就是因为做了一名读书人。书读得太好了,结果还考到了状元,这一路可谓千辛万苦"。当然这个我觉得不是抱怨,不是说读书读坏了,而是一种担当,意思是说"我书读得好,中了状元,那么这些辛苦我就应该承担下来"。

第二句是"干戈寥落四周星"。打仗打到他被俘时,战争基本要结束了,刚好四个周年。怎么讲这四个周年呢?刚才说了1275年开始勤王,到南宋灭亡的1279年春,刚好四个周年。

第三、第四句"山河破碎风飘絮,身世浮沉雨打萍"比较好理解,不必多说。

第五、第六句"惶恐滩头说惶恐,零丁洋里叹零丁"写得非常妙!惶恐滩就是我们赣江的惶恐滩,从赣州去临安,必须经过赣江,必须经过这一段。刚才讲了,他跟赣州的第二段缘分,他做前敌总指挥的时候,打了败仗,最后退出赣州的时候,难免想起以前经过惶恐滩的情景。"零丁洋里叹零丁",自己一个人孤苦伶仃在东莞虎门的零丁洋。刚好这些地名在字面上也很配得上文天祥的心境,他觉得自己非常孤立。有的时候英雄是孤独的、寂寞的。他一个人在外面,几次提出来要到中央去和大家一起工作,都被他们排斥,不让他回去。所以他心里"零丁洋里叹零丁"的愤懑是可以理解的。

最后两句可以说无人不知——"人生自古谁无死?留取丹心照汗青"。人活着为了什么?这就是他追求的境界!

我觉得这首诗,包括他的《正气歌》,只有这样的人物才写得出来。要是没有这种精神,就写不了这样铿锵有力的作品。

三、谈谈《祥瑞宝莲》这本书

再说说《祥瑞宝莲》这本书。这是我2019年利用业余时间写出来的,花了9个月,2020年4月出版。这本书跟我刚才讲的那些历史大背景有关。为什么今天会绕这么大一个圈讲这么一个话题,原因就在这里。

写这本书,可以说很偶然,但也可以说是一种必然。我很喜欢金庸,他的作品传播力、影响力太大了。我觉得以这种形式传播本土文化特别好。所以十几年前我就跟人聊过,以后有机会、有时间,要以这种武侠小说的形式,把我们赣州的历史文化放进去,通过这种休闲的方式,让大家了解和赣州有关的历史人文。这种想法可以说由来已久。

2018年11月,我去登赣县宝莲山的主峰水鸡崇。这也是赣县最高峰。登山时,宝莲山风景区管委会主任曾绍均作陪。曾绍均说,他作为宝莲山管委会首任主任,在山上待了十多年,对宝莲山感情非常深。这一点,我们也能感受到。一路上他都在讲,很想请人为宝莲山写点东西,也请过几次,人家也上山了，风景也看了，但就是没写一个字。聊天过程中，他问我能不能给宝莲山写点东西。我听他的意思就是写篇文章。我觉得光写一篇文章容易，但效果有限。而且以宝莲山本身的知名度、关注度，要靠一篇文章达到很好的宣传效果，就是知名作家也未必能做到，我当然没这能力。所以当时我跟他建议，要写的话，不如写个长篇小说，以后还可以拍成影视的那种，走大众路线的"历史+武侠"，结合历史大背景，把宝莲山放进去，在一个历史大坐标中考量它。不能就事论事，要把一些其他东西结合起来。后来我把这种方式命名为"文旅+武侠"。

我当时说，赣州历史上其实有很多人物、事件放在全国也是很值得一说的，比如文天祥在赣州，比如王阳明在赣州，这都是大题材。我当时考虑从这两个人物中选一个。略作比较之后，决定先选文天祥，因为他这种忠义精神更容易引起共鸣，加上他的人格魅力、品格非常有时代意义，可以说他对客家精神是产生了深远影响的。文天祥在赣州的时间不长，如果光写这个，可能还不太够，所以我们写一个"后文天祥时期"的事情，也就是反映他就义以后在赣州的影响，然后跟我们赣州城的福寿沟这些实物结合起来。于是，我在书中以文天祥的名义虚构了一个"祥瑞三宝"。文天祥字宋瑞，"祥瑞"就是指文天祥。因为要推介宝莲山，那就把各种力量和矛盾放到宝莲山演绎。我和曾绍均、聂瑞和、钟远征几个同伴边爬山边谈自己的构思。大家都觉得挺有意思。当然一个故事梗概说起来容易，但要变成一本将近30万字的书，一个字一个字码出来还是很难的。

那么，本书的"虚虚实实"怎么讲？时间有限，不能展开来说。简单地讲，这本书中有很多事情是找得到依据的，跟赣州是有关系的。比如从人物的角度来说，这里提到的文天祥，那绝对是真实的人物，在赣州的两段历史也是真实的；比如说辛弃疾，他在我们赣州担任江西提点刑狱，他写下"郁孤台下清江水"，这是真实的；比如说大宋提刑官宋慈，他也和赣州有两段缘分，这是真实的；再比如说我们本土的一些人物，宁都的萧立之，这里我把他写成一个武功非常高超的剑客，而真实的萧立之是一个被低估的诗人，今天在全国来说名气不是很大，但是钱锺书对他的评价是非常高的，说他的作品是"南渡之高品"。就是说，宋廷南渡以后，在当时来说，萧立之的诗是一流的。所以我觉得，这个人物也值得热爱本土文化的人去好好研究一下。包括宁都江湖诗派的曾原一，当时也是很有名气的。还有本书的主人公陈子敬，也是真实的人物，老家在今天赣县白鹭乡。他当时追随文天祥抗元，后来在赣江黄塘做了最后的抵抗，全军覆没。根据史料记载，这个人不知所终。这给了我们很大的想象空间，所以我选了他做主角。当然，按我的想法，明的写陈子敬，隐喻的主角是文天祥。

当时追随文天祥的还有好几个赣州先贤，都是名气不小的。一个是陈继周，宁都人，他在湖南做过州府级领导，此时寓居赣州，但为了抗元，他去文天祥手下干活，是个很了不起的人物。还有尹玉，也是宁都人。他是一个勇士，在常州的时候奉文天祥之命带领500人血战，牺牲在那里。我在书中也提到了，都是真实的史料。还有上犹的李梓发，他是在南宋灭亡后还坚持抗元的。当时因为信息不灵通，皇帝二月已经跳海了，李梓发他们不知道，三月还在抵抗。后来元军派了说客去劝降，说你们整个朝廷都已经不存在了，全部跳海了。李梓发还是不投降，坚持战斗到最后。上犹被元军打下后，遭到屠城，整个县城只剩一二十人。元军有个特点，只要遇到抵抗就屠城。忽必烈这个人还是不错的，当时伯颜南下，他再三叮嘱伯颜要学北宋的开国将领曹彬——曹彬平定江南的时候不会随便杀降，也不会滥杀无辜。但是伯颜学不到。

在这本小说里，我把能引用的相关史料尽量引进来了。当然，在这个基础上进行了一些加工、虚构。虚构也尽可能遵循一定的逻辑。比如说福寿沟，把它从下水道改造成军事用途，应该是说得过去的。比如说文天祥的军费宝藏，文天祥那个时候确实发动过大家捐款，他不可能把这些东西全部带到杭州，确实有可能留在赣南某座山里。在龙南九连山等地就有类似的民间传说。又比如说文天祥让人整理的武功秘籍，他当时带的部队是最能战斗的，比南宋其他部队要强一点，那么说他在这里搞了武功培训班，逻辑上也算说得通。再比如说辛弃疾，我给他虚构了一套武功，叫"稼轩长短剑"，因为辛弃疾的词集大家知道，叫《稼轩长短句》嘛。然后我讲他武功非常厉害，这也是完全有依据的。辛弃疾本来就是文武双全的人物，那么写他在赣州留下一套武功也符合小说的"情理"吧。

至于地点，我尽可能"实名制"，让文学为现实、为经济服务，对本地文化旅游起到宣传助推作用。比如说宝莲山黄婆地，宝莲山下那两个村庄——夏寒村、均源圩，包括五云、沙地、茅店、汶潭峜这些地方，都是真实存在的地名。把它们写进去，方便这些地方以后做文章，搞搞乡村旅游。包括土特产也搞了些实名的，特别隆重推介一下我们赣南的黄元米果，像"绍坤世家"。其实我觉得黄元米果也可以像赣南脐橙一样，整合成一个品牌去推。虽然有人提出来，"绍坤世家"不是现在的产品吗？但是黄元米果的历史很悠久啊，让它借助"传奇"走远一点又何妨。

关于书中的虚虚实实，如果大家看了小说，会更好交流些。时间关系，今天只能先说到这里。讲得不对的地方，请大家指正。也希望以后有更多的机会与读者朋友们聊起这样的话题。

2020年11月30日之夜口述，2024年12月23日之夜定稿于瑞金

一本书的旅行

> 我的第一部长篇小说《祥瑞宝莲》出版后，应邀在不同场合与读者做过分享。2021年3月27日下午，赣州市章贡区文旅局、章贡区图书馆、赣州市新联会、樊登读书赣州运营中心在赣州城区的福寿沟博物馆专门为这本书举办了一场主题为"一本书的旅行"的书友会，由我作了一场即兴讲座。事隔多年，翻出当年的录音整理稿，觉得这个题目与我所讲的内容甚为契合，于是起了"敝帚自珍"之意，对文字再次校核，拟收进即将出版的《书之书》留存。
>
> ——题记

《祥瑞宝莲》这本书确实与"旅行"大有关联。先简单说一下为什么会写这本书。

写这么一本武侠性质的书，首先当然是因为喜欢这种通俗文学的形式。早在读初中的时候，我就对武侠小说非常喜欢。早些年没条件，看不到那么全；后来有条件了，金庸、梁羽生的作品看了个遍。如果不是真爱，谁愿意花这么多时间去看那些动不动就几十万字甚至百万字的大部头？所以，喜欢，是最直接的动力。

光是喜欢当然还不够，因为喜欢的东西多着呢，但我们未必因为喜欢就选择动手去做。比如，唐诗宋词大家也喜欢，但我们不一定都会去写古典诗词。更重要的原因，也可以说是一个深层次的原因，我认为是文化自信的问题。什么意思呢？大家都在赣州生活了这么多年，对这个地方应该比较了解。我是20世纪90年代初来到赣州的。曾经很长一段时间，我觉得我们赣州缺乏文化自信，包括我本人。我那时一直不觉得赣州有什么了不起，向外地朋友介绍赣州的时候，也不知道说什么好。甚至听到很多人说，赣州的名气还不如瑞金。我出差在外，要是走远一点，说到赣州，人家就要问一下赣州是什么地方，解释个半天，对方还是不知道，最后只好把瑞金拉出来。那时瑞金之所以被人知道，也还是因为一篇小学课文——《吃水不忘挖井人》。所以，以前我一直认为，赣州在全国来讲，一直是个默默无闻、平平无奇的城市。

但后来就发现，其实不是这样的。赣州在历史上，放在全国来讲，还是有一席之地的。只不过呢，它在某个时期没落了，沉寂下去了。事实上，在宋朝的时候，赣州在全国就是排得上号的大城市，包括江西，那时的分量其实也很重。我看过有关资料，在元朝的时候（我这本书写的是元朝初年的事），江西的人口占全国的20%，那是不得了的。宋明两代，江西在全国出了最多的大人物，虽然我们赣州相对少一点，但是赣州仍然有它的特殊地位，有很重要的地位。

还有我们赣州现在留下的很多历史遗存，拿到全国来讲都是瑰宝。比如说我们3600米长的宋代城墙，比如我们的福寿沟，这些都是响当当的、不得了的宝贵财富。

那为什么以前我们自己都不把它们当一回事，外地人更加不知道这些呢？我觉得其实就是跟我们的宣传推广有关。我们赣州人一直太低调、太谦虚了。也因为这种低调谦虚，导致了一种不自信，所以我们在宣传推广上总是留下了余地，认为自己不行。出于这种心理，如果我们以"赣州故事"为题材写点东西，当然也就生怕它立不起、叫不响了。

说到宣传，我觉得最好的方式还不是搞新闻。新闻界的朋友不要生气，我自己就是新闻行业出身的。我工作第一站就是报社，做了整整15年的记者。但是我觉得从长远来讲，从更广泛、更深远的影响来讲，其实文艺的形式比新闻形式更管用。新闻形式热闹一阵子，大家热议三五天就转移兴趣了，因为其他地方又出了更新鲜更重大的事，慢慢地，之前这些事就不被人提起了。但是文艺的形式就不一样。一部成功的文艺作品是可以"热闹"几百年、几千年的，可以让大家一提到这个就知道那个。不管宣传人物或者地方、事件，我认为都是这样的。我可以举很多例子。

今天既然聊武侠，我就以武侠的例子来说。比如说丘处机这个人物，大家是通过什么知道他的？肯定不是通过学术类的文章。我相信大多数人都是因为金庸的小说知道丘处机的。他作为全真教的二代弟子，是《射雕英雄传》开场最出彩的一个人物。丘处机是历史上真实存在的人物，包括丘处机的师父——全真教教主王重阳，也是真实的人物。如果不是因为金庸写《射雕英雄传》和《神雕侠侣》，我估计很多人并不会知道丘处机，很多人也不了解道教当中的全真教有这么大的影响。其实我们南方，江西的天师教，跟全真教是一样有影响的，但是因为没有像金庸这么厉害的作家把天师教的人物写进作品，所以天师教相对来说，很多人更不清楚。

又比如说，山西有一个很有名的学者，被誉为"百科全书"式的人物，叫傅青主。他的原名叫傅山。我第一次知道傅青主，是通过梁羽生的《七剑下天山》。傅青主在书中既是神医又是剑客，这个形象塑造得很好。我就这样记住了他的大名。到了后来，偶然看到其他文章，我才知道，这个傅青主竟然是历史上大名鼎鼎的人物。特别是在医学界，他的地位是非常高的。傅青主是我国妇科的创始人。不光妇科，还有男科，他都懂，书法、诗词也很厉害，可能也懂剑术吧，当然肯定没有《七剑下天山》里面写的这么厉害。不管怎么样，我们通过这么一部通俗的武侠小说，就记住了傅青主，然后就知道了历史上有这么个了不起的人物。

以上是从宣传人物的角度来讲。而从宣传地方的角度来说，我觉得最成功的就是大理了。如果不是《天龙八部》，我觉得大理肯定没有今天这么火。当然，以前有部电影《五朵金花》也提升了大理的知名度，但是它也是文艺的形式啊。所以回到刚才讲的，还是文艺的宣传有这种力度和力量。《天龙八部》的出现，让大家对大理更加充满了神秘感。我也是因为看了《天龙八部》，就顺便去了解了一下大理的历史。在宋朝的时候，中国版图有好几个实力不比大理差的国家，比如辽国、西夏、吐蕃、回鹘。大理国是最小、最弱、存在感最差的一个国家，正常情况下，很多人并不会关注它的历史。可《天龙八部》这么一写，我们因此对大理的历史也感兴趣了，然后就会发现大理历史上真的有段正明、段正淳、段誉，他们确实是大理的皇帝，而且真是兄弟、父子关系。当然，他们肯定没有六脉神剑、一阳指这样的神功，但这些已经不重要了。

还有像历史事件。金庸小说的读者可能都通过郭靖守襄阳的情节知道了襄阳保卫战。这在当时是个非常大的历史事件，但在几千年的历史当中，恐怕不学历史的人未必知道这事。我也是看了金庸小说之后才对这有点了解，原来襄阳保卫战实实在在打了七八年。所以，襄阳的人对金庸是非常有感情的，金庸去世的时候，很多市民深情悼念。他们还专门为郭靖和黄蓉塑造雕像。此事在当时引发了争议。有人批评襄阳，说政府拿纳税人的钱塑造郭靖、黄蓉的雕像有什么意思？其实这些批评的人不懂得文化旅游。文化旅游也是经济的一大方面，把文化旅游做好了，经济也就上去了，是不是？跟做其他产业是一样的。金庸免费给你送了这么好的人物形象，你还不去用，那才真叫傻瓜。襄阳干这些事，其实就是有作为的表现，他们知道把这些跟自己城市有关的文化元素用起来。

这里我只是随便举了几个成功的案例。因为作家这么一写，这些人物、这些地点、这些事件，就让人关注，让人记住了。那么反观我们赣州，我觉得最缺的就是这种东西。我干的工作虽然跟旅游没有关系，但是我经常关注赣州旅游这个问题。赣州做旅游，包括宣传历史文化，我们最缺的是什么？在景点方面，我们缺那种在全国不可复制的景区。赣州有些山水的确有一定的特色，但是这些特色不是赣州才有的。你说丹霞地貌，那它的代表是丹霞山，不是我们的翠微峰之类，是不是？为什么叫丹霞地貌？就是因为丹霞山是代表。如果翠微峰是代表，那么这种地貌就应该叫翠微地貌。所以丹霞地貌虽然在我们这里也很多，但不是全国独一无二。还有其他的山水，包括我们说齐云山很高，但是外地比它更高的山多了去了。放在全国范围内，他们还是普通了些，不像张家界、九寨沟有自己独特的形态。像张家界的山，它不需要任何故事，大家一看到别人发的图片就愿意去看。因为张家界的山不可复制。包括华山，你一看就知道，其实它就是一块大石头，像这样的山也不多见——一整块大石头啊，那个险峻给人印象太深，所以大家也有兴趣去看。赣州在自然资源方面，缺少这样的东西。在历史人物方面，赣州最缺那种一流的历史文化人物——这里特指我们本土的历史文化人物。什么叫一流？就是说，一提到这人，只要有点文化的，都知道他是什么人。这个就叫一流的文化名人。如果只是在某个行业从事这项工作的人才知道，那显然还不算一流。我举个例子，比如说吉安就有很多这样的一流人物。像欧阳修，谁不知道？稍微读了点书的都知道。像文天祥，那没有读过书的都可能知道。包括编《永乐大典》的解缙，这些都是响当当的人物。又比如说抚州，王安石谁不知道？还有汤显祖，大家都是知道的。像九江的黄庭坚、陶渊明，这些人物大家都知道。他们都是一流的历史文化名人。

赣州的话，我们本土的历史人物，还真没有像他们这样家喻户晓的人。所以赣州在文化旅游方面，自然资源缺乏独有特色，加上后天宣传不足，确实会让人有点不够自信，有点底气不足。也因为这样，出现了一个什么事呢？全南可能在座诸位都去过。全南有个天龙山，搞了个"天龙八部主题游"，弄了一些《天龙八部》的内容在那里。我个人认为，这样搞没什么意思。为什么呢？《天龙八部》跟你有一毛钱的关系吗？当然没有。就因为"有幸"同用了"天龙"两个字，你就大做文章，不管内在联系，人家会怎么看？就像有些很自卑的人要是跟哪个名人同姓，就大讲特讲自己跟名人有血缘关系，人家反而看不起这样的人。你要正儿八经起码五代之内扯得上关系，人家才可能服你。那种追溯三十代、五十代都扯不到关系的，你天天挂在嘴上有什么意思？所以，我对天龙山的做法是不敢苟同的。我曾经建议他们，与其去傍八竿子挨不到边的名牌，不如沉下心来，自己以天龙山为背景创作一部作品。可能三五年搞不出影响，也许三五十年以后就搞出影响了呢？留给后世的就是文化财富嘛！做文化事业，要有"功成不必在我"的境界。不要抱着"就要在我手上见到效"的心态，不见效就不去搞，那永远都搞不出来的。就像种树一样，今年我就要结果，今年不结果就不种这个树，那你就只能种那些快速生长的草本植物了，要种树的话就很难，它一定要有几年时间成长期。做文化也是这样，我们可以考虑做出影响力之后，让后面的人接续去做嘛！我说，你们好好地请到人来，创作一部作品出来，后面不就有文化了吗？但他们没这个耐心，还是毅然把《天龙八部》扯过来。有人还说这部小说是因为天龙山而写的，甚至请我的一个朋友给他们写文案。偏偏这个朋友根本没读过《天龙八部》，转而问我该怎么写。我说你们去查一下，天龙山这个名字就像小刚、小明一样，太普遍了。以前我家住在农村，我们有一排邻居，每家都有个小明。有的时候哪个家里叫一句"小明吃饭了"，能跑出好多个来。天龙山也是这个样子，好多地方都有叫这名字的山，根本没什么稀奇，那大家都来傍《天龙八部》这个名牌的话，一点意思都没有。

话说回来，赣州虽然没有一流的本土文化名人，但是来过赣州，跟赣州有关的一流文化名人还是很多的。这些人也给我们赣州留下了很多宝贵财富。我觉得都可以用起来，都属于我们赣州本地的文化资源。所以我就在想，我们要以什么形式，把赣州的一些历史文化给挖掘出来。文学要服务于现实嘛，所以这些年我一直在考虑结合旅游，尝试写一个完全本土化的作品。在这种大背景下，一个偶然的机会，促使我写下了《祥瑞宝莲》这本书。那就是我去宝莲山登赣县最高峰的时候（这几年我想把赣州各县市区的最高峰都登遍，目前还剩两三个县还没去），宝莲山管委会主任曾绍均在陪同登山时说起，很想请人为宝莲山写篇文章。他说之前请了很多人，都没给他写。所以那次他就问我，能不能给他写一篇文章。当时我就说，景区确实要有作品来宣传，但是仅靠一篇文章的话，我看没什么很大的作用，要写就写一本书。他觉得不可思议：这是个大工程，我这么一个小地方，哪能写到一本书啊？

我说，还是写一本小说吧，通俗题材的。写严肃的小说虽然可能流传很久，但读者估计不会很多，要起到宣传效果很难。在作家们眼里，通俗文学是"低端产品"，他们不愿意委屈自己的笔，但我这个没什么文化的人写写不要紧，不怕丢脸，也不怕人家笑话。爬山的过程中，我就把那个故事梗概聊了一下。当时我说，我们赣州其实在历史上曾经有很重的分量。有不少事件如果挖掘出来，其实就是全国性的，我们要有这份自信。比如元仁宗时期。元仁宗原名叫爱育黎拔力八达，名字比较长。他统治中国的时候，政局已经比较平静了。元朝在他以前造反的人很多，包括成吉思汗的后代，都造忽必烈的反。而传到元仁宗时，国家就比较安定了，没有什么顶大的事出现，但有一件事在全国造成了大影响，历史学家觉得值得一提。是什么大事呢？就是1315年，一个宁都人领导的农民起义。这个人是谁呢？就是《祥瑞宝莲》中提到的蔡五九。我看到一个权威的历史学家在他的讲座里面提到，宁都的蔡五九领导的起义当时在全国算是最大的事。我觉得那个时候，宁都就是全国的焦点了。可惜现在没多少人知道。当然，比蔡五九影响更深远的事件肯定还有。所以我在爬宝莲山的时候，提了两个例子，认为赣州古代最有影响、最值得写进小说里的，有两个人物。可以把他们当作写作背景。他们一个是文天祥，一个是王阳明。通过借他们的"势"，把本土的人物与事件融进去。尤其是文天祥抗元，他的积极意义并不过时，这种精神、气节什么时候都不能丢掉。所以如果要写，就先写文天祥吧。

文天祥跟赣州有两段缘分，一个是在赣州当过一把手。当了一年多，国家要灭亡了，他发动我们赣南人到前线去抗元。后来失败了，首都临安（今天的杭州）被元军拿下，宋廷变成了流亡朝廷。文天祥又带领他的大军，作为前敌总指挥，打游击，一直打，打到我们赣州，在兴国县建立了抗元大本营，这是第二段缘分。我说，就以文天祥抗元的历史写一本书，把赣州现有的东西进行合理化的想象、虚构——文学本身就是虚构的嘛。我想到了福寿沟——我们今天坐在这个纪念它的博物馆举行读书活动。福寿沟今天在全国来讲也是有影响的，一下大雨，大家就会想起赣州，想起福寿沟。我说福寿沟仅仅是一个下水道，这个传奇色彩肯定还不够。除了搞工程建筑、市政养护的人对这个感兴趣，愿意钻下去看，大多数不搞市政养护、工程建筑的，可能不一定有很浓厚的兴趣。所以我改一下，把福寿沟提升提升，变成军事方面的密道，把它搞成了一个"地道战"。我就讲文天祥对福寿沟进行了改造。因为他预料到，以后要回赣州打游击——他后来果然打回赣州了，只是没能攻下赣州城。

还有其他的，像军费宝藏。文天祥发动大家去抗元，赣州客家人比较大方，当时家国情怀比其他地方更重。文天祥自己先回老家吉安，把田产变卖了，捐出来做军费，赣州人肯定纷纷跟进，很多人也捐了款。捐了这么多钱，一时间他也带不走，所以他就藏到宝莲山来了。那么各方势力怀着不同目的，跑到宝莲山来寻宝，也就说得过去了。又如武功秘笈。当时元军才几十万人，而宋朝人这么多，竟然被他们灭掉了，让人觉得不可思议。第一当然跟腐败有关，主要是朝廷腐败，不得人心，还自毁长城，把那些有真才实学的人能干掉就干掉，能免掉就免掉，所以没人干活了。还有一个呢，我觉得跟人的体质也有关系。蒙古人吃羊肉牛肉，体格健壮，打起仗来可以在马背上待一天，连午觉也不用睡。不像南方人，多半时间吃素居多，不是空心菜就是芋头，体质整体来说，肯定是比不上蒙古人的。所以书中虚构了一件事：文天祥向武林门派征集武功秘笈，汇总成了一本武功速成小册子，让大家快速地学武功。

最后我还把和赣州有关的一些历史人物，以及现在的景点、地名、风物特产，尽可能装进这本书里。这样一来，作为"文旅"产品，它在形式上和内容上都有所体现了。

书中人物除了文天祥，还有辛弃疾、宋慈等。大家看过电视连续剧《大宋提刑官》就知道，宋慈是法医学的鼻祖。他在赣州工作过两次。当时这部电视剧播出的时候，我就想，我们赣州真是没掌握信息。要是知道人家在拍《大宋提刑官》，无论如何要找到剧组，放几个跟赣州有关的故事进去。宋慈在赣州工作的第一站是信丰，后来又做了赣州的主要领导，这么宝贵的宣传资源没有用起来，可惜了。至于辛弃疾，本身就很有传奇色彩，完全可以成为小说人物。

就这样，我尝试着写了这么一本书出来。花了九个月时间，基本上每天利用下班后到晚饭前的"黄金一小时"写作。感觉还是比较草率，因为平时很忙，时间不够，又赶着出版，不满意的地方肯定是很多的。但这是一个尝试，利用这种形式推一下我们的文化旅游，所以我给它命名为"文旅+武侠"。通过小说推推我们的文化旅游，这才是我真正的目的，不是为了讲一个打打杀杀的热闹故事。至于效果怎么样，我想，总得要有人去迈出第一步做这个事，不要怕失败。从目前来讲，效果比我预期的好。一是这本书出版不久，就被省委中心组列入推荐书目。省里认可这本书，我也感到意外。二是拍了赣州第一部武侠微电影。当时我就考虑过，写这本书就是要变成影视作品来传播，但是没想到这么快就有人找上门来——几个有情怀的年轻人主动找到我。我当时不认得他们，因为这事也认识了很多朋友。他们说，发现赣南有这样一个本土武侠故事，非常高兴，希望我授权给他们拍微电影。当年就把它拍出来了。他们还不满足，目前在筹备一部院线电影（注：2024年11月，同名院线电影开机拍摄，由香港著名武星樊少皇领衔主演）。三是一年之内小说印了六次，在图书市场低迷的大环境下，发行量在文学作品中还算可以。四是广东的佛山电台看到这本书后，拿去改编成了有声读物，共54集（普通话版），每天晚上播两集，昨天晚上播完了（注：此后该电台还录制了85集粤语版，听众远超普通话版）。

  这几个都是我没想到的。这说明什么呢？说明我们这种本土化的东西，本土的读者还是有些兴趣的，外地读者也未必会拒绝。本土值得挖掘的东西还有很多，这就回归到我开头说的——要有文化自信。我觉得我们赣州还是要有文化自信。如果我们静下心来，好好地去挖掘，相信赣州还是能做出一些大家感兴趣的东西来。包括文化旅游方面，只要去想象，有创意，大胆地去尝试，还是会有效果的。所以，这本书肯定还没完结。按我的设想，从这本书的内容延伸出去，起码还有好几部可以写。我也希望能够坚持下去，继续以这种形式引导更多的读者去赣南旅行。

    2021年3月27日下午口述，2024年12月25日之夜定稿于瑞金